CYFRES BEIRDD YR UCHELWYR

Gwaith Syr Phylib Emlyn, Syr Lewys Meudwy a Mastr Harri ap Hywel

GWAITH SYR PHYLIB EMLYN, SYR LEWYS MEUDWY A MASTR HARRI AP HYWEL

golygwyd gan

M. PAUL BRYANT-QUINN

ABERYSTWYTH
CANOLFAN UWCHEFRYDIAU CYMREIG A CHELTAIDD
PRIFYSGOL CYMRU
2001

Y mae cofnod catalogio'r llyfr hwn ar gael gan y Llyfrgell Brydeinig.

ISBN 0 947531 26 2

Cysodwyd gan staff Canolfan Uwchefrydiau Cymreig a Cheltaidd Prifysgol Cymru.
Argraffwyd gan **print in black**, Midsomer Norton.

Dull y golygu

Gan na ellid yn aml ganfod 'prif destun' o blith y gwahanol gopïau, lluniwyd testunau cyfansawdd o'r cerddi gan ddangos y darlleniadau amrywiol (ac eithrio'r rhai orgraffyddol pur) yn yr 'Amrywiadau' ar waelod y testun. Os ceir yr un amrywiad mewn grŵp o lawysgrifau, fe'i cofnodir yn orgraff y llawysgrif hynaf yn y grŵp hwnnw, hyd y gellir. Os oes gair neu ran o linell yn eisiau mewn llawysgrif, nodir hynny drwy roi'r gair neu'r geiriau (yn orgraff y testun golygedig) mewn bachau petryal. Pan fo llinell neu linellau yn eisiau mewn llawysgrif, nodir y rheini mewn bachau petryal wrth drafod trefn y llinellau. Fodd bynnag, os yw gair neu eiriau'n annarllenadwy neu wedi cael eu dileu oherwydd staen, twll, &c., dynodir hynny â bachau petryal gwag.

Cyflwynir y testun mewn orgraff Cymraeg Diweddar ac wedi ei briflythrennu a'i atalnodi. Diweddarwyd orgraff a sain geiriau, oni bai fod y gynghanedd yn gofyn am sain Gymraeg Canol (gw. GDG³ xlvi); er enghraifft, diweddarwyd -aw-, -aw yn o pan oedd angen (oni bai fod yr odl yn hawlio cadw'r aw) ac -ei-, -ei yn ai. Ond ni ddiweddarwyd ffurfiau Cymraeg Canol dilys megis fal, no(g), ymy, yty (sef 'imi', 'iti'), wyd (sef 'wyt'), (g)wedy, &c.

Yn yr Eirfa ar ddiwedd gwaith y beirdd rhestrir y geiriau a drafodir yn y nodiadau (nodir hynny ag 'n'). Rhestrir hefyd eiriau dieithr neu eiriau sy'n digwydd mewn ystyr wahanol i'r arfer, gan gynnig aralleiriad ar eu cyfer. Rhoddir llythyren fechan i bob enw cyffredin, er bod rhai enwau â phriflythyren yn y testun pan fônt yn cyfeirio at Dduw, Crist neu'r Drindod. Yn y mynegeion i enwau priod rhestrir pob enw person a phob enw lle sy'n digwydd yn y cerddi.

Diolchiadau

Cydnabyddir yn ddiolchgar gymorth y canlynol: Golygyddion a staff Geiriadur Prifysgol Cymru; staff Adran y Llawysgrifau a'r Cofysgrifau, yr Adran Llyfrau Printiedig ac Adran y Darluniau a'r Mapiau yn Llyfrgell Genedlaethol Cymru, Aberystwyth; Bwrdd Golygyddol a Golygydd Ymgynghorol y gyfres hon. Carwn ddiolch yn arbennig i Mr Dylan Foster Evans, Mr Cledwyn Fychan, Mrs Glenys Howells, Mr Gerald Morgan, Dr Ann Parry Owen a Mr Tomos Roberts am eu cymorth a'u hawgrymiadau gwerthfawr.

Cynnwys

GWAITH MASTR HARRI AP HYWEL

Byrfoddau

Llyfryddol

Act	'Actau'r Apostolion' yn y Testament Newydd
Arch Camb	*Archaeologia Cambrensis*, 1846–
B	*Bwletin y Bwrdd Gwybodau Celtaidd*, 1921–93
Bangor	Llawysgrif yng nghasgliad Prifysgol Cymru, Bangor
P.C. Bartrum: WG1	P.C. Bartrum, *Welsh Genealogies AD 300–1400* (Cardiff, 1974)
P.C. Bartrum: WG2	P.C. Bartrum, *Welsh Genealogies AD 1400–1500* (Aberystwyth, 1983)
BaTh	*Beirdd a Thywysogion: Barddoniaeth Llys yng Nghymru, Iwerddon a'r Alban*, gol. Morfydd E. Owen a Brynley F. Roberts (Caerdydd ac Aberystwyth, 1996)
BD	*Brut Dingestow*, gol. Henry Lewis (Caerdydd, 1942)
BL Add	Llawysgrif Ychwanegol yng nghasgliad y Llyfrgell Brydeinig, Llundain
Bl BGCC	*Blodeugerdd Barddas o Ganu Crefyddol Cynnar*, gol. M. Haycock (Llandybïe, 1994)
Bodley	Llawysgrif yng nghasgliad Llyfrgell Bodley, Rhydychen
ı Br	'Llyfr Cyntaf y Brenhinoedd' yn yr Hen Destament
Brog	Llawysgrif yng nghasgliad Brogyntyn, yn Llyfrgell Genedlaethol Cymru, Aberystwyth
BY	*Y Bibyl Ynghymraec*, gol. Thomas Jones (Caerdydd, 1940)

ByCy	*Y Bywgraffiadur Cymreig hyd 1940* (Llundain, 1953)
CAMBM	*Catalogue of Additions to the Manuscripts in the British Museum*
Card	Llawysgrif yn Llyfrgell Ganolog Caerdydd
J. Cartwright: ForF	Jane Cartwright, *Y Forwyn Fair, Santesau a Lleianod: Agweddau ar Wyryfdod a Diweirdeb yng Nghymru'r Oesoedd Canol* (Caerdydd, 1999)
CBPM	G. Hartwell Jones, 'Celtic Britain and the Pilgrim Movement', Cy xxiii (1912)
CH	William Gwyn Lewis, 'Astudiaeth o ganu'r beirdd i'r Herbertiaid hyd ddechrau'r unfed ganrif ar bymtheg' (Ph.D. Cymru [Bangor], 1982)
CLC²	*Cydymaith i Lenyddiaeth Cymru*, gol. Meic Stephens (ail arg., Caerdydd, 1997)
CM	Llawysgrif yng nghasgliad Cwrtmawr, yn Llyfrgell Genedlaethol Cymru, Aberystwyth
CMCS	*Cambridge Medieval Celtic Studies*, 1981–93; *Cambrian Medieval Celtic Studies*, 1993–
CMOC²	*Canu Maswedd yr Oesoedd Canol*, gol. Dafydd Johnston (argraffiad diwygiedig, Pen-y-bont ar Ogwr, 1998)
CSTB	*Cywyddau Serch y Tri Bedo*, gol. P.J. Donovan (Caerdydd, 1982)
Cy	*Y Cymmrodor, The Magazine of the Honourable Society of Cymmrodorion*, 1877–1951
Cylchg LlGC	*Cylchgrawn Llyfrgell Genedlaethol Cymru*, 1939–
D	*Dictionarium Duplex*, ed. John Davies (Londinium, 1632)
D (Diar)	'Y Diarhebion Cymraeg' yn D
Dafydd Trefor: Gw	Irene George, 'Syr Dafydd Trefor—ei oes a'i waith' (M.A. Cymru [Caerdydd], 1929)
Dan	'Llyfr Daniel' yn yr Hen Destament

Dat	'Datguddiad Ioan' yn y Testament Newydd
DE	*Gwaith Dafydd ab Edmwnd*, gol. Thomas Roberts (Bangor, 1914)
DGA	*Selections from the Dafydd ap Gwilym Apocrypha*, ed. Helen Fulton (Llandysul, 1996)
DGIA	Huw M. Edwards, *Dafydd ap Gwilym: Influences and Analogues* (Oxford, 1996)
DN	*The Poetical Works of Dafydd Nanmor*, ed. Thomas Roberts and Ifor Williams (Cardiff and London, 1923)
DNB	*The Dictionary of National Biography*, ed. L. Stephen and S. Lee (Oxford, 1917)
DWB	*The Dictionary of Welsh Biography down to 1940* (London, 1959)
DWH	Michael Powell Siddons, *The Development of Welsh Heraldry* (3 vols., Aberystwyth, 1991–3)
EANC	R.J. Thomas, *Enwau Afonydd a Nentydd Cymru* (Caerdydd, 1938)
Ecs	'Ecsodus' yn yr Hen Destament
EEW	T.H. Parry-Williams, *The English Element in Welsh* (London, 1923)
Études	*Études celtiques*, 1936–
EWGT	*Early Welsh Genealogical Tracts*, ed. P.C. Bartrum (Cardiff, 1966)
G	*Geirfa Barddoniaeth Gynnar Gymraeg*, gol. J. Lloyd-Jones (Caerdydd, 1931–63)
GBDd	*Gwaith Bleddyn Ddu*, gol. R. Iestyn Daniel (Aberystwyth, 1994)
GBF	*Gwaith Bleddyn Fardd a Beirdd Eraill Ail Hanner y Drydedd Ganrif ar Ddeg*, gol. Rhian M. Andrews *et al.* (Caerdydd, 1996)
GC	*Gwaith Casnodyn*, gol. R. Iestyn Daniel (Aberystwyth, 1999)
GDG	*Gwaith Dafydd ap Gwilym*, gol. Thomas Parry (Caerdydd, 1952)

GDG³	*Gwaith Dafydd ap Gwilym*, gol. Thomas Parry (trydydd arg., Caerdydd, 1979)
GDID	*Gwaith Deio ab Ieuan Du a Gwilym ab Ieuan Hen*, gol. A. Eleri Davies (Caerdydd, 1992)
GDLl	*Gwaith Dafydd Llwyd o Fathafarn*, gol. W. Leslie Richards (Caerdydd, 1964)
Gen	'Llyfr Genesis' yn yr Hen Destament
GEO	*Gwaith Einion Offeiriad a Dafydd Ddu o Hiraddug*, gol. R. Geraint Gruffydd a Rhiannon Ifans (Aberystwyth, 1997)
GGl²	*Gwaith Guto'r Glyn*, gol. J. Llywelyn Williams ac Ifor Williams (ail arg., Caerdydd, 1961)
GGLl	*Gwaith Gruffudd Llwyd a'r Llygliwiaid Eraill*, gol. Rhiannon Ifans (Aberystwyth, 2000)
GGrG	*Gwaith Gronw Gyriog, Iorwerth ab y Cyriog, Mab Clochyddyn, Gruffudd ap Tudur Goch ac Ithel Ddu*, gol. Rhiannon Ifans, Ann Parry Owen, W. Dyfed Rowlands ac Erwain H. Rheinallt (Aberystwyth, 1997)
GHC	*Gwaith Hywel Cilan*, gol. Islwyn Jones (Caerdydd, 1963)
GHD	*Gwaith Huw ap Dafydd ap Llywelyn ap Madog*, gol. A. Cynfael Lake (Aberystwyth, 1995)
GHS	*Gwaith Hywel Swrdwal a'i deulu*, gol. Dylan Foster Evans (Aberystwyth, 2000)
GIBH	*Gwaith Ieuan Brydydd Hir*, gol. M. Paul Bryant-Quinn (Aberystwyth, 2000)
GIG	*Gwaith Iolo Goch*, gol. D.R. Johnston (Caerdydd, 1988)
Glam Bards	J.M. Williams, 'The Works of some fifteenth century Glamorgan Bards' (M.A. Cymru [Aberystwyth], 1923)
GLGC	*Gwaith Lewys Glyn Cothi*, gol. Dafydd Johnston (Caerdydd, 1995)

GLM	*Gwaith Lewys Môn*, gol. Eurys I. Rowlands (Caerdydd, 1975)
GLlBH	*Gwaith Llywelyn Brydydd Hoddnant, Dafydd ap Gwilym, Hillyn ac eraill*, gol. Ann Parry Owen a Dylan Foster Evans (Aberystwyth, 1996)
GLlG	*Gwaith Llywelyn Goch ap Meurig Hen*, gol. Dafydd Johnston (Aberystwyth, 1998)
GLlLl	*Gwaith Llywarch ap Llywelyn 'Prydydd y Moch'*, gol. Elin M. Jones (Caerdydd, 1989)
GMW	D. Simon Evans, *A Grammar of Middle Welsh* (Dublin, 1964)
GO	*L'œuvre poétique de Gutun Owain*, gol. E. Bachellery (Paris, 1950–1)
GOLlM	*Gwaith Owain ap Llywelyn ab y Moel*, gol. Eurys Rolant (Caerdydd, 1984)
GP	*Gramadegau'r Penceirddiaid*, gol. G.J. Williams ac E.J. Jones (Caerdydd, 1934)
GPC	*Geiriadur Prifysgol Cymru* (Caerdydd, 1950–)
GRB	*Gwaith Rhys Brydydd a Rhisiart ap Rhys*, gol. John Morgan Williams ac Eurys I. Rowlands (Caerdydd, 1976)
R.A. Griffiths: PW i	R.A. Griffiths, *The Principality of Wales in the Later Middle Ages: i. South Wales 1277–1536* (Cardiff, 1972)
GSC	*Gwaith Siôn Ceri*, gol. A. Cynfael Lake (Aberystwyth, 1996)
GSCMB	'Guide to the Special Collections of Manuscripts in the Library of the University College of North Wales Bangor' (cyfrol anghyhoeddedig, Bangor, 1962)
GSCyf	*Gwaith Dafydd Bach ap Madog Wladaidd 'Sypyn Cyfeiliog' a Llywelyn ab y Moel*, gol. R. Iestyn Daniel (Aberystwyth, 1998)
GSH	*Gwaith Siôn ap Hywel*, gol. A. Cynfael Lake (Aberystwyth, 1999)

GSRh — *Gwaith Sefnyn, Rhisierdyn, Gruffudd Fychan ap Gruffudd ab Ednyfed a Llywarch Bentwrch*, gol. Nerys Ann Jones ac Erwain Haf Rheinallt (Aberystwyth, 1995)

GTP — *Gwaith Tudur Penllyn ac Ieuan ap Tudur Penllyn*, gol. Thomas Roberts (Caerdydd, 1958)

GWL i — *A Guide to Welsh Literature Volume I*, ed. A.O.H. Jarman and Gwilym Rees Hughes (Swansea, 1976)

GWL ii² — *A Guide to Welsh Literature 1282–c. 1550 Volume II*, ed. A.O.H. Jarman and Gwilym Rees Hughes, revised by Dafydd Johnston (Cardiff, 1997)

Gwyn — Llawysgrif yng nghasgliad J. Gwyneddon Davies, yn Llyfrgell Prifysgol Cymru, Bangor

HCLl — *Gwaith Huw Cae Llwyd ac Eraill*, gol. Leslie Harries (Caerdydd, 1953)

Heb — 'Epistol Paul ... at yr Hebreaid' yn y Testament Newydd

HG Cref — *Hen Gerddi Crefyddol*, gol. Henry Lewis (Caerdydd, 1931)

HMNLW — *Handlist of Manuscripts in the National Library of Wales* (Aberystwyth, 1943–)

HSt — *Harlech Studies*, ed. B.B. Thomas (Cardiff, 1938)

J.R. Hughes — Llawysgrif yng nghasgliad Llyfrgell Genedlaethol Cymru, Aberystwyth

Hywel Rheinallt: Gw — Elsbeth Wendy Owen Davies, 'Testun beirniadol o waith Hywel Rheinallt ynghyd â rhagymadrodd, nodiadau a geirfa' (M.A. Cymru [Aberystwyth], 1967)

IGE — *Cywyddau Iolo Goch ac Eraill*, gol. Henry Lewis, Thomas Roberts ac Ifor Williams (Caerdydd, 1925)

IGE² — *Cywyddau Iolo Goch ac Eraill*, gol. Henry Lewis, Thomas Roberts ac Ifor Williams (ail arg., Caerdydd, 1937)

Io	'Yr Efengyl yn ôl Sant Ioan' yn y Testament Newydd
J	Llawysgrif yng nghasgliad Coleg Iesu, Rhydychen
LBS	S. Baring-Gould and J. Fisher, *The Lives of the British Saints* (4 vols., London, 1907–13)
LlA	*The Elucidarium … from Llyvyr Agkyr Llandewivrevi*, ed. J. Morris Jones and John Rhŷs (Oxford, 1894)
LlB	*Cyfreithiau Hywel Dda yn ôl Llyfr Blegywryd*, gol. S.J. Williams a J.E. Powell (Caerdydd, 1942)
LlCy	*Llên Cymru*, 1950–
LlGC	Llawysgrif yng nghasgliad Llyfrgell Genedlaethol Cymru, Aberystwyth
J.E. Lloyd: HW³	J.E. Lloyd, *A History of Wales* (third ed., London, 1939)
Llst	Llawysgrif yng nghasgliad Llansteffan, yn Llyfrgell Genedlaethol Cymru, Aberystwyth
Marc	'Yr Efengyl yn ôl Sant Marc' yn y Testament Newydd
Math	'Yr Efengyl yn ôl Sant Mathew' yn y Testament Newydd
MCF	Mynegai Cyfrifiadurol i Farddoniaeth, Llyfrgell Genedlaethol Cymru, Aberystwyth (rhoddir y dyddiad y codwyd yr wybodaeth mewn cromfachau)
MED	*Middle English Dictionary* (Michigan, 1963–)
MFGLl	*Mynegai i Farddoniaeth Gaeth y Llawysgrifau* (Caerdydd, 1978)
J. Morris-Jones: CD	John Morris-Jones, *Cerdd Dafod* (Rhydychen, 1925)
Mos	Llawysgrif yng nghasgliad Mostyn, yn Llyfrgell Genedlaethol Cymru, Aberystwyth

NBSBM

Tegwen Llwyd, 'Noddwyr Beirdd yn Siroedd Brycheiniog a Maesyfed' (M.A. Cymru [Aberystwyth], 1987)

NCE

New Catholic Encyclopaedia (New York, 1967–79)

NLWCM

J.H. Davies, *The National Library of Wales: Catalogue of Manuscripts*, i (Aberystwyth, 1921)

ODCC³

The Oxford Dictionary of the Christian Church, ed. F.L. Cross and E.A. Livingstone (third ed., London, 1997)

OED²

The Oxford English Dictionary (second ed., Oxford, 1989)

PBA

Proceedings of the British Academy, 1903–

Pen

Llawysgrif yng nghasgliad Peniarth, yn Llyfrgell Genedlaethol Cymru, Aberystwyth

Pen 67

Peniarth MS. 67, ed. E. Stanton Roberts (Cardiff, 1918)

PKM

Pedeir Keinc y Mabinogi, gol. Ifor Williams (Caerdydd, 1930)

PL

J.P. Migne, *Patrologia Latina* (Paris, 1844–64)

PRO

Yr Archif Gwladol yn Llundain

R

The Poetry in the Red Book of Hergest, ed. J. Gwenogvryn Evans (Llanbedrog, 1911)

RCAHM (Carmarthenshire) *The Royal Commission on Ancient and Historical Monuments in Wales and Monmouthshire: Carmarthenshire* (1917)

RWM

Report on Manuscripts in the Welsh Language, ed. J. Gwenogvryn Evans (London, 1898–1910); fe'i defnyddir hefyd i ddynodi rhif llawysgrif yng nghatalog J.G.E.

W. Salesbury: OSP

William Salesbury, *Oll Synnwyr pen Kembero ygyd* (London, 1547)

Salm

'Llyfr y Salmau' yn yr Hen Destament

ı Sam

'Llyfr Cyntaf Samuel' yn yr Hen Destament

SC	*Studia Celtica*, 1966–
SCWMBLO vi	F. Madan and H.H.E. Craster, *Summary Catalogue of Western Manuscripts in the Bodleian Library at Oxford*, vi (Oxford, 1924)
Stowe	Llawysgrif yng nghasgliad Stowe yn y Llyfrgell Brydeinig, Llundain
TA	*Gwaith Tudur Aled*, gol. T. Gwynn Jones (Caerdydd, 1926)
TCHSG	*Trafodion Cymdeithas Hanes Sir Gaernarfon*, 1939–
THSC	*The Transactions of the Honourable Society of Cymmrodorion*, 1892/3–
TLlM	G.J. Williams, *Traddodiad Llenyddol Morgannwg* (Caerdydd, 1948)
Treigladau	T.J. Morgan, *Y Treigladau a'u Cystrawen* (Caerdydd, 1952)
TW	Geiriadur Syr Thomas Wiliems, 'Thesaurus Linguæ Latinæ et Cambrobritannicæ' yn Pen 228
TYP²	*Trioedd Ynys Prydein*, ed. Rachel Bromwich (second ed., Cardiff, 1978)
VSB	*Vitae Sanctorum Britanniae et Genealogiae*, ed. A.W. Wade-Evans (Cardiff, 1944)
WATU	Melville Richards, *Welsh Administrative and Territorial Units* (Cardiff, 1969)
WCCR²	Glanmor Williams, *The Welsh Church from Conquest to Reformation* (second ed., Cardiff, 1976)
WCD	P.C. Bartrum, *A Welsh Classical Dictionary: People in History and Legend up to about A.D. 1000* (Aberystwyth, 1993)
WG	J. Morris Jones, *A Welsh Grammar* (Oxford, 1913)
WLl	*Barddoniaeth Wiliam Llŷn*, ed. J.C. Morrice (Bangor, 1908)

WS

A Dictionary in Englyshe and Welshe, ed. William Salesbury (London, 1547; adargraffiad 1877, 1969)

WWR²

H.T. Evans, *Wales and the Wars of the Roses* (second ed., Stroud, 1998)

Wy

Llawysgrif yng nghasgliad Wynnstay, yn Llyfrgell Genedlaethol Cymru, Aberystwyth

YB

Ysgrifau Beirniadol, 1965–

YE

Ymborth yr Enaid, gol. R. Iestyn Daniel (Caerdydd, 1995)

YEPWC

Ymryson Edmwnd Prys a Wiliam Cynwal, gol. Gruffydd Aled Williams (Caerdydd, 1986)

Termau a geiriau

a.	ansoddair, -eiriol	ff.	ffolios
adf.	adferf	Ffr.	Ffrangeg
amhff.	amherffaith	g.	(c.) canrif
amhrs.	amhersonol	g.	gwrywaidd
anh.	anhysbys	gn.	geiryn
ardd.	arddodiad, -iaid	gol.	golygwyd gan
arg.	argraffiad	Gr.	Groeg
art.cit.	*articulo citato*	grch.	gorchmynnol
b.	benywaidd	grff.	gorffennol
ba.	berf anghyflawn	gthg.	gwrthgyferbynier, -iol
be.	berfenw	gw.	gweler
bf. (f.)	berf, -au	Gwydd.	Gwyddeleg
bg.	berf gyflawn	H.	Hen
bg.a.	berf gyflawn ac	*ib.*	*ibidem*
	anghyflawn	*id.*	*idem*
c.	*circa*	*l.c.*	*loco citato*
c. (g.)	canrif	ll.	lluosog; llinell
C.	Canol	Llad.	Lladin
cf.	cymharer	llau.	llinellau
cfrt.	gradd gyfartal	llsgr.	llawysgrif
Clt.	Celteg, Celtaidd	llsgrau.	llawysgrifau
cmhr.	gradd gymharol	m.	mewnol
cpl.	cyplad	myn.	mynegol
Cym.	Cymraeg	n.	nodyn
cys.	cysylltair, cysylltiad	neg.	negydd, -ol
d.g.	dan y gair	*ob.*	*obiit*
dib.	dibynnol	*op.cit.*	*opere citato*
Diw.	Diweddar	pres.	presennol
dyf.	dyfodol	prff.	perffaith
e.	enw	prs.	person, -ol
eb.	enw benywaidd	pth.	perthynol
ebd.	ebychiad	r	*recto*
ed.	*edited by*, *edition*	rh.	rhagenw, -ol
e.e.	er enghraifft	S.	Saesneg
eg.	enw gwrywaidd	*s.n.*	*sub nomine*
eith.	eithaf	td.	tudalen
e.p.	enw priod	tt.	tudalennau
et al.	*et alia*	un.	unigol
ex inf.	*ex informatione*	v	*verso*
f.	ffolio	vols.	volumes
fl.	*floruit*		

GWAITH SYR PHYLIB EMLYN

Rhagymadrodd

Y cefndir

Traddodiad trwyadl gymdeithasol oedd traddodiad barddol Cymru'r Oes-
oedd Canol, a'r beirdd eu hunain yn annatod glwm wrth fywyd y
gymdeithas yr oeddynt yn rhan ohoni ac yn adlewyrchu yn eu canu fydolwg
eu pobl a'u hoes. Fel y sylwodd Thomas Parry, cenid 'nid am brofiadau
anghyffwrdd gweledydd, ond am y pethau y gwyddai'r cyhoedd diwylliedig
amdanynt'.[1] Ceir cipolwg ar ddiddordebau'r cynulleidfaoedd y cenid er eu
mwyn, ar yr hyn a fwynhaent ac a goleddent, ym mhob agwedd ar
gynnyrch y traddodiad barddol hwnnw: yn y canu mawl[2] a marwnad;[3] y
canu serch,[4] maswedd a dychan;[5] y canu gofyn a diolch;[6] a'r canu gwleid-
yddol a phroffwydol.[7] Cedwid a thrysorid enghreifftiau o'r rhain am fod yr

---

[1] Thomas Parry, *Hanes Llenyddiaeth Gymraeg hyd 1900* (Caerdydd, 1944), 100.

[2] Am grynodeb hwylus o le y canu mawl yn y traddodiad barddol Cymraeg, gw. GWL i,
mynegai, d.g. 'praise-poems'; GWL ii[2], mynegai, d.g. 'praise-poetry'.

[3] Yr unig astudiaeth lawn ar y canu marwnad yw Dafydd Elis Thomas, 'Agweddau ar y
Cywydd Marwnad' (Ph.D. Cymru [Bangor], 1987); gw. hefyd A.T.E. Matonis, 'The *Marwnadau*
of the *Cywyddwyr*: Variations on a theme', SC xviii/xix (1983), 158–70 a GWL ii[2], mynegai, d.g.
'elegy' a 'marwnad(au)'.

[4] Trafodir gwahanol agweddau ar dwf y canu serch yng Nghymru, yn ogystal â'r
dylanwadau estron, yn GWL ii[2], mynegai, d.g. 'love-poetry'; John Rowlands, *Dafydd ap Gwilym
a Chanu Serch yr Oesoedd Canol* (Caerdydd, 1975) a gw. ymhellach DGIA 67–283. Am
astudiaethau ar ganu serch yr Oesoedd Canol yn gyffredinol, gw. R. Boase, *The Origin and
Meaning of Courtly Love: A Critical Study of European Scholarship* (Manchester, 1977); Peter
Dronke, *Medieval Latin and the Rise of Medieval Love Lyric* (2 vols., Oxford, 1965–6); C.S.
Lewis, *The Allegory of Love* (Oxford, 1936).

[5] Am astudiaethau diweddar ar y canu dychan a maswedd, gw. DGIA 38–66; Dylan Foster
Evans, *'Goganwr am Gig Ynyd': The Poet as Satirist in Medieval Wales* (Aberystwyth, 1996);
J. Hunter, 'Cyd-destunoli Ymrysonau'r Cywyddwyr: Cipolwg ar "Yr Ysbaddiad Barddol"',
Dwned, iii (1997), 33–52; Dafydd Johnston, 'The Erotic Poetry of the *Cywyddwyr*', CMCS xxii
(Winter 1991), 63–94, cf. CMOC[2] 11–22.

[6] Gw. ymhellach Bleddyn Owen Huws, 'Astudiaeth o'r Canu Gofyn a Diolch rhwng *c.* 1350 a
c. 1630' (Ph.D. Cymru [Bangor], 1995); *id.*, *Y Canu Gofyn a Diolch c. 1350–c. 1630* (Caerdydd,
1998).

[7] Trafodir agweddau ar dwf a dylanwad y canu darogan yn R. Wallis Evans, 'Trem ar y
Cywyddau Brud' yn HSt 149–63; *id.*, 'Prophetic Poetry', GWL ii[2], 256–74; M.B. Jenkins,
'Aspects of the Welsh Prophetic Verse Tradition in the Middle Ages' (D.Phil. Cambridge, 1990);
Glanmor Williams, 'Prophecy, poetry and politics in medieval and Tudor Wales', *British
Government and Administration*, ed. H. Hearder and H.R. Loyn (Cardiff, 1974), 104–16; *id.*,
Religion, Language and Nationality in Wales (Cardiff, 1979), 71–86; Gruffydd Aled Williams,
'The Bardic Road to Bosworth: A Welsh View of Henry Tudor', THSC, 1986, 7–31. Ceir rhestr
o astudiaethau pellach gan R. Wallis Evans ac eraill yn *Llyfryddiaeth Llenyddiaeth Gymraeg* i,
gol. Thomas Parry a Merfyn Morgan (Caerdydd, 1976) a *Llyfryddiaeth Llenyddiaeth Gymraeg* ii,
gol. Gareth O. Watts (Caerdydd, 1993).

hyn a genid yn amlwg yn bwysig i'r gymdeithas y canai'r beirdd ar ei chyfer. Ac am fod i grefydd—yn swyddogol, o leiaf—ran flaenllaw a chanolog ym mydolwg y gymdeithas honno, y mae'n dilyn bod yr agwedd grefyddol hithau, o reidrwydd, yn rhan o weithgarwch cymdeithasol y beirdd.

Ond er gwaethaf y gwaith rhagorol a gyflawnwyd mewn perthynas â thestunau neu feirdd crefyddol unigol, ni chafodd barddoniaeth grefyddol Beirdd yr Uchelwyr yn ei chrynswth (yn enwedig, efallai, gynnyrch ail hanner y bymthegfed ganrif) yr arolwg trylwyr y mae yn ei haeddu. Hyd yn hyn, prin iawn fu'r astudiaethau a neilltuwyd i ystyried goblygiadau'r canu hwnnw er pan dawodd Siôn Cent. Gellid cynnig nifer o resymau dros yr esgeulustod hwn. Yn nhyb rhai a fu'n ymhél â'r deunydd, yr oedd mwyafrif cerddi crefyddol Cymraeg y cyfnod yn anghydnaws, onid yn llenyddol ddiwerth.[8] Mewn gair, credid bod ansawdd dybiedig y canu yn pennu ei werth fel testun ymchwil. Eithr dengys arolwg o gynnwys y llawysgrifau Cymraeg nid yn unig fod cerddi crefyddol y ganrif cyn y Diwygiad Protestannaidd yn gorff cyfan o lenyddiaeth a anwybyddwyd i raddau helaeth, ond hefyd fod a wnelo'r llenyddiaeth honno lawn cymaint â'r gymdeithas y tarddodd ohoni â'r hyn y dewisodd Thomas Parry ei alw yn 'brifffordd ... [y t]raddodiad barddol'.[9] Ni all fod unrhyw amheuaeth nad oedd y canu crefyddol yntau'n rhan gynhenid o'r 'brifffordd' honno.

Ond os ar gyfer 'rhywun heblaw'r bardd ei hun' y cenid ac y cedwid y cerddi defosiynol hyn,[10] erys nifer o ffactorau y dylid eu dadansoddi ynglŷn â'u diben cymdeithasol a statws y beirdd a'u canodd. Ai lleygwyr ynteu clerigwyr oeddynt, a phwy oedd y noddwyr y cenid y cerddi crefyddol ar eu cyfer? Parthed y cerddi eu hunain, y mae'n fuddiol ystyried dan ba amgylchiadau y'u cenid ac ymhle. Ai cynnyrch neu fynegiant syml o dduw-ioldeb personol y beirdd ydynt (ac os felly, paham a chan bwy y cedwid hwy), neu a oes y tu ôl iddynt ryw bwrpas amgenach? Teg yw casglu yr ystyrid y canu crefyddol yn rhan o weithgarwch arferol y beirdd yn ail hanner y bymthegfed ganrif, a bod disgwyl iddynt fod yn barod i ganu ar bynciau crefyddol fel rhan o'u cynhysgaeth farddol, megis y disgwylid gan Feirdd y Tywysogion.[11] Ond o dderbyn hynny, trwy ba ffynonellau y daeth yr wybodaeth grefyddol a oedd gan y Cywyddwyr? O b'le y deuai'r cefndir

---

[8] Efallai mai gan Saunders Lewis y mynegir y farn hon ar ei mwyaf croyw: 'Hyd y gwn i, 'does dim canu i Dduw a Mair a'r saint yn ail hanner y bymthegfed ganrif sy'n farddoniaeth fawr na dwys', gw. *id.*, 'Gyrfa filwrol Guto'r Glyn', YB ix (1976), 80.

[9] Thomas Parry, *op.cit.* 99.

[10] *Ib.* 100.

[11] Yn LlB 25 (llau.18–23), ceir y cyfarwyddyd diddorol hwn: *canet y pennkerd deu ganu* [i'r brenin] *yg kynted y neuad, vn o Duw ac arall o'r brenhined*; ... [y] *bard teulu a dyly canu y trydyd canu is gynnted y neuad*. Bron na chyfeirir at 'gyntedd y neuadd' fel petai'n fan a neilltuid ar gyfer datgan cerddi o'r fath. O gofio bod 'offeiriad teulu' hefyd yn un o swyddogion y llys (gw. *ib.* 2), teg yw gofyn a fu ynddo leoedd penodedig ar gyfer gweithredoedd crefyddol, ac ai *yg kynted y neuad* y byddai'r offeiriad yntau'n cynnal ei ddyletswyddau?

a'r delweddau a arferid ganddynt yn eu canu crefyddol, ac ym mha ffyrdd yr addesid y deunydd crai wrth iddynt lunio eu cerddi? A chan nad yr hyn a fynegid a gredid o reidrwydd, tasg sylfaenol bwysig fyddai dadansoddi gwahanol haenau'r ymwybyddiaeth grefyddol a adlewyrchir yng nghanu'r beirdd (yn enwedig y berthynas a geir rhwng yr hyn y gellir ei alw yn 'grefydd draddodiadol'[12] a'r mynegiant mwy diwinyddol soffistigedig) i geisio deall pryd, pam a sut yr amrywid rhyngddynt ac ar ba wastad crefyddol-gymdeithasol y mae'r farddoniaeth benodol hon yn gweithio.

Daw hyn â ni at gwestiwn allweddol, sef beth yn union oedd y cysylltiad rhwng y beirdd—boed y rheini'n broffesiynol neu'n amatur—a'r glerigaeth, a sut y gellir dehongli'r berthynas honno.[13] Y mae angen am ymchwil fanwl nid yn unig i ganu crefyddol y lleygwyr o feirdd proffesiynol, ond hefyd i ymwneud y beirdd-offeiriaid eu hunain â hwy. Yn MCF (2001), rhestrir enwau dros gant o feirdd cyn y Diwygiad Protestannaidd ac ar ôl hynny y gellir tybied mai gwŷr mewn urddau eglwysig uwch oeddynt, yn ogystal â'r beirdd hynny a oedd yn blant i eglwyswyr. Y mae rhai ohonynt yn feirdd o bwys, megis Einion Offeiriad a Dafydd Ddu o Hiraddug; Maredudd ap Rhys; Syr Dafydd Trefor o Lanallgo; Syr Huw Roberts Llên o Aberffro; Syr Owain ap Gwilym; Syr Rhys Cadwaladr, curad Llanfairfechan.[14] Y mae eraill, beirdd y mae Dafydd Ddu a Maredudd ap Rhys yn enghreifftiau nodedig ohonynt, nas adwaenid wrth unrhyw deitl swyddogol megis 'Mastr', 'Syr', 'Llên', 'Ficer' neu 'Gurad'.[15] Nid yw'n eglur yn achos pob un o'r rhain ai gwŷr mewn urddau oeddynt ai peidio.[16] Yng Ngwynedd a gogledd-ddwyrain Cymru yr ymgartrefai mwyafrif beirdd-offeiriaid y bymthegfed ganrif y cadwyd eu gwaith inni, ond ceid eu cymheiriaid hefyd ym mhob rhan o Gymru. Yn y gyfrol hon, cyflwynir astudiaeth o waith tri

---

[12] '[T]he phrase "traditional religion" ... does more justice [than the notion of "popular religion"] to the shared and inherited character of the religious beliefs and practices of the people, and begs fewer questions about the social geography of pre-Reformation religion', gw. Eamon Duffy, *The Stripping of the Altars* (London, 1992), 3. Ond sylwer ar ei *caveat* ef ei hun: '... in history every generalizing term begs some question: How traditional is "traditional"?', *ib. l.c.*

[13] Dengys Llyfr Iorwerth mai math o ganghellor oedd yr offeiriad teulu yn y 13g.: 'the office of household priest, though quite possibly archaic in origin, was far from redundant when the earliest surviving lawbooks were compiled in the late twelfth and thirteenth centuries', gw. Huw Pryce, *Native Law and the Church in Medieval Wales* (Oxford, 1993), 149. Y mae'n rhesymol casglu bod ymwneud rhwng yr offeiriaid teulu a'r beirdd yn llysoedd y tywysogion ac mai gan yr offeiriaid hyn y cawsai'r beirdd ddeunydd at eu canu crefyddol.

[14] Ar Einion Offeiriad a Dafydd Ddu, gw. GEO *passim*. Bydd gwaith Maredudd ap Rhys, wedi ei olygu gan Dr Enid Roberts, yn ymddangos yng Nghyfres Beirdd yr Uchelwyr; casglwyd gwaith Syr Dafydd Trefor gan Irene George yn 1929, gw. Dafydd Trefor: Gw, ac y mae Dr Rhiannon Ifans yn paratoi golygiad newydd o'i waith ar gyfer Cyfres Beirdd yr Uchelwyr.

[15] Eithr gelwir Dafydd Ddu o Hiraddug yn 'Athro' yn llawysgrifau'r Gramadeg ac ambell un o'r llawysgrifau barddoniaeth, gw., e.e., GEO td. 109 ac ymhellach *ib.* td. 103.

[16] *Pace* Ifor Williams, a faentumiodd 'pan oedd bardd yn offeiriad neu offeiriad yn fardd ... nodid hynny' (gw. IGE[2] lxx).

offeiriad a oedd yn weithgar yn esgobaeth Tyddewi yn ail hanner y bymthegfed ganrif; ceisir deall yn well eu diddordeb yn y traddodiad barddol a'u cyfraniad at fywyd diwylliannol y gymdeithas y perthynent iddi.

Syr Phylib Emlyn

Megis yn achos nifer o feirdd Cymraeg y bymthegfed ganrif, yn fawr a mân, ni wyddys nemor ddim am Syr Phylib Emlyn. Gan fod y teitl 'Syr' yn y bymthegfed ganrif yn dynodi offeiriad heb radd prifysgol, a hwnnw'n perthyn i esgobaeth benodol yn hytrach nag i urdd grefyddol, cesglir mai clerigwr oedd Phylib.[17] Cadarnheir hyn drwy ei fod ef a'i gyfaill Lewys Meudwy yn galw ei gilydd yn *urddol* ac yn *aberthwr* (sef 'offeiriad') yn y cerddi dychan a gyfnewidiwyd rhyngddynt.[18] Pur anfoddhaol, fodd bynnag, yw'r wybodaeth sydd gennym am Phylib ei hun. Cyfeirir ato fel gŵr o Emlyn,[19] ond afraid pwysleisio nad yw datgan ymlyniad wrth fro arbennig gan fardd yn brawf mai yno y magwyd ef yn wreiddiol. Cyfyngir hynny o gyfeiriadau daearyddol a geir yn ei waith i leoedd yng Ngheredigion, sir Gaerfyrddin a Brycheiniog; ond heblaw cyfeiriad at Emlyn, ni cheir gan Phylib fanylion bywgraffiadol pellach.[20]

Ni ellir ond dyfalu ynglŷn â pha swydd eglwysig a ddaliai Phylib, neu hyd yn oed a fu ganddo swydd benodol o gwbl. Nid yw'r teitl *Syr* yn dweud dim wrthym ynghylch ei statws canonaidd, ac ni wyddom ychwaith ai offeiriad ac iddo fywoliaeth ydoedd, ynteu siantrïwr, offeiriad cyflogedig (*stipendiary*) neu gurad. Y mae'n dra annhebygol fod Phylib yn gysylltiedig â chadeirlan,[21] ac oherwydd natur fylchog cofnodion esgobaeth Tyddewi yn y cyfnod hwnnw, ni lwyddwyd i ddarganfod cyfeiriad ato mewn perthynas â phlwyf arbennig. Dichon, er hynny, mai offeiriad a berthynai i'r esgob-

---

[17] Am *Syr* yn yr ystyr hon, gw. y nodyn a geir yn OED[2] 546 (4) a (5).

[18] Ar Syr Lewys Meudwy, gw. isod tt. 95–7. Ymddengys o'r odl yng nghywydd Lewys mai *Phylib* oedd ffurf enw'r bardd o Emlyn, gw. cerdd 6.5–6, *wib ... Phylib*. Nid yw hyn yn profi ffurf yr e.prs. yn derfynol, fodd bynnag, oherwydd y gall mai er mwyn y gynghanedd y'i harferwyd gan Lewys (cf. *Gwilim / Gwilym*: dwy ffurf arall yr amrywir rhyngddynt er mwyn gofynion yr odl). Ond y mae'r priodoliadau a geir yn y llsgrau. cynnar hwythau o blaid darllen *Phylib*.

[19] 2.54 [*i'r*] *gŵr o Emlyn*; 6.4 [*i'r*] *mab o Emlyn*; cf. At.i.15 *amlach no neb* [amrywiad: *aml fy nghenedl*] *yn Emlyn*.

[20] Ychydig iawn a wyddys am fywyd llenyddol Emlyn cyn y bymthegfed ganrif; ymddengys mai Phylib oedd y bardd cyntaf i fabwysiadu Emlyn yn enw barddol iddo, a bod eraill wedi ei ddilyn. Gellir meddwl am feirdd megis Dafydd Emlyn (Dafydd Wiliam Prys, *fl.* 1603–22), sef offeiriad—yn ôl Moses Williams—a ganodd i deuluoedd Henllys, Llwyn-Gwair, Tre-wern a Phenybenglog; Siâms Emlyn, a ganodd hefyd i deulu Penybenglog; ac 'Iago Emlyn', sef y Parchedig James James (1800–79), y bardd a'r ysgolhaig a fagwyd yn y Dinas; gw. ymhellach ByCy 92, 399.

[21] Nis enwir, er enghraifft, yn J. Le Neve, *Fasti Ecclesiae Anglicanae 1300–1541: XI The Welsh Dioceses*, compiled by B. Jones (London, 1965).

aeth honno ydoedd.[22] Yn achau'r Deheubarth a nodir gan P.C. Bartrum, enwir un *Syr Philip, person Bangor [Teifi] ap Phylip ap Dafydd ap Maredudd ap Rhys*.[23] Yr oedd Bangor Teifi yn sicr yng nghwmwd Emlyn, ond mentrus fyddai honni mai'r clerigwr hwn oedd awdur y cerddi a olygir yma. Fe'i rhestrir gan Dr Bartrum ym mhymthegfed genhedlaeth ei amcangyfrif achyddol (sef, yn fras, wedi ei eni *c*. 1500). Ond, yn ôl cofnodion esgobaeth Tyddewi, gwnaed rhyw *Philip ap Philip David* hefyd yn acolit ar 6 Ebrill 1409. Un o'r pedair urdd lai ydoedd acolit, ac nid âi'r sawl a berthynai i un o'r rhain o reidrwydd ymlaen i dderbyn urddau uwch. Am y rheswm hwnnw, ac yn niffyg tystiolaeth ddiweddarach, ni ellir gwybod a urddwyd y Philip hwnnw wedyn yn offeiriad.[24] A bwrw na chymysgwyd rhyngddynt yn yr achau, a bod dau offeiriad o'r un enw a thras yn y bymthegfed ganrif yn esgobaeth Tyddewi, y tebyg yw y byddai *floruit* person Bangor yn rhy hwyr, a'r Philip a enwir mewn gwasanaeth urddo yn Nhyddewi yn 1409 ychydig yn gynnar.[25] Ar bwys y cyfeiriadau a geir ganddo at noddwyr arbennig, gellir casglu bod gyrfa Phylib Emlyn yn ymestyn i ail hanner y bymthegfed ganrif, fel y nodwyd yn y rhestr o feirdd a luniwyd gan John Davies, Mallwyd.[26]

Ei yrfa a'i ddyddiau

Gwelwyd eisoes mai offeiriad heb radd oedd Phylib, ac ni rydd y cerddi a briodolir iddo, mewn gwirionedd, unrhyw awgrym o addysg anghyffredin.[27] Crynhoir gan yr Athro Glanmor Williams sefyllfa echrydus dysg y glerigaeth is yng Nghymru'r cyfnod hwnnw:

> ... no facilities existed properly to educate the rank-and-file clergy. There were hardly any grammar schools available for them, and no seminaries. The average priest-to-be learnt his duties from a parish priest who agreed, in return for small services, to lodge him and

---

[22] Am ffiniau esgobaeth Tyddewi yn y 15g., gw. *An Historical Atlas of Wales From Early to Modern Times*, ed. W. Rees (London, 1972), 30.

[23] P.C. Bartrum: WG2 'Einion ap Llywarch' (9C).

[24] Gw. *The Episcopal Registers of the Diocese of St. David's 1397–1518* (II), ed. R.F. Isaacson (Cymmrodorion Record Series no. 6, London, 1917), 429. Er hynny, y mae'n rhaid cofio mai fel canllawiau yn unig y bwriedir y dyddiau geni a awgrymir yn P.C. Bartrum: WG1 a WG2. Ar yr urddau llai, gw. NCE x 727–34, ODCC³ 1090 a'r cyfeiriadau yno.

[25] Gallasai Phylib Emlyn fod wedi ei urddo'n ifanc, wrth reswm; ond oherwydd poblogrwydd yr enw (cyfeirir at bump o Phylipiaid eraill yn yr un gwasanaeth urddo ag y gwnaed Philip ap Philip David yn acolit ynddo), efallai na ddylid dibynnu ar dystiolaeth foel yr achau yn hyn o beth.

[26] 1460 yw'r dyddiad a roddir i Phylib Emlyn gan John Davies: gw. M.T. Burdett-Jones, ' "Index Auctorum" Henry Salesbury ac "Authorum Britannicorum Nomina" John Davies', Cylchg LlGC xxvi (1990), 353–60, er na ellir, wrth reswm, ddweud i sicrwydd at ba adeg ym mywyd y bardd y cyfeiria'r dyddiad hwnnw.

[27] Ymadroddion stoc yw'r cyfeiriadau hanesyddol, chwedlonol a chrefyddol a geir yn ei gerddi, ac anghywir, hyd y gellir barnu ar sail y testunau a erys, yw hyd yn oed ei gyfeiriadaeth feiblaidd (cf. isod 1.48n).

instruct him in saying mass and the offices, hearing confessions, and performing other clerical functions. In Wales, where clerical marriage and priestly families were so usual, many boys probably learnt the clerical craft from their fathers.[28]

Fel y gellid disgwyl, gwaethygodd y sefyllfa mewn nifer o leoedd yn sgil y Pla Du. Y mae tystiolaeth ar gael o rai mannau yn Lloegr fod gwŷr gweddw anllythrennog wedi eu hordeinio oherwydd prinder offeiriaid wedi'r pla, a dichon fod y sefyllfa yn debyg yng Nghymru yn yr un cyfnod.[29] Gan mai'r esgob lleol, yn dechnegol, a oedd yn gyfrifol am hyfforddiant clerigwyr ei esgobaeth, y mae'n rhesymol credu mai ganddo ef hefyd y caent hynny o addysg ffurfiol a roddid iddynt ar gyfer eu gweinidogaeth.

Ond hyd yn oed yng Nghymru, yr oedd o leiaf rai o'r clerigwyr hyn yn hyddysg iawn ac yn byw bywyd mân uchelwyr;[30] a chyda'i gysylltiadau â theuluoedd o bwys, fel y ceir gweld, odid na chafodd Phylib Emlyn yntau afael ar hynny o ddeunydd cateceiddiol a defosiynol a oedd ar gael y pryd hwnnw. Ymhlith y rhain, ceid gwahanol sgemâu'r Oesoedd Canol Diweddar a luniwyd at anghenion y glerigaeth anhyfforddedig, megis y *De Informacione Simplicium*, a adwaenid yn boblogaidd wrth yr enw *Ignorantia Sacerdotum*, ac a ddefnyddid yn helaeth yn Lloegr o ddiwedd y drydedd ganrif ar ddeg ymlaen;[31] ac *Oculus Sacerdotis* William o Pagula, a gyhoeddwyd yn gynnar yn y bedwaredd ganrif ar ddeg.[32] Ond er na cheir yng

---

[28] Glanmor Williams, *Wales and the Reformation* (Cardiff, 1997), 21; cf. WCCR[2] 329–33. Eto i gyd, er cydnabod diffygion trwch y glerigaeth yng Nghymru'r 15g., ni ddylid anwybyddu ychwaith gyfraniad 'offeiriaid llengar, amryw'n ymhél â phrydyddu ac yn defnyddio'u crefft i geisio lledaenu egwyddorion eu ffydd' yn y cyfnod hwnnw, gw. Enid Roberts, *Y Beirdd a'u Noddwyr ym Maelor*, Darlith Lenyddol Eisteddfod Genedlaethol Cymru Wrecsam, 1977, 20.

[29] Gw. C. Harper-Bill, 'The English Church and English Religion after the Black Death', *The Black Death in England*, ed. W.M. Ormrod and P.G. Lindley (Stamford, 1996), 79–124; P. Heath, *The English Parish Clergy on the Eve of the Reformation* (London, 1969).

[30] Gw. WCCR[2] 329. Enghraifft o offeiriad felly a flodeuai yn y 15g. yw Phylib ap Dafydd Lloyd, Rheithor Merthyr, y cyfeirir ato mewn dogfen Babaidd fel 'un o dras uchelwrol', gw. *Calendar of Entries in the Papal Registers relating to Great Britain and Ireland: Papal Letters, IX, A.D. 1427–1447*, ed. J.A. Twemlow (London, 1912), 494, 510.

[31] Er mai yn sgil Cyngor Taleithiol Lambeth yn 1281 y poblogeiddiwyd y *De Informacione*, fe'i defnyddiwyd yn helaeth drwy'r Eglwys yn Lloegr tan 1518, ac yr oedd ei strwythur (dehongli'r Credo, y Dengair Ddeddf, Saith Weithred y Drugaredd, y Saith Rinwedd, y Saith Bechod Marwol a'r Saith Sagrafen) yn ganllaw hwylus y manteisid arni hyd yn oed yng nghatecismau'r Gwrthddiwygiad.

[32] Am drafodaeth ar y llenyddiaeth gateceiddiol a geid yn Lloegr yn y 15g., gw. P. Hodgson, 'Ignorantia Sacerdotum: a Fifteenth-century Discourse on the Lambeth Constitutions', *Review of English Studies*, xxiv (1948), 1–11; R.M. Ball, 'The Education of the English Parish Clergy in the Later Middle Ages with Particular Reference to the Manuals of Instruction' (D.Phil. Cambridge, 1976). Prin y gellir cymharu sefyllfa hyfforddiant y glerigaeth yn Lloegr â'r amgylchiadau arbennig a oedd ohoni yng Nghymru yn y ganrif honno, ac ni wyddys faint o ddefnydd a wneid o'r sgemâu hyn, os o gwbl. Er hynny, dengys y cyfeiriadau crefyddol a geir gan y lleygwyr o feirdd fod o leiaf brif egwyddorion eu ffydd, fel y'u sgemateiddiwyd a'u

ngherddi dilys Phylib unrhyw sôn am ei fywyd eglwysig, y mae'n ddiau y câi ddigon o hamdden i ymddiddori yn y ddysg farddol ac i ymroi, fel y gwnâi nifer o offeiriaid eraill ei gyfnod ef, i astudio crefft cerdd dafod.

Yn nwy yn unig o gerddi Phylib y ceir cyfeiriadau hanesyddol lled bendant. Y gyntaf yw'r cywydd a ganodd dros ryw Domas, y dywedir mai mab anghyfreithlon ydoedd i Syr Rhosier Fychan o Dretŵr.[33] Gresynir yn y gerdd hon oherwydd carcharu Tomas yn *Hwmfflyd*, sef porthladd Honfleur ar aber Afon Seine, ac anogir ei frodyr—sonnir am bump ohonynt—i'w ryddhau. Nid hawdd yw barnu'n derfynol pwy yw'r dyn a enwir yn y cywydd anarferol hwn. Tybiai E.D. Jones ar un adeg fod dau brif bosibilrwydd, sef Syr Tomas, mab ac etifedd Syr Rhosier Fychan, a Syr Tomas Fychan (*ob.* 1483), marchog y Badd, swyddog, cennad a thrysorydd Edward IV ac wedyn siambrlen ei fab, Edward, Tywysog Cymru. Tybiai hefyd, ar sail y manylion a geir yn y cywydd hwn, y gellid mai'r un dyn oedd y ddau Domas Fychan hyn, gan gasglu, felly, mai mab anghyfreithlon Syr Rhosier oedd swyddog y brenin.[34] Y mae'n debyg ddarfod cymhlethu'r ymchwil gan i'r Tomas hwnnw a'r Tomas y cyfeirir ato yn y cywydd hwn ill dau fod yn garcharorion yn Ffrainc am gyfnod.[35] Ond yn ddiweddarach daeth E.D. Jones ei hun i'r casgliad mai dau ŵr gwahanol oeddynt, ac awgrymodd mai at ryw Domas arall, efallai un o feibion llwyn a pherth Syr Rhosier, y cyfeiria'r gerdd.[36]

---

hamlygu mewn llawlyfrau megis y *De Informacione* a'r *Oculus*, yn hysbys iddynt. Bron na ellid dweud mai trwy fath o osmosis y deuai gwybodaeth grefyddol i'r bobl. Trafodir agweddau ar weithgareddau cateceiddiol yr offeiriaid plwyf Cymreig yn WCCR[2] 331–8.

[33] Gw. cerdd 1 isod; ceir ach Syr Rhosier, trydydd mab Syr Rhosier Fychan, Brodorddyn (*ob.* 1415), yn P.C. Bartrum: WG1 'Drymbenog' 2.

[34] Crynhoir y dystiolaeth gan E.D. Jones mewn nodiadau yn ByCy 940 a 946–7 (ceir ei farn ddiweddarach yn y fersiwn Saesneg o'r nodiadau hyn, a gyhoeddwyd yn DWB 1000, 1008); *id.*, 'A Gwentian Prisoner in France', Cylch LlGC vii (1951–2), 273–4; a'i nodyn 'The Parentage of Sir Thomas Vaughan *d.* 1483', *ib.* viii (1953–4), 349. Am arolwg o'r traddodiad nawdd yn Nhretŵr, gw. ymhellach NBSBM 222–71; D.J. Bowen, 'Gwladus Gam a'r Beirdd', YB xxiv (1998), 60–93.

[35] Daliwyd y trysorydd yn 1461, ynghyd â William Hatelyf a Philip Malpas, gan fôr-ladron o Ffrainc; eithr talwyd ei bridwerth yn fuan wedyn gan Edward IV. Am fanylion pellach, gw. DWB 1008; C.L. Schofield, *The Life and Reign of Edward the Fourth* (London, 1923), i, 147, 161–2, 188 a'r cyfeiriadau yno at J.S. Davies, *English Chronicle*, 109–11; *Warrants for Issues*, 2 Edward IV, 16 September 1462; *Exchequer Transactions Issue Roll*, 2 Edward IV, 7 October 1462.

[36] Trafododd E.D. Jones yn ei nodyn 'The Parentage of Sir Thomas Vaughan *d.* 1483', Cylch LlGC viii (1953–4), 349, ddogfen a ddatgelai mai Robert Fychan o Drefynwy a'i 'wraig' (*consors eius*) Margred oedd rhieni Tomas y Siambrlen; ceir y ddogfen y cyfeirir ati yn PRO E.210/2694, cf. P.C. Bartrum: WG2 'Drymbenog' 2 (D). Ond gellid dadlau bod hyd yn oed y nodyn hwn yn amwys, os 'cymar' yn hytrach na 'gwraig' yw ystyr *consors* y cyfeiriad hwnnw. Ymddengys mai sail y cymysgu a geir yn y ffynonellau diweddarach yw'r cofnod a geir yn 'Llyfr y Gelli Aur', td. 1485 (sef 'Golden Grove Book' gan David Edwardes a William Lewes), y dechreuwyd ei lunio yn 1765, lle y cyfeirir at Domas Fychan, swyddog y brenin, fel 'base son of Sir Roger [Fychan]'. Ai mab anghyfreithlon Robert Fychan o Drefynwy a Margred oedd Syr Tomas; ac os felly, ai oherwydd hynny y cymysgwyd rhyngddo ef a Tomas, mab llwyn a pherth

Gellir dangos bellach fod y dyb hon yn gywir. Nid oes amheuaeth ynglŷn
â chyfreithlondeb etifeddiaeth Tomas ap Syr Rhosier. Fel y nodir gan P.C.
Bartrum: WG2 'Drymbenog' 2 (C1), bu gan Syr Rhosier ddwy wraig. Y
gyntaf oedd Denŷs, ferch Tomas ap Philip Fychan o'r Tyle Glas, Felindre
(P.C. Bartrum: WG1 'Llywarch ap Brân' 11 (A)); yr ail oedd Margred ferch
James Touchet, Arglwydd Awdlai. Denŷs oedd mam Syr Tomas. Ond
gwyddys hefyd fod gan Syr Rhosier o leiaf dair gordderch, sef (i) merch
(ddienw) Dafydd ap Tomas; (ii) Jonet ferch Ieuan; a (iii) merch (ddienw) y
Prior Coch o'r Fenni,[37] a phwysleisir yn y cywydd droeon mai mab
anghyfreithlon oedd ei wrthrych, pa Domas bynnag y cyfeirir ato. Gwelir
o'r achresi hyn mai Tomas oedd enw un o'r meibion a aned i Syr Rhosier o
ferch y Prior Coch, a theg yw casglu mai ef yw gwrthrych mwyaf tebygol y
cywydd. Ni wyddys paham na phryd yn union y carcharwyd Tomas, ond
diau mai dyna'r digwyddiad a ysbardunodd y cywydd hwn; ac os
rhyddhawyd ef yn sgil y pridwerth a orchmynnwyd gan Edward IV yn
1477,[38] dyma *terminus ante quem* canu'r cywydd drosto gan Phylib.

Y mae cysylltiad y bardd â Brycheiniog, a adlewyrchir yn y cywydd hwn,
yn peri gofyn a oedd Phylib yn byw ar un adeg yng nghyffiniau Tretŵr; neu
a dreuliodd, tybed, gyfnod yn gaplan personol i un o ganghennau teulu
Tretŵr, ac felly yng ngwasanaeth Fychaniaid y fro? Diddorol, felly, yw
gweld y cyfeiriad at ryw 'Syr Phylib' mewn cywydd moliant gan Hywel
Swrdwal i Domas Fychan, mab ac etifedd Syr Rhosier Fychan o Dretŵr, lle
y cyferchir Tomas fel a ganlyn:

> Ni ddôi un arglwydd uniawn
> Heb nai Syr Phylib yn iawn.[39]

Ond er mor bryfoclyd yw'r ffaith fod yr enw hwn yn digwydd mewn cerdd i
Domas ap Syr Rhosier, y tebyg yw mai ato ef fel disgynnydd y marchog,
Syr Phylib ap Rhys o Gantre Selyf, rhagor Syr Phylib Emlyn, y cyfeirir
yma.[40] Serch hynny, ni ellir anwybyddu'r posibilrwydd fod gan Phylib o
Emlyn yntau berthynas waed neu briodas, na lwyddwyd i'w holrhain hyd
yn hyn, ag un o deuluoedd amlycaf y cyfnod. Erys cysylltiad diddorol y
bardd o Emlyn â Fychaniaid Tretŵr heb ei esbonio. Y mae'r ffaith ddarfod

Syr Rhosier Fychan, mewn cyfnod diweddarach? Dengys sylw a rydd Bartrum wrth odre achres
Tomas ap Robert Fychan o Drefynwy ei fod yntau yn ymwybodol o'r broblem achyddol hon.

[37] Sail y manylion a gasglwyd ar gyfer achau Fychaniaid Tretŵr ac a gyflwynir yn P.C.
Bartrum: WG2, yw'r wybodaeth a geir mewn dwy ffynhonnell: 'Llyfr y Gelli Aur'; a llsgr.
Harley 6068, 103 gan George Owen o'r Henllys, a seiliwyd ar y 'Cotrel Book' coll, o waith Rice
Merrick (*ob.* 1586/7).

[38] Yn *Calendar of the Patent Rolls*, 25 Chwefror 1477 a 28 Medi 1477 (Record Publication,
London, 1891–), cyfeirir at Edward IV yn awdurdodi talu £40 o ddirwy dros Domas o gyllid
tollfa porthladd Bryste.

[39] 'Moliant Tomas ap Syr Rhosier Fychan o Dretŵr'; gw. GHS 3.41–2. Ceir y prif destun yn
Pen 100, 48; dyddir y gerdd gan Dylan Foster Evans rhwng 1464 a 1471.

[40] Gw. *ib.* 3.42n. Ar Syr Phylib ap Rhys, gw. *ib. l.c.*, ac R.R. Davies, *Lordship and Society in
the March of Wales 1282–1400* (Oxford, 1978), 95.

i Phylib ganu cerdd dros fab bastard Syr Rhosier Fychan, a galw ar frodyr anghyfreithlon eraill Tomas, yn peri ystyried cymhellion y bardd: ai plentyn llwyn a pherth oedd Phylib ei hun? Ceir nifer o achosion o offeiriaid y dilyswyd eu hurddau oherwydd anghyfreithlonder, ond yn ôl y Gyfraith Ganon ar y pryd, yr oedd angen gollyngdod uniongyrchol y Pab ar feibion gordderch cyn eu derbyn i'r urddau uwch. Yn *Calendar of Entries in the Papal Registers Relating to Great Britain and Ireland*, er enghraifft, cyfeirir at achos clerig o'r enw Phylib ap Rhys, 'clerk, of the diocese of St Davids. Dispensation to him—who received papal dispensation, as the son of a priest and an unmarried woman, to be promoted ... after which he was tonsured—to hold two other benefices.'[41] Os ganed Phylib Emlyn ei hun yn anghyfreithlon, hwyrach y rhoddai hynny oleuni arbennig ar ei bwyslais ar dras ac urddas y tri bastard enwog a enwir ganddo yn ei gywydd dros Domas ap Syr Rhosier Fychan.[42]

Yr ail gerdd i noddwr yw'r cywydd a ganodd Phylib yn gofyn ceffyl gwyn (sonnir am *amler* a *hacnai* yn y gerdd) gan un a berthynai drwy briodas i Fychaniaid Tretŵr, sef Rhys ap Dafydd ap Tomas o Flaen Tren, Llanybydder, sir Gaerfyrddin, y ceir cyfeiriadau ato mewn cofnodion swyddogol rhwng *c.* 1420 a *c.* 1460.[43] Y mae lle i amau bod y gerdd hon yn fwy arwyddocaol nag y byddid yn ei dybied ar yr olwg gyntaf. Rhestrir ymhlith cynnyrch y beirdd-offeiriaid nifer arwyddocaol o gerddi gofyn a diolch i'w noddwyr. A ydyw'r cerddi hyn yn adlewyrchu tlodi cymharol y glerigaeth yn y bymthegfed ganrif?[44] Er y gellir yn ddiogel gasglu na chanodd Phylib

[41] Gw. *Calendar of Entries in the Papal Registers relating to Great Britain and Ireland: Papal Letters, VIII, A.D. 1427–1447*, ed. J.A. Twemlow (London, 1909), 167 [ar gyfer 16 Ionawr 1429]. Ond eto, rhaid ymbwyllo cyn uniaethu'r Phylib hwnnw â'r bardd o Emlyn. Yn 1458 ceir sôn am Phylib ap Rhys mewn dogfen babaidd arall, a dywedir yno mai *doctor decretum* ydoedd (gw. *Calendar of Entries in the Papal Registers relating to Great Britain and Ireland: Papal Letters, XI, A.D. 1455–1464*, ed. J.A. Twemlow (London, 1921), 361 [ar gyfer 8 Mehefin]), ac felly, offeiriad ac iddo safle eglwysig led uchel.

[42] Ar y posibilrwydd mai ar bum mab anghyfreithlon Syr Rhosier Fychan yr apelir yn y cywydd hwn, gw. 1.23n. Ceir nifer o gyfeiriadau yn ffynonellau eglwysig yr Oesoedd Canol at ddilysu urddau offeiriaid a aned yn anghyfreithlon. Ar gyfer Môn, tyn Dr A.D. Carr sylw at achosion Gruffudd ap Meurig (1336) a Hywel ap Dafydd (1432), gw. *id.*, *Medieval Anglesey* (Llangefni, 1982), 287. Fel y dadleuodd Geraint Bowen, y tebyg yw mai plentyn siawns oedd Morys Clynnog yntau, gw. 'Morys Clynnog (1525–1580/1)', *TCHSG* xxvii (1966), 73. Am achosion o fastardiaeth ymhlith darpar-glerigwyr yn esgobaeth Tyddewi, gw. y cyfeiriadau a roddir gan R.F. Isaacson, *op.cit.*, mynegai.

[43] Ar Rys ap Dafydd ap Tomas, gw. R.A. Griffiths: *PW* i, 306–7; ac ymhellach y nodyn ar gefndir cerdd 2 isod.

[44] Fel y sylwodd Glanmor Williams, 'Even among the beneficed clergy of Wales a high proportion were badly remunerated: about a quarter of them (24 per cent) held benefices valued in *Valor Ecclesiasticus* (1535) at less than £5 a year, and nearly half (46 per cent) received £5–10 a year. That meant that virtually three-quarters of the beneficed clergy were near or below what was generally regarded as the clerical poverty-line. The result was that many of them supplemented their income by singing additional masses, or by other expedients not always appropriate to their calling ... but if the beneficed clergy were badly paid and poorly prepared

gerdd ofyn i Rys tra oedd hwnnw dan erlid oherwydd ei ddyledion, ymddengys i Rys ddod eto yn well ei fyd ar ôl 1458, a dyma'r cyfnod mwyaf tebygol ar gyfer canu'r gerdd hon. Y mae'r bras-ddyddiad hwn, felly, yn ogystal â'r ddamcaniaeth mai peth amser cyn 1477 yr erfyniwyd ar frodyr Tomas ap Syr Rhosier Fychan i'w ryddhau o'i garchar yn Hwmfflyd, yn amlinellu cyfnod canu Syr Phylib. Ni ellir dyddio i sicrwydd ddim arall yng ngweddill y cerddi a gadwyd inni o'i waith, ac anodd fyddai pennu ei oes yn fanylach na hynny ar hyn o bryd. Ond gan iddo ganu i'r ddau uchelwr hyn, y mae'n deg tybio i Syr Phylib Emlyn, ar ei deithiau, gael croeso yn nhai rhai o deuluoedd pwysicaf y Deheubarth.

Ei waith

Ceir ar glawr saith cerdd ar enw Phylib, pump ohonynt y credir eu bod yn ddilys (cerddi 1–5), un yn ansicr ei hawduriaeth (Atodiad i), a'r chweched yn annilys (gw. isod). Er nad yw'r swm o'i waith a ddiogelwyd yn fawr, y mae'n ddiddorol nodi mor gynnar yw rhai o'r testunau sydd gennym, a bod copïau a drylliau o gynifer â phedair o'i gerddi yn perthyn i ddiwedd y bymthegfed ganrif. Yn ogystal â'r ddau gywydd i'r noddwyr y soniwyd amdanynt uchod (cerddi 1 a 2), ceir y canu dychanol a chellweirus a fu rhyngddo ef a Syr Lewys Meudwy ynghylch safon y lletygarwch a gafodd Phylib tra oedd yn westai gyda Lewys (cerdd 3); cywydd i leian y mae'r unig destun llawysgrif yn llwgr iawn (cerdd 4); ac un awdl grefyddol ddiddorol y cyfeirir ynddi at ryw dirnod eglwysig a safai gynt yn Rhydyfyrian, ger Llanbadarn-y-Creuddyn (cerdd 5). Bu cryn gopïo ar yr awdl hon, eithr oherwydd amrywiadau, trefn a safon y testunau a gadwyd, gan gynnwys y rhai hynaf oll, tueddir i gredu na fu iddi draddodiad llawysgrifol dibynadwy.[45] Rhaid gwrthod priodoli iddo'r cywydd nodedig *Y Gŵr a roes ei wryd*, a ganwyd er anrhydeddu'r grog yn Aberhonddu ac y mae lle i gredu mai gwaith Ieuan Brydydd Hir ydyw.[46] O'r wyth bardd a enwir yn y llawysgrifau yn awdur y cywydd hwn, mewn un testun anghyflawn a chymysg yn unig y tadogir ef ar Phylib, sef Card 3.4 [= RWM 5], llawysgrif nad ystyrir mohoni yn llwyr ddibynadwy. Y gerdd rymusaf, a'r fwyaf crefftus o ddigon, a briodolir i Phylib yw'r cywydd hynod i'r pwrs (gw. Atodiad i), er y dylid nodi mai i Siôn Cent y'i priodolir fel arfer. Dyma, yn

---

for their vocation, that was even more true of the small army of chantry and mass priests, curates, and stipendiaries, who were about equal in number to the beneficed clergy. Dire poverty among the priesthood was ... one of the worst problems of the Church in Wales' (*Wales and the Reformation* (Cardiff, 1997), 21). Gan na wyddys a oedd gan Phylib fywoliaeth ai peidio, na dim ychwaith ynglŷn â'i safle eglwysig, rhaid gofyn a oedd pwrpas ymarferol i'w ganu gofyn.

[45] Sylwer hefyd ar ragoriaeth safon y testunau a gadwyd o'r gerdd ddychan a ganwyd i Phylib gan Syr Lewys Meudwy, awgrym cryf fod testun ysgrifenedig o gywydd Lewys wedi ei gadw. Trafodir arwyddocâd olion trosglwyddo llafar yn GIG xxvii–xxviii.

[46] Gw. GIBH cerdd 12. Am drafodaeth bellach ar broblemau awduriaeth y cywydd hwn, gw. M.P. Bryant-Quinn, ' "Enaid y Gwir Oleuni": Y Grog yn Aberhonddu', *Dwned*, ii (1996), 60–7.

ddiau, y gerdd enwocaf a geir ar enw Syr Phylib, un y bu cryn drafod arni, ac y mae ei chefndir a'i hawduriaeth yn haeddu astudiaeth lawn.[47]

Y mae safon y cerddi a geir ar enw Syr Phylib Emlyn yn amrywio'n fawr, ac ar wahân i'r cywydd i'r pwrs (os gellir ei dderbyn yn eiddo iddo), nid teg yw honni iddo ei ddangos ei hun yn fardd o'r radd flaenaf ar sail hynny o'i waith sy'n weddill.[48] Er hynny, ceir ganddo agweddau ar brif themâu'r traddodiad barddol, a hyn oll mewn cyweiriau ffraeth a dwys bob yn ail. Yn yr ychydig gerddi hyn, megis yng ngwaith ei gymheiriaid clerigol eraill, ceir cip ar fywyd cymdeithasol a diddordebau y gwŷr mewn urddau a ymddiddorai mewn cerdd dafod a'r ddysg frodorol yn ail hanner y bymthegfed ganrif.

---

[47] Gw. golygiad Ifor Williams, IGE² 259–61 (LXXXVI) ac Atodiad i isod.
[48] Trafodir pwyntiau cynganeddol a mydryddol yn y nodiadau i'r cerddi unigol.

1

Annog brodyr Tomas, mab gordderch Syr Rhosier Fychan,
i'w ryddhau o garchar yn Honfleur

Mae galar am garcharor
Mawr maith tu yma i'r môr.
Y gwŷr glân, fal y graig lys,
4   A'r glêr sy wŷr galarus
Bod Tomas, fal bwt diamawnt,
Bastart, mewn gwart ym min Gawnt,
Fab Syr Rhoser, oedd f'eryr,
8   Fychan, gae arian y gwŷr.

Yr oedd gynt, nid arwydd gau,
Ar Syr Rhoser ei eisiau;
Gŵyr Duw fod ar ei frodyr
12   Eisiau hwn, a'i ddewis wŷr.
Yn Hwmfflyd, bryd holl Brydain,
Y mae'r mab mewn muriau main;
Hyd Hwmfflyd, profi mudaw
16   Y maent hwy drwy'r mordwy draw.
Trist oedd fod—trwy hir odeb—
Tomas Bastart yn wart neb;
Uwch Anwerb, pei byw Herbart,
20   Ni byddai ei nai 'n y wart
A bwriad Herbart ieuainc
A gaiff wŷr rhif rhag drwg Ffrainc.

Mae pum broder i'm heryr:
24   Pum pwmpa Gwent, pump imp gwŷr;
Pam y bai'm pum bwa art
Heb wystl Tomas y Bastart?

Os da eryr dros diroedd,
28   Os da ŵr du'n fastard oedd.
Bastardd fu Arthur, mur maith;
Wiliam oedd fastart eilwaith;
Tomas du, trydydd bastart
32   Gwedy'r ddau, fal gwydr ei ddart.

Gwialen Foesen, heb fâr,
A gyrcho hwn o'i garchar.
Gwialen Foesen fywsaeth
36   Dros Pharaw draw yn neidr aeth;
Y môr o'r llanw, ŵr mawrwych,
Yno 'droes hon yn dir sych,
A hwnnw gas yn heinif
40   Ei wŷr i'r lan o fawr lif;
Felly cair, heb ddeuair ddig,
Drwy Fôr Rhudd neidr Foreiddig.

Rhydd fu'r trimaib—nis rheibian'—
44   I'r ffair yn deg o'r ffwrn dân;
Dafydd fu rydd, oraddien,
O law Sawl a Golias hen;
Pedr Ben Ffydd fu rydd o ras
48   Lle bu mewn twyll Abïas
A Phedr a ddwg, ffawd ar dda,
Domas o Hwmfflyd yma:
I Dre'rtŵr, lliw gwydr y to,
52   Y'i cair wrth fodd a'i caro!

Ffynonellau

A—Card 5.44, 173ʳ B—CM 109, 93 C—LlGC 970E [= Merthyr Tudful], 338 D—LlGC 5474A [= Aberdâr 1], 681 E—LlGC 13062B, 405ᵛ F—Llst 48, 11 G—Llst 134, 140

Dwy brif ffynhonnell lawysgrifol sydd i'r cywydd hwn. Copïau a wnaed gan Lywelyn Siôn o Langewydd yw ACEFG. Dengys testunau B a D eu bod yn annibynnol ar y fersiwn y gwyddai Llywelyn amdano (er bod F yn cytuno â hwy ar brydiau), a dichon hefyd y gellir cysylltu'r ddau destun hyn â'i gilydd. Ymhellach ar y llawysgrifau, gw. isod tt. 157–64.

Amrywiadau

3 *BD* lus. 4 *BD* ar cler. 8 *ACE* a gwyr. 9 *BDF* ar y wardd gau. 18 *BCDG* yngwart. 19 *ACE* anwarb, *BD* anerch; *BD* pe; *A–E* harbart. 20 *ACEF* ny, *G* mewn. 21 *BD* bwriad yr, *F* [a] bwriad; *AE* jaüank, *B* ifainc, *D* ieuangc; *A–G* harbart. 23 *E* pump; *G* brodyr. 24 *F* gwae, *G* gawnt. 25 *BD* bai pum, *G* bai y pum; *D* bwau. 26 *ACEFG* [y]. 29 *ACEFG* bastart. 30 *AD* bastardd. 31 *BF* tomas yw, *D* tomas yw r; *C* trydü. 34 *AEF* o garchar. 37 *BCDG* ar llanw; *BD* gwr llawnwych, *F* gwr mawrwych. 38 *G* yna; *D* yno a droes. 39 *G* os hwnnw a gas. 45 *ACF* or aiddien, *BD* o raiddien, *EG* or eiddien. 46 *BDFG* am golias. 48 *B* tywyll. 50 *ACEFG* tomas; *ACEFG* hwmfflyt. 52 *A–G* i cair.

Teitl
ACE llyma gywydd i gaiso ryddhae Tomas ap syr [*A* Roser] Ychan [*CE*
bastart] o garchar hwmfflyt. *B* cywydd i domas ab syr roser fychan
bastardd. *D* cywydd i Domas ab syr Roser Fych Bad. *F* llyma gywydd i [   ]
ap syr Roser bastard. *G* llyma gywydd Tomas ap syr Roser Ychan bastart
yr hwn oedd yngharchar yn hwmfflyt.

Olnod
ACDEG syr Phylip Emlyn ai kant. *BD* syr Phylib Emlyn. *F* syr Phylip
Emlyn ai kant 1460.

2
I ofyn march gwyn gan Rys ap Dafydd
o Flaen Tren ger Llanybydder

Y llew a fyn lliw ei farch,
Lle'r êl, megis lliw'r alarch;
Rhoes ei ruddaur, Rhys roddiad,
4   Rhys deg: felly rhoes ei dad.
Ysgwïer yw'r gwiwner gwyn,
Colerog, ar farch claerwyn;
Maen diamwnt mewn damas,
8   Maen gwn wrth ymwan â'i gas,
A'i fraich (megis Ifor yw)
A'i balf dros ben Mabelfyw.

Eisiau march, ddewis fis Mai,
12   Sy arnaf, i bob siwrnai.
Yr wyf iddo'n arofyn
Canu gwawd dros hacnai gwyn:
Fe rydd mab Dafydd i'm dwyn
16   Amler gwyn mal eiry gwanwyn.
Lliw'r hacnai fal gŵn lleian,
Rhygyngog, calonnog, glân,
A'i flew'n fyr, a'i fola'n fain,
20   Ac unrhawn â gŵn rhiain.

Pennaf lliw, heb ddwyn penyd,
Yw'r lliw gwyn o'r lliwiau i gyd:
Gwyn fydd angel fal gwaneg,
24   Ac enaid dyn fydd gwyn teg;
Y trillu yn rhoi teirllef,
A'r llu'n wyn a ennill nef;
Adar, wrth gydehedeg,
28   Gwynion, eu deon yn deg
Yw'r alarch ar ei wiwlyn,
Aur blaen oll, a'i blu yn wyn;
Llew Owain, yng Nghaer Lleawn,
32   Ab Urien oedd burwyn iawn.
Gorau breuddwyd a garyn':
Marchog aur ar gefn march gwyn.

E fu i frenhinedd, meddynt,
36   Marchogion meirch gwynion gynt.
Gwyn oedd farch Constans, yn gain
Wrth rwyfo drwy byrth Rhufain;
March Mihangel walltfelyn,
40   March Sain Siôr, fy iôr, fu wyn;
March Rhys fal myrr a chrisiant,
A'i flew'n wyn fal ewyn nant.

Mair a ry iechyd i'm iôn,
44   Ac einioes, mastr meirch gwynion!
Llew Blaen Tren, unben iawnbarch,
Lliw gwyn a fyn ar ei farch.
Rhys ar ei farch gwyn yrhawg
48   Yw blaenor ei bobl enwawg.
Iawn ym euro, iôn mawrwyn,
Mawl i'r gŵr a'i amler gwyn;
Mi a roddaf, mur oedden',
52   Foliant i Rys o Flaen Tren—
Rhoed yntau, aur genau gwyn,
Amler i'r gŵr o Emlyn!

Ffynhonnell
Stowe 959 [= RWM 48], 45^v, 44^r

Un copi yn unig a gadwyd o'r gerdd hon ac er nad yw'n anodd ei ddarllen,
y mae'n amlwg yn ddiffygiol mewn mannau. Llinellau 25–42, yn ddiau,
yw'r adran fwyaf llwgr; ceisiwyd yma ddiwygio'r llinellau yr ymddengys eu
darlleniadau'n annhebygol. Ymhellach ar y llawysgrif, gw. isod td. 164.

Darlleniadau'r llawysgrif
1 ū vynn. 11 (ay) ddewis vis mai. 12 ssydd. 13 ny rovyn. 16 aira. 22 lliwiay.
25 ū trillu. 26 ar llynn wynn y ennill nef. 27 wrthgyd a hedeg. 28 gwnnyon a
deon yn deg. 29 yr alarch ar ū wennllyn. 33 ū garynn. 35 [i]. 37 farch
gonstans. 41 myrr achrissiant. 44 ainos. 46. ū vyn. 48 ū bobl. 51 myr.

Teitl
C^{dd} march gwyn.

Olnod
Syr Phylip Emlyn ai cant.

Ateb i ddychan Syr Lewys Meudwy

Syr Lewys, felys ei fwyd,
Meudwy, cyfaillt ym ydwyd;
Ac felly, o'r gyfeillach,
4 Gân fawr am y ginio fach!

 Haeraist a gyrraist, heb gêl,
Ym fwyta talm o fitel;
Bwyta bara gyda gwŷr
8 A chig gymaint â chwegwyr.
Haeraist arnaf, ddihiryn,
Do, ar ôl haf, dreulio hyn:
Bara oedd raid ei beri
12 Ar lawr maes lawer i mi,
A chig (meddud, ar Chwegair)
Ych a gawn a moch ac ieir.
Nid fal hyn, dyfal honni,
16 Wrth ystad y'm porthaist i;
Ni'm gwrthyd, ddedryd ddeudruth,
Plwyf Gwyniaw draw er dy druth.

 Medraf yn deg fynegi
20 Wrthynt hwy fy mhorthiant i:
Ni laddwyd yn dy wleddau
Eidion 'rioed a dynnai'r iau.
Dy dyrchod—hynod yw hyn—
24 Oedd y ddeudwrch orddodwyn;
Rhoi arian o fath Harri
Dros fy mwrdd (diras fûm i),
Ni chawn gennyd, 'r hyd yr ha'
28 Â chennin, ond echwynna;
A'th fryd, ŵr, ar ôl dŵr da
Ar fyned i erfina,
Ac odid, mor ddrwg ydwyd,
32 Gael fyth un gwala o fwyd;
Ac i'th lys, Lewys loywair,
Erfin ac eirin a gair.
Yr oedd arddwrn yr urddol
36 Dan yr ên, a'i din ar ôl

(Ond teg y daw diod hwn
Yn bistyll o ben bastwn?)
A'i law fain, a'i loyw faneg,
40   A'i gorun dan gerwyn deg.

          Dau rwn, lle y rhedai'r iâr,
O'r henyd oedd yr heiniar.
Ni chawn i'th dŷ fry ar fryn
44   Ystad ond dirwest odyn.
Nid rhaid—nid oes ond trydar—
Dyw Iau rost ond dau wy'r iâr;
Taw weithian, ti a aethost
48   Â'r ddwy ran o'r ddeuwy rost!
Tebyg (cawn bennyg heb win)
I dŷ gwag yw dy gegin;
Ni ch'weiriwyd yn ei chwrrach
52   Draean bwyd aderyn bach.
Y cyw bach, cyd bai achul,
Yw dy saig erbyn dyw Sul;
A chig ehedydd, o chaid,
56   Yswigw yn un seigiaid,
A'i glun, heb gaffael unoed
Gwas y dryw, a'i goes a'i droed.

          Mi af yr haf, pan fwyf rhydd,
60   Wedi gŵyl, o dŷ i'w gilydd.
Dos yn iach, na fasnach fwy:
Di-fwyd yw dy dŷ, feudwy!

Ffynonellau
A—Bangor (Penrhos) 1572, 19 B—Brog (y gyfres gyntaf) 1, 229 C—Brog (y gyfres gyntaf) 2, 496[r] D—Card 1.550, 91 E—Card 2.114 [= RWM 7], 417 F—Card 2.619 [= Hafod 5], 47 G—Card 2.630 [= Hafod 20], 75[v] H—Card 3.2 [= RWM 27], 394 I—Card 5.44, 152[r] J—CM 12, 343 K—J 101 [= RWM 17], 663 L—J.R. Hughes 6, 473 M—LlGC 719B, 66[v] N—LlGC 970E [= Merthyr Tudful], 283 O—LlGC 1553A, 80 P—LlGC 3047C [= Mos 144], 449 Q—LlGC 3050D [= Mos 147], 499 R—LlGC 3056D [= Mos 160], 18 S—LlGC 5475A [= Aberdâr 2], 572 T—LlGC 6511B, 119[r] U—LlGC 13061B, 122[v] V—LlGC 21290E [= Iolo Aneurin Williams 4], 130[r] W—LlGC 22832C, 344 X—Llst 6, 131 Y—Llst 38, 75 Z—Llst 50, 79 a—Llst 122, 81 b—Llst 133, 256 c—Llst 134, 293 d—Llst 155, 132 e—Pen 99, 7 f—Pen 152, 318 g—Pen 221, 69 (*llau. 1–2*) h—Stowe 959 [= RWM 48], 167[v]

Dengys y gwahanol amrywiadau trefn, fel y'u hadlewyrchir yn A–
EHKQah, olion cryn drosglwyddo llafar ar y cywydd hwn. X yw'r llaw-
ysgrif hynaf; copïau a wnaed gan Lywelyn Siôn yw JMWef, ac ymddengys
fod FGILNOTUVZc hwythau yn ffurfio corff o gopïau sy'n perthyn i'w
gilydd. Ymhellach ar y llawysgrifau, gw. isod tt. 157–64.

Amrywiadau
1–32 [*B*]. 2 *XZ* vaydwy; *ACDEJKM–SWbdef* cyfaill, *a* ryfedd. 3 *CK* felly rae
y, *DQ* aeth felly oth, *FO* vaeth velly or, *GILNTUVc* velly vaeth or, *JMWef* ac
felly am, *PRYb* ai felly maer, *S* ai felly bu'r, *Z* aeth felly y, *d* ac felly o; *PR*
gyfrinach (gyfeillach *wedi ei ychwanegu mewn llaw ddiweddarach*). 4 *AZdf*
gyni, *E* geny, *FGILNOTUVc* ym gyni, *PSb* a'r gyni, (*b*) yn gyni, *R* o'r gyni, *X*
yn gyni; *S* a'r ginio; *Hh* geni fawr am u gino fach, *a* genyf awr am i ginio
fach. 5–8 [*FGILNOTUVZc*]. 5 *Y*(*b*) dwedeist. 6 *H* y fwyta, *Y* ymi. 7 *Y*(*b*) gynta
y gyr. 8 *CEKPRXab* kimaint. 9–10 [*ACDHKQadh*]. 9 *FGILNOTUVZc*
dihyryn. 10 *E* doe ar ol haf, *S* hanner haf, *PRb* cyn hanner haf, *Y*(*b*) drwy
lwyrhay; *S* i'm dreulio, *Z* dielw yw hyn. 11–14 [*Hh*]. 11 *d* iw beri. 12
GIJLN(*P*)*TUVWc* o lawr. 13 *ACEKPYa*(*b*) meddai dy, *DQ* meddud a, *Rb*
meddai i, *S* medde ar, *X* meddai y; *d* medd i ddychmygair. 14 *ACEKa* a chig
ych, *JMWef* mach a gawn. 15 *DP–Sb* dwyfawl, *Y*(*b*) dyfawl. 16 *Hh* vy stad; *Z*
y porthaist fi; *d* parth hyd fost i porthwyd fi. 17–18 [*Hh*]. 17 *b* gwerthyd
(gwrthyd); *CK* ddydrud, *DQ* dedryd, *GINTUVXbc* ddaudryd, *P* ddoedryd, *Y*
ddyddryd, *d* edryd; *GINTUVc* ddydryth, *JMWef* ddidruth, *X* ddryth, *Z*
ddidraith, *b* ddeudruth, *d* didruth. 18 *XY* blwyf; *ACEKa* gwnniaw,
DJMQRWef gwnio, *FLZ* gwynaw, *GISTUVb* (gwyniaw), *c* gwynio, *ON*
gwyno, *X* gwnaw, *Y* gwaythaw, *d* gwyr giniaw; *P* plwy i giniow; *DJM–
QSWef* dro; *Z* ei dy draith. 19 *Y*(*b*) medrwn. 20 *d* methiant oedd; *H* fu
mhorthiant i. 22 *Aa* erioed un, *JMWef* eidion a roid, *P* eidion yr roed;
CDQY(*b*) dan yr iau, *JMWef* yn yr iau, *S* yn dwyn fau. 23 *PRSYb* oedd hyn.
24 *ACEKPSXabh* ydywr, *H* di ywr; *S* ddaer dwrch; *A* irddodwyn, *DQ*
wrthodwyn, *E* yrddodyn, *Yb* wrddydwyn, *Z* yrddodwyn, *a* irddodyn;
FGILNOTUVc oedd ddaüdwrch o yrddodwyn, *d* ywr ddeudwrch / o /
yrddodyn. 25–6 [*Hh*]. 25 *ACEKXYa*(*b*) ac aur, *O* a fath. 26 *AERSabd* fy
mord, *ADEO–Ra* dyras, *Y*(*b*) dyrys. 27 *Z* ni chaem; *Hh* hyd yr haf, *O* ar hyd
yr haf, *X* ar hyd haf, *d* rhydfa r haf. 28 *AEMYef* a chynin, *F*(*L*)*O* ond a
chinin, *H* a chenyf, *L* ond achwin, *PRSb* na chinio, *X* nachino, *Z* ond echwin;
AJMRSWYbef ond echwynnaf, *CK* ac erchwynaf, *EPah* ond ychwynaf, *FLOZ*
ac echwynaf, *HX* ond echwnaf; *DQ* ond a chenin echwynaf, *GINTUVc* ond o
chenin ag echwynnaf, *d* och un awr achwyn ynaf. 29 *GILNTUVc* ath fwyd, *P*
ach brud; *AY*(*b*) yn ol; *GILNTUVZcd* dwr daf. 30 *CK* a fyned; *GILNTUVc*
erfinaf; *d* ar fenaid fynd i erfiniaf. 31 *d* mor ddic ydwyd. 32 *AEab* haner
gwal, *CHKY*(*b*) hanner gwala, *FLOY* gael un fyth gwala, *R* fyth gael
fyngwala, *X* gael byth yn gwala, *h* gael wyth hañer gwala. 33 *AEa* oleuair,

CK loywiair, *H* loyw-wair, *XY*(*b*)*d* lawair. 34 *I* erfain; *S* ar eirin, *Z* ac eyrni. 35 *DJMQWXef* gwelwn, *FLO* weled, *P* gwelid, *RYb* gweled, *S* a gweld; *GINTUVc* oerddawn oedd weld; *Z* mal arddwrn; *Ea* ir urddol; *d* gweled arddwrn gwlad urddol. 36 *P* dan yr on, *Z* dan yr oen; *H* ar din, *h* er (*gall mai* ar *ydyw*) dim; *X* nyr ol, *d* ar / i / ol. 37–8 [*Hh*]. 37 *DEQZ* pan, *FOY*(*b*) pand, *GILNTUVXc* pond; *BDFGILNOQTUVYZ*(*b*)*c* y rhed; *d* ai ddiod barod ddau bwn. 38 *d* [yn] pisdyll, *X* yn bestel; *ADEFOQ* o ben i bastwn, *GILNTUVXc* o ben y bastwn, *JW* wrth hen bastwn, *Mef* wrth ben bastwn, *Pd* o ben y pastwn, *a* dan ei basdwn. 39 *ACEHKah* i law, *d* dy law; *Ea* i loyw, *d* dy loyw. 40 *CKa* i goryn, *d* dy goryn; *Hh* dan ū gerwyn, *CEFKLOPRXYZbd* dan y gerwyn. 41–2 [*d*]. 41 *PSb* a dau rwn, *X* dayr rwn, *Z* ay rwn; *A* ir hedai yr iâr, *CHKX* ffordd y rhedai r iar, *DFJOQef* lle rhedai yr iar, *GILNTUVZc* lle rheda yr iar, *PRb* lle / i / redau r iar, *S* lle r redai r iar, *W* lle'r hedair iar, *Y* hüd rhede / r / iar, *a* ir e hedair iar, *h* ffordd y rodyai ū iar. 42 *B* + i, *ACEHKYa*(*b*)*h* o henyd, *WZ* or hen yd; *ADH*(*b*) oedd i, *CEKa* oedd dy; *CDKQ*(*W*)*Mf* heniar, *ERb* hainiar, *Y* hinar. 43 *AEa* nid oedd ith dy; *H* fry ar ū bryn. 44 *Aa* ystor, *E* o ysdor, *BDFLOPQRSZb* o stad, *Hh* or stad; *A* dau hestoryn, *E* dwy resd odyn, *H* dyrwesc odyn, *a* dwy resdoryn. 45 *B* nid rraid haner yttryd[ ]; *H* trudar. 46 *ABPRSabd* dy rost ydoedd, *C* dy rost ydyw, *DF–IKLNOQTUVXZch* dy rost yw, *EY* dy rost oedd; *GINPRTUVYc* ddeuwy yr iar, *HZh* deuwy ū iar, *L* dau wir iar; *JMWef* duw iau rost ond dau wy r iar, (*R* nid rhost ydoedd ond deu wy yr iar). 47–8 [*CK*]. 47 *Z* weythan tydi; *d* ti a naethost. 48 *Hh* ar ddwy rost, *MWXaef* ar ddau wy rost; *Z* or ddwy ran or ddeywi rost. 49 *DQZ* benwic, *JMWef* arbennig, *X* jawn benic; *d* tebig i benic heb win. 50 *H* ty gwag yw, *Y* ty dü gwag, *Z* o du gweg, (*b*) tŷ da, *d* meu dy gwag; *BY* oedd dy gegin. 51 *D–GILNORTUVXYbc* ni chwairyd, *HZh* ni chwyrwyd, *Q* ni chweryd; *GILNTUVc* echwrach, *PSA* i chyrrach. 52 *AY*(*b*) yr ederyn bach, *ERb* y dryw (*R* ederyn) bach, *MWef* i aderyn bach, *P* ir dryw (drywyn) bach, *a* y drywyn bach. 53 *Aa* kiw bach, *BRS* y dryw bach; *Aa* kyd i bai, *E* cyn i bai, *FGILNOTUVZc* pan vai, *Hh* cyn bai, *JMWY*(*b*)*ef* o bai; *DQd* wachul. 54 *BFLOY*(*b*)*d* oedd dy saig, *E* yw i saig, *JMWef* a fyddai ei saig ef, *Z* oedd y saig, *a* yw y saig; *H* dydd syl, *a* erbyn y sul. 55 *AGILNTUVX–acdh* ychedydd, *DQ* ychydig, *H* rychedydd *P* ichiedydd; *H* pa caid. 56 *Aa* a siwgwr, *CKRS* a sywgyw, *DQ* y sy wigwn, *EPb* a swigw, *FGILNTUVc* sewigin, *HYZh* sifigw, *O* syŵigin, *d* ar sseigiau; *H* n yr saigayd. 57 *ACEHXah* gely; *H* y nod. 58 *Z* gwaes y dryw; *B* ai ges, *FL* ar goes, *AHYZh* y goes. 59 *FGLU* pan voi gwr rhydd, *HILNTVcdh* pan foi rydd, *PX* pan vwyf wr rydd. 60 (*b* gwedi); *ACEHJKPYadh* i gilydd. 61 *FGILNTUVYc* does yn iach; *BDFGILNQTUVc* na masnach mwy, *O* na fasnach mwy, *P* a masnach mwy, *d* cyn masnach mwy; *ACEKa* yn iach ni wna (*HXZh* ni wnai) masnach mwy. 62 *d* oedd; *D* tŷ dy feudwy, *Q* dwy dy feudwy.

Teitl

A Ateb i gydfrawd, *DQ* Cowydd atteb ir hwn or blaen, *E* Atteb i ddynte, *J* cywydd atteb sr. ph. e., *MSbef* atteb, *P* atteb i hwnnw, *R* yr atteb ir kowydd ychod, *WX* kywydd ateb, *Y* atteb Sʳ Phe Emlyn *Z* atteb yr kywydd ywchod, *a* cywydd ateb gan ei gydfrawd, *h* Syr Lewys maydwy.

Olnod

A–JLMO–VX–ce–h syr Ffylib emlyn, *N* Syr Phylib len, *W* Syr Philip o Emlyn, *Kd* sʳ Phylip emlyn ai kant [*d* vixit] 1460.

Trefn y llinellau

Aa 1–8, [9–10], 11–20, 23–4, 21–2, 25–36, 39–40, 37–8, 41–62.
B [1–32], 33–6, 39–40, 37–8, 41–2 + i, 43–62.
CK 1–8, [9–10], 11–20, 23–4, 21–2, 25–46, [47–8], 49–62.
DQ 1–8, [9–10], 11–28, 31–2, 29–30, 33–6, 39–40, 37–8, 41–62.
E 1–8, 11–14, 9–10, 15–20, 23–4, 21–2, 25–36, 39–40, 37–8, 41–62.
FGILNOTUVZc 1–4, [5–8], 9–62.
Hh 1–8, [9–14], 15–16, [17–18], 19–20, 23–4, 21–2, [25–6], 27–36, [37–8], 39–
    62.
JMWef 1–34, 37–8, 35–6, 39–62.
d 1–8, [9–10], 11–40, [41–2], 43–62.

i

myn kynin mine amkanwn

[   ]

4
I leian

Yr un lleian unllawog,
Llawn o gerdd yng nghelli'r gog,
Y rhiain ni wrhëir,
4   Unllawog yw, yn lle gwir.
Gresynais, goris onnen,
Na bai law yn abl i wen;
Ni rof arian er maneg
8   Llaw ond un i'r lleian deg.
Para' wnïo pâr newydd
(Rhan o bâr, er hyn, y bydd):
Talai fil, uwch tâl y fainc,
12   Be bai law, o bobl ieuainc.
Annwfn o fewn i unnos
Oedd ddwyn dy law addfain, dlos;
O rhoist dy lwyr gred o'th law,
16   Drwy ewyllys ei drylliaw,
Dwg benyd ennyd unawr
A'th law a gei, wythliw gwawr.
Da iawn yw modd y dyn main
20   Unllawog dan y lliain;
Or ceri'r afanc, hirwen,
A[   ]all, bydd gall, gwen:
N'ad, ail waith, mewn dy lw wall
24   Ac na thor: gwna waith arall!
O gwn fawl, mi a'i gwnaf yd,
Gan lw brwyn â gwen loywbryd.
Onid hyn, f'enaid dawnus,
28   Blin yw bod heb law na bys!
O thorraist, wrth ŵr o stad,
Air o'th enau, chwerthinad;
Neu rwystr ar eiriau Awstin,
32   Neu roi cred i un o ryw crin:
Ceisied wen, rhag cas a dig,
Un a fo iddi'n feddyg
Rhag ei bod, lliw ôd y llys,
36   Yn y nef yn anafus.
Mae yn anodd Ei weled,
Iesu Grist, eisiau Ei gred;

A Christ a fo iachawr yd—
40 Ac eilwaith, ymwagelyd!

Ffynhonnell
Pen 55, 104

Darlleniadau'r llawysgrif
1 yr vn lli an vn llwog. 2 ll a ỽnoc er ddyn ghellieyr goc. 4 ynlle gỽir. 6 na beil a ỽ yn a b[?*eil*] alyỽen. 13 anvwvn of [ ] eỽn y vnos. 15 orhoys[*d?e*] yl wyr gredoth laỽ. 18 ỽythliỽgaỽr. 19 daiỽn yw mo dd y d vn mein. 21 or keryr avank. 22 a[*m?n*]se[ ]a ll. 26 Genl[*l*]ỽ brỽen. 28 bodhe•laỽn nabys. 30 ch er thin ad. 32 neroi kredvnor. 36 y[?*i*]n an a vys.

Priodoliad
syr ff y libem l v n.

Argreffir testun diplomatig Pen 55, 104 isod. Dynoda [ ] fod bwlch oher-wydd staen ar y ddalen. Un copi yn unig a ddiogelwyd o'r gerdd hon, ac y mae'n amlwg yn llwgr iawn ac yn ddiffygiol mewn mannau. Ceisiwyd diwygio'r llinellau yr ymddengys eu darlleniadau'n annhebygol. Ymhellach ar y llawysgrif, gw. isod td. 164.

Testun diplomatig
Peniarth 55, 104

        yr vn lli an vn llwog
        ll a 6noc er ddyn ghelli*e*yr goc
        yr hiein ~~yör heir~~ ny6rheir
4   vn llawog y6 ynlle g6ir
        Grysyn *eis* goris on en
        na beil a 6 yn a b[?*eil*] aly6en
        nyrovaryaner manec
8   lla6ond vn yrlleiandec
        ~~rano barer h yn yb ydd~~
        par a 6nio [ ] parne 6 ydd
        ranobarerhyn ybydd
        taleivily6ch tal yveink
12   bybeil aw o bobol ieyeink
        anvwvn of [ ] e6n y vnos
        oyddwvnd yla6 a ddveindlos
        orhoys[*d?e*] yl wyr gredoth la6
16   dr6 y y6 yllys ydr yll ya w
        d6g ben yden yd vnawr
        ath lawygey 6ythli6ga6r
        dai6n yw mo dd y d vn mein
20   unll a w oc danylliein
        or keryr avank hir6 en
        a[*m?n*]se[ ]a ll b yddg all g6en
        nadeilweith m y6nd yl6 6all
24   a g nathor g6n a 6eitharall
        o gwnva6l miayg6na v yd
        Genl[*l*]6 br6en ac 6en loyvbryd
        on yt hyn6eneita6n ys
28   blin y6 bodhe•la6n nabys
        othoreisd6rth6rosdad
        eir othen ey ch er thin ad
        neyr6ysdyrar eir [ ] ieya6sdin
32   neroi kredvnor y6 kr in
        k[ ]eisied6en rag kasadig
        vna y voiddi ynveddi g
        rag y bodlli6od yllys
36   ynynev y[*?i*]n an a vys
        may nanodd i 6eled
        ies y gr isdeisie y ygred

achr istavoia cha (ryd
40 a g eil weith ymua c el yd

syr ff y libem l v n

5
Moliant Iesu Grist

Perchen fo Mair wen i rannu—ar bawb,
    Er ein bod yn pechu;
    Pared a llywied pob llu,
4   Pob t'wysog, pawb at Iesu.

Moliannwr ydwyf yn moliannu—Mair
    A'i Mab am ein prynu;
    Mawl a wnaf, difeiaf fu,
8   I'm oes, i Fair fam Iesu.

Dewis dref yw nef rhag anafu—dyn,
    A Mab Duw i'n nerthu;
    Diwedd da ynn rhag y dydd du
12   Dewiswn gyda Iesu.

Pan ddêl, trwy allel, y trillu—i gyd
    Ar un Gŵr i'n barnu,
    Poed ein diwedd, gorsedd gu,
16   Oes oesoedd, yn llys Iesu.

Iesu a groeso'i lu goris Ei len;
Iesu a geidw croeslu, gwaedog gryslen;
Iesu fu'n nerthu, medd genau Arthen,
20   Iesu sy'n dysgu drwy swyn diasgen;
Aed pob llu yn gu ac awen—ganthu
I garu Iesu, galon egroesen.

Iesu a aned rhwng ych ac asen
24   O gnawd Mair Forwyn, addwyn winwydden;
Iesu a yrrodd o'r nef y seren
Er golau i'r Tri Brenin o Gwlen
Wrth ddwyn myrr, ni syrr, nos hirwen—ddawnus,
28   Aur i'w fam a thus i'r wyrf famaeth wen.

Pan ydoedd Iesu, olwg llusuen,
Yn ddengmlwydd ar hugain, cain, cyn cynnen,
Ieuan a fedyddiawdd, drwy nawdd Dri Nen,
32   WirDduw a'i enwi yn nwfr Aurddonen,
Ac yno rhodded ein gwiwNen—o nef,
Iesu, i oddef ar seipryswydden.

Iesu a ddioddefodd dorri'r asen
36   Â gwayw'r marchog dall am ffrwyth afallen,
A rhoi am Ei iad frig ysbaddaden
I waedu'r wyneb dan bleth tair draenen,
A hoelio'i ddwylo'n ddwy ddolen—a'i draed,
40   A thywallt Ei waed o bob gwythïen

Fal nad oedd o gorff Mab Duw, cyn gorffen,
Un man heb Ei waed, o'i draed hyd Ei ben,
Na lled un hoelied dan y wialen,
44   Neu ddu ewin dyn, o'i gnawd yn ddien,
A'i waed gwyrf yn ffyrf offeren—i'r byd
Yn pylu'r pryd, wrth fôn y piler pren.

Iesu 'roed i farw is Rhydyfyrien,
48   Er gwst drwy wir draffrwst draw ar driphren;
Iesu a godes i nerthu'r bresen,
Ar y trydydd dydd, â'i balmidydden;
Iesu a'n dug, a'i elwisen—fu daed,
52   I baradwys, o waed ir Ei brwyden.

A phan ddaeth Pilatus, ŵr heinus hen,
Â llaw, a thorri pedair llythyren,
Eiswys deallwys ar yr ystyllen
56   Iesu a'i grefydd yn yr ysgrifen:
Iesu o Nas'reth, Moesen—a ddywad,
A'i waed ar Ei iad ydyw'r *I* a'r *N*.

Iesu sy bennaf dan y ffurfafen;
60   Iesu a'n gwnaeth o bridd y draethen;
Iesu sy Dad a Mab yn 'r afrlladen,
Iesu sy Ysbryd, dienbyd Unben:
Iesu a'i waed bru ar bren—a'n prynodd;
64   Iesu a'n parchodd: Iesu fo'n perchen!

Perchen fo Mair wen i rannu, &c.

Ffynonellau

A—Bangor (Penrhos) 1573, 56 B—BL Add 14891, 67ᵛ C—BL Add 14906
[= RWM 45], 101 D—BL Add 14967 [= RWM 23], 5 E—BL Add 14971
[= RWM 21], 288ʳ F—BL Add 14975, 129 G—Card 2.114 [= RWM 7],
546 H—Card 3.4 [= RWM 5], 76 I—Card 5.44, 1ᵛ J—Card 5.167 [=
Thelwall], 12ʳ K—J 138 [= RWM 16], 188 L—LlGC 643B, 73ᵛ M—LlGC
644B, 44ᵛ N—LlGC 695E, 54 O—LlGC 1559B, 585 P—LlGC 2691D, 178
Q—LlGC 6209E, 271 R—LlGC 13071B, 59 S—LlGC 13081B, 51ᵛ T—
LlGC 17113E [= Gwysanau 24], 2ʳ, 9ʳ U—LlGC 17114B [= Gwysanau 25],
399 V—Llst 47, 9 W—Llst 54, 139 X—Llst 117, 39 Y—Llst 135, 110
Z—Pen 55, 87 (*y pum ll. gyntaf yn unig*) a—Pen 184, 83 b—Pen 221, 213 (*y
cwpled cyntaf yn unig*) c—Wy 1, 43, 41

Fel y nodwyd yn y Rhagymadrodd (td. 12), y mae'r amrywiadau testunol
niferus, ynghyd â'r drefn wasgarog, o blaid gweld dylanwad trosglwyddiad
llafar ar y copïau a gadwyd o'r awdl hon. Ymhellach ar y llawysgrifau, gw.
isod tt. 157–64.

Amrywiadau

1 *DFLMP* perchen fu, *R* perchen bom, *X* perchen yvo, *c* bû berchen; *a* [wen];
G ar ranu i bawb, *W* i ranu ar y byd. 2 *GW* ir yn bod ni yn pechu. 3–64 [*Z*]. 3
AKO cadwed, *BENb* parched; *Q* [a]; *BORb* allowied, *CDFILMPSTWZac*
llwydded, *E* a lowied, *HQUV* lliwied, *X* llowed; *AEIJKOTYc* bob llu. 4 *AKO*
bob twysog, *BENb* pab twyssed; *AKO* bawb. 5 *B–GI–PRSTW–c* wyf; *H* aü
mair. 6–64 [*Y*]. 6 *G* ai hun mab; *C* am yn brynu, *DP* yn prynnu, *R* y pryny.
7–14 [*W*]. 7 *BN* diveia a fu, *DFMPXc* ir ddifeiaf vu, *ITb* ddiveia ar a fu, *L* er
ddifeia yn fu, *UV* ddifeiaf fu, *X* ddi fyiaf y fy. 8–9 [*N*]. 8 *AKOR* im hoes, *C* i
moes, *IT* yn voes; *E* mam. 9–12 [*FJLMc*]. 9 [*B*]; *AKO* goref dref; *C* or nef,
DPa o nef, *QUV* dan nef, *S* on nef; *G* rac angau dyn. 10 *EGTb* ag un mab
duw; *AGHKORX* in helpu, *CS* in brynnu, *DP* in prynnu, *U* ym nerthu, *a* im
[*neu* inn] prynu. 11 *A* da im, *CDNPSZa* dydd da ynn, *EM* da un, *HQUV* da
[ynn]; *IT* rrac dydd du, *R* rhag ydd dy; *b* diwedd da yn y dydd du. 12 *X* a
dewiswn; *B* [ ] ym duw jesu, *E* gydag iesu, *N* eni duw jesu, *R* gida duw jesy.
13–16 [*GL*]. 13 *AFHKMOQUVXc* pan el; *DFMPR* ynghyd; *HQUV* i gwrdd. 14
AEHIKOQTUVXa ag un gwr, *N* gydag un gwr, *R* at un gwr; *AFNOc* in prynu
(*N* cywiriad: barnu), *BCHQSab* yn barnu. 15 *AKO* bod, *R* pod; *X* giwedd; *B–
EHNPQRUWa* gorfedd, *Ob* gorffedd; *FJMJ* diwedd da yn (*M* cywiriad: un)
rhag y dydd du (*cf. ll. 11*), *c* diwedd da yn y dydd du. 16 *AHKOQUV* lles
oesoedd, *W* [oes]; *DFMPc* ith lys (*F* cywiriad: yn llys), *ENb* i lys, *IT* vo llys, *R*
y vo yn llys. 17–20 [*B*]. 17 *AKO* [a] groeso, *CHQRSUV* a groesai, *Ec* a
groesu, *R* a graysay, *X* y groyse, *a* ai groesau; *X* y lly; *ST* i ben; *c* jesu a
groesu i lu i len. 18 *RU* [a] geidw; *AO* gryslu, *CSa* kroeslw, *EHINQTUVb* i
groeslu, *FLMPWXc* kroeslu, *G* i groes, *R* gorisly; *D* gwaedawt, *FM*

gwaedaw, *G* waydog, *HQUV* a gwaed, *IT* ai waedoc, *N* wedi, *P* gwaediawc, *R* gwaed o, *S* gwedoc, *U* o gwaed, *W* gaede, *X* rag gwaydy, *c* gwaedaû; *AKO* greslen, *CFGPSWac* kryslen, *D* byslen, *HLNQUV* i gryslen, *J* aersc[?*t*]len, *M* kaersalem, *X* kreslen. 19 *CSa* jessu inerthu, *DFJKMOPWbc* jessu sy / n / nerthu, *EL* iesu sy im nerthu, *H* jesu sy nerthu, *IRT* jesy sydd yn nerthu; *DFJMPc* medd sain arthen, *IT* medd genau marthen, *L* medd arthen; *G* jsu in nertuval son genau arthen, *N* jesu in nerthu fel assen nerthus. 20 *CGNPSTa* jessu in dyscu, *E* jesu sy im dysgu, *R* jesu sydd yn dysgy; *G* [drwy swyn diasgen], *K* drŵyn swyn, *N* drwy gwyn, *RW* trwy swyn, *a* drwy poen; *DFJLMc* jessu sy in dyscu swyn diasgen. 21–2 [*R*]. 21 *AKO* aed pob un, *CDSa* doed pob llu; *AK* ganto, *B* genthy, *CDIPSTa* ganthun, *DEFJMPWbc* ganu, *HOQUVX* gantu (*V cywiriad*: pro gantun); *GN* pob llu yn tynu ac awen ganthu (*N* ganthyn), *LM* aed pob llu a llawen ganu. 22 *AKO* a garo jessu, *CSa* i galyn yr iessu, *E* i galyn gwir iesu, *UV* i garu y iesu, *Wb* i garu yr iesu; *AKOW* i galon, *BN* a galw, *L* galan; *AHJKMOQUV* a groesen, *B* i groyssen, *CSa* y gresen, *Eb* galon groesen, *ITW* y groessen, *J* a groessen, *LN* ei groysen, *X* ay groyssen. 23 [*BN*]. 23 *CEGIQ–T* [a]; *A* adned; *D–GJLMPWbc* rhwng yr ych ar asen, *O* rhwng ych ar asen. 24 *IT* ganed; *N* o fru; *BN* mair morwyn, *H* o [gnawd] fair; *ADFJKOPRX* addfwyn; *BDEFJKNOPRXb* winwdden; *CSa* o gnawd mair forwyn o seibryswydden. 25 *AKO* yr iessu yrrodd, *BCISTa* jessu a ddanvones, *D* jessu a roddes, *F* iesu a roddo, *JLMc* iesu a rodde, *N* jesu anfones, *R* jesu y ddyrodd, *X* a iessy y yrroedd; *ACDFGIKM–PSTWXabc* or nef seren, *B* or nef ir bresen, *E* o nef seren, *HQ* o nef y seren, *L* ir nef seren, *N* or nef ir seren. 26 *AGIKOQRT–WX* a gole, *BN* y gole, *DFLPc* er gole / r /, *Eb* ar gole, *H* a golau ir, *Sa* ir gole; *E* ir tir, *R* y tri. 27 *AKO* i ddwyn myrr ni syrr, *BN* wrth fyr ni syr, *CSWa* dwyn myr nisyr, *E* wrth ddwyn mur in syr, *F* wrth ddwyn mur ni syr, *G* wrth y myr nisyr, *HQUVX* wrth ddwyn myr ne ssyr, *I* wrthwyn mr athyff, *R* wrth ddwyn myr ne asyr, *T* wrth wyn mr athsyff; *AO* nos irwen, *DFPc* yn oes hirwen, *HQUV* nos hirwen gampÿs, *IT* y nos hirwen ddofnus, *R* merch hirwen ddawnys, *Sa* nos hirwen downus. 28 *AIKOTV* aur myrf a thys ir wyrf (*ITV* wir) famaeth wen, *BN* aur a thus i wir famaeth wen, *C* aur a myr a thus [ ], *DFPc* aur a thus wyrf famaeth wen, *Eb* aur yw fam a thus wyr (*b* wyrf) famaeth wên, *G* aur yw a thus ir wir vameth wen, *HUV* aur myr a thys i wyr (*V* wir) mamaeth wenn, *JLM* (*cywesgir llau. 27–8 yn y llsgrau. hyn*) wrth ddwyn murr a [*M* [a]] thus wyrf (*L* wyrth) fameth wen, *Q* aür mür a thüs y wyr mamaeth wen, *R* ac ayr a thys yr famaeth wen, *Sa* aur a myr a thus wyr mameth wen, *W* aur a myr a thus ir vameth wen, *X* ac ayr myr athys wyr mammaeth wen. 29 *AJK* pan oedd yr iesu yn golwg llysten, *BN* pen oedd jesu amlwg ylussen, *CSa* pan oedd iessu olwc lyssieuen, *DFPc* pann ydoedd iesu yngolwc llyssien, *Eb* pen oedd iesu olwg ylusen, *GW* pan oedd jesu golwg llysuen, *HUV* a phan oedd jessü olwg llysüen, *IT* pan oedd jesu a golwg llaswen, *LM* pen ydoedd jesu yngolwg llusden, *O* pan oedd yr jessy

yngolwg llyssen, *Q* a phan oedd jesu golwg lysüen, *R* affen ydoed jesu olwg
lleseyn, *X* a ffyn oedd iessy olwg lyssyen, *c* pan ydoedd iesû ywgolwg llysien.
30 [*CSa*]. 30 *D–GIJLMPTXc* dengmlwydd ar higain, *H* yn ddeg arigain, *b*
ddengmlwydd ar higan; *R* [cain], *X* keink; *E* kun, *HQUV* cwyn; *QVX* kymen;
W xxx kain kynen. 31 *AKOb* ef a fedyddiawdd drwy nawdd tri nen, *BN* yna
y bydyddwyd trwy nawdd tanen (*N* tamen), *CS* yna i bedyddwyd trwy nen,
DFP a mwy yn byddiaw drwy nawdd duw nen, *E* ef a fydyddiodd drwy
n(?*w*)awdd duinen, *G* yna byddyawdd trwy nawdd tri nen, *HQUV*
bydyddiawdd drwy nawdd ieuan dri nen, *IT* bydyddiodd ar i nawdd trwy
nen, *JKLM* y naw yn bedyddiaw drwy nawdd duw nen, *R* yno ybydyddiwyd
ynawdd trwy nen, *W* yvedyddiodd trwy nawdd ytri nen, *X* fe fedyddiawdd
drwy nawdd dri nen ivan, *a* yna i bydyddwyd trwy nen jfan, *c* a mwy'i
bedyddiawdd drwy nawdd dûw nen. 32 *ADEFJKOP* ifan wirdduw yn nwfr
aurddonen, *BNR* jesu wirdduw yn wr yrddonen, *CSc* ieann wirdduw yn nwr
aurddonen, *GIT* jyvan yn wir dduw y nwr eurddonen, *HQUV* wirddüw aü
enwi yno n urddonen, *L* jefan wirdduw yn yr yrddonen, *Mb* ifan wirdduw
yn wr urddonen, *W* ieuan yn wir ddiw yno ynwr urddonen, *X* wirddyw duw
yno yn yrddonen, *a* wirdduw yn wr aurddonen. 33–4 [*W*]. 33 *AKO* ag fe
farnen yn gwir nen i nef, *BN* sson yrodd trwy nen y ne, *CS* yno i doded
trwyn wiwnen, *DFP* yna i rroed wiwnaf o nef wen, *E* ag i doden yn gwiw
nen o nef, *G* ef arrodded trwy nen y nef, *HQUV* a hwynt a roddynt rwydd
wiwnen o nef, *IT* pen aeth gwiw nen o nef, *JLM* yna (*L* yno) / i / rhodded
wiw naf / o / nef wen, *R* ac yno y rho fyngwiw nawdd trwy nen, *X* ag yno y
rodded (ef *mewn llaw ddiweddarach*) wiw nen o nef, *a* yno i doded trwy yn
winwnen, *c* [ ]oedd wiwnaf o nef wen, iesu. 34 *ABDFI–PRT* jesu i ddioddef;
AORXb ar y seipryswdden, *BEFN* ar seiprys winwdden, *HIQTU* ar seiprys
wdden, *J* ar / i / seiprys winwydden, *M* ar y seiprys winwydden; *CSa* o nef i
oddef ar seibrys wydden. 35 *AKO* a ddioddefas, *G* a oddevawdd, *X* jessy
oddefoed; *BEINOTUVb* dorri i asen, *CDFPSa* torrir assen, *G* dyllu i assen, *W*
tori asen, *Xc* dorri yr assen. 36 *FIMNSTWa* a gwayw y, *GHQUVXc* [yr]; *b* o
ffrwyth; *ACEGIKNOSTXa* yr yfallen, *c* vallen. 37–8 [*W*]. 37 *BN* a dodi yn i
iad, *CISTa* a roddi am yr iad, *DFP* a rroi am iad, *ER* a rhoi am r iad, *Gb* a
dodi am yriad; *b* ysbodaden. 38 *AKO* nes gwaedu r wyneb gan bige r
draenen, *BN* i waydu i wyneb, *CSa* a gwaedu yr wyneb, *R* a gwaydy or
wyneb; *BIT* o bleth, *G* ymhylith, *QVX* yn bleth, *R* ambleth; *HQUV* dair
draenen. 39 *W* a hoelio iddwy ddwylo; *AGIKOT* ddalen, *DFMPc* [ddwy]
ddolen. 40 *DFJLMPc* i dowallt y gwaed (*FMc* i waed), *R* a thowallt gwaed,
X a thywall y waed; *Q* a thywallt i draed; *CS* i bob; *BEFMNOabc* gwythen.
41 *AGKORb* [fal]; *AKO* [mab]; *BN* nid oedd i vab duw, *CSa* nid oedd gnawd
un mab duw, *E* nid oedd oi gorff, *HQUVX* ag nid oedd, *R* nyd oedd o gorff.
42 *ACDFJ–MOPR*(1) *SWac* un man heb waed, *BN* fan heb wayd, *E* un
ky[?*f*]r heb waed, *HQUV* heb i waed oi draed un man hyd i ben, *R*(2) *X* un
man oy draed heb waed hyd y ben, *b* un fann oi draed heb waed oi benn. 43

[*BCNSac*]. 43 *AIKOT* na lled un hoelied, *DFLMP* na lle dyn i weled, *G* ne led un oel, *HJUV* na lle i weled, *Q* ne le i weled, *R* nalled vn oyled, *W* na lled un aeled, *X* na lle y ddyn weled, *b* na lle bu aeled; *G* dan i walen, *IT* dan wialen, *M* dan i wialen, *W* tan ywalen. 44 *AKO* o ddu ewin dyn, *BN* mayddu ewin, *CSa* na du ewin dyn, *DFJMPc* led ewin dyn, *E* ne ddu dwyn dyn, *G* ne ddu ewin [dyn], *HUV* sy ddü o ewin dyn, *IT* nau ewin dyn, *L* lle ewin dyn, *Q* sy n dü o ewin dyn, *R* nady ewindyn, *W* no du ewin dyn, *X* sy ddu ewin dyn, *b* ne ddu ewin dyn; *B* oi gorff. 45–6 [*W*]. 45 *AKO* ai waed gyrf ffyrf yn yfferen i gyd, *BN* i wayd gwyrf yfferen ir byd, *CS* ai waed yn wiri firi yn offeren, *DJMPc* ai waed gwyrf yn ffyrf yfferen // bryd, *E* ai waed gwyrf ffyrf yfferen ir byd, *G* i waed gwyrf ffyrf yw yr yfferen ir byd, *HQUV* ai waed wyry n ffyry offeren yw ir byd, *IT* heb waed gwyryf ffyryf yfferen ir byd, *L* ai gwaed gwyrf yn ffyrf y seren bryd, *R* ay waed gyrff ffyrf yfferen y byd, *X* dy waed wyry ffyry yfferen yr byd, *a* ai waed gwyrf yn ffyrf yn yr yfferen ir byd, *b* ai waed gwyrf ffyrf yw fferen ir byd. 46 *AKO* yn pylu r pryd ar von piler prenn, *BN* yn kwplay y pryd wrth y piler pren, *CS* i gyd er plaur bryd wrth y piler pren, *DFPc* yn bybyr pryd // wrth un (*D* wrthun) piler pren, *E* i gid pybyr pryd wrth y piler pren, *G* avu yn coplau byd wrth biler pren, *HQUV* i gyd i blae r pryd wrth biler pren, *IT* i gyd i gwuliaw y pryd wrth von piler pren, *JLM* yn pylu / r / pryd wrth y piler pren, *R* i gid yn play pr[ ] wrth fon piler pren, *X* i gid y blayr pryd wrth von piler pren, *a* i gid ir plau r prud wrth y piler pren, *b* i gyd yn pylur pryd wrth y piler pren. 47 *BN* jesu a fwriwyd, *E* jesu rhoed; *AKO* rhyd yr yfren, *B* rhyd vorri[ ], *C* ryd yvorren, *DFLMPSb* rryd y forien, *E* rhyd furien, *GW* rryd vorien, *HQUV* ryd a vwrien, *IT* istryd y vorien, *N* rhyd fowrwen, *R* rhyd ffwren, *X* ryd yfwrien, *a* ryd i farien, *c* ryd o vorien. 48 *ADIKOPT* ar ffrwst drwy draffrwst, *BN* diau drwst ar ffrwst, *CSa* ffrwst draffrwst, *EFc* ar gwst drwy affrwst, *G* drwy wst ar draffrwst, *JLM* ar gwsg drwy draffrwsg, *QUVX* a gwst drwy wir draffrwst, *W* ar ffrwst wir traffrwst, *b* er gwst drwy affrwst; *R* draw wrth driffren. 49 *CSa* yno i kodes iessu, *R* efo y gyfodes; *ABO* i rodio ar bresen, *CSa* i nerth y bresen, *Eb* er nerthu / i / bresen, *GRc* i rodior bresen, *N* i rodio i bresen, *W* inerthu i bresen, *K* i rodio ar driffen; *DFHJLMPQUVX* jessu a [*HQU* [a]] gyfodes i rodio / r / bresen. 50 *ABGIKNOQTUVX* y trydydd dydd, *CSa* ar ben y tryd dydd, *DEFLMPWbc* ymhen y trydydd dydd [*E* [dydd]], *H* y trydy dydd, *R* yn y trydydd dydd; *A* o balmi dinodden, *B* o [ ], *CSW* ar balmidwydden, *DP* salm winwdden, *E* addiar balmm dwdden, *F* ai balm winwdden, *GJLM* ai balm wynwydden, *HQUV* ef ai balmidydden, *IRT* ai balym midwydden, *K* o balmi diwdden, *N* ar ffydd oi phen, *O* o balmidiwdden, *a* ar palmidwdden, *b* oi balmidwydd wen, *c* ai balm wydden. 51 [*IT*]. 51–2 [*CSWa*]. 51–6 [*B*]. 51 *AO* jessu an dug elusen fu i ddaed, *DP* jessu ef an duc ai lussen dda vu, *E* jesu an dwg o iawn ylysen i gyd, *F* jesu an dug ai lussen fu dda i, *G* jesu an prynod alussen vu idday[?*et*], *HQUV* jesu an dyg on plyg elwissen vy ddaed, *JLM* j[esus] an dug a lusen fy dda, *K* jessu am dwg elusen fu ddaed, *N* jesu

an prynodd ylusen ei ddaed, *R* jesu an dyg elwissen yfy ddaed, *X* eissy yn
dug elwisen fy ddaed, *b* iessu an dug o iawn ylusen, *c* jesû an dwg ai lûsen
vû dda. 52 *AJ–OR* i byradwys a gwaed, *DFP* i byradwys waedu, *E* i bradwys
a gwadd, *b* i gyd i bradwys, *c* i baradwys waed; *AFNORc* i byrwyden, *LM* ei
berwyden, *X* y brwyden; *G* i baradwys a gwedi barwyden; *IT* jessu andwc i
baradwys agwaed i barwyden. 53–6 [*R*]. 53 *ADEFHKLN–QXbc* pan ddoeth
peilatus, *CS* yno doeth pilatus, *G* pen ddoyt peylattus, *IT* anoeth bilatus, *W*
yna i doeth peilatus; *A* na seyprus hen, *CS* ail silus hen, *DP* wyr sinys hen,
Eb wr heunus hen, *FLc* wr sinys hen, *G* gwr heinus hen, *HQUV* wrth i
elüsen, *IT* gwr henus hen, *JM* wr seinus hen, *K* a sirüs hen, *N* gwr heywys
hen, *O* o seyrus hen, *W* gwr seinus hen, *X* wrth eilys hen; *a* yno doeth
peilatus silus hen. 54 *AKO* ai law, *H* o llaw; *E* a thorri r, *G* a thor, *W* idori;
Nb y pedair llythyren, *W* iiij llythyren. 55 [*D*]. 55–6 [*W*]. 55 *AKO* eisoes
duallwyd, *CSa* iessu a dyllwyd, *D* (*mewn llaw ddiweddarach ar waelod y
ddalen*) *FJLMPc* jesus diallus, *E* eusus dehallwn, *G* oes iesu diwylliwyd, *IT*
jessu lledewallwyd, *N* os jesu a ddywedwyd, *b* eisoes dehallwyd; *ITb* ar
ystyllen. 56 *G* jesu ai gor, *IT* jessu sydd ai grefydd, *N* jesu ai gorfy, *X* iessy ay
greddyf; *CSa* mewn yscriven, *IT* yn ysgrifen. 57 *AKO* jessu sy nerthu, *B* [ ]
nasareth moysen [ ], *CS* jessu yn aesren, *a* jessu o nazaren; *CSa* ai dowaid,
Eb a ddyfawd, *F* a dowad, *G* moyses ai dyvot, *IT* a dyvod, *JLMR* ai dowad,
N moys ef ai dyfen, *W* a moesen ai dyvod, *X* moyssen y dywad. 58 *CSa* ar
gwaed, *Eb* y gwaed, *GN* j waed, *IT* a gwaed; *ABKO* or iad, *CGa* ar yr iad,
DFLMP ar hyd yr iad, *EIT* oddiar yr iad, *N* oi iad, *RW* am yr iad, *S* ar iad,
UV ar i waed; *S* ywr; *AO* hyd ar yr en, *DFJLMP* hyd yr en, *E* [I a'r N], *G* vur
ei ar en, *IT* ywr iar hen, *NR* ydyw rri aren, *W* ari aren, *a* ywr iaen, *b* (*mewn
llaw ddiweddarach* sef iesu o nasareth). 59 [*CISTWa*]; *AKO* jessu sy n barnu,
X iessy sydd benna. 60 *X* jessu an gwnaeth ni; *AKO* a draethen, *E* [y]
draethen, *R* (y daiaren). 61 *ABGHKQX* jessu sy (*GX* sydd) fab a thad,
DFJLMPc jessu fab a thad, *Eb* jesu dad a mab, *IT* jessu sydd dad a mab, *R*
jesu ysy fab a thad; *BN* yr yr yskriven, *CEHQSUVXa* yn yr arlladen, *G* yr [ ]
yravylladen, *L* heb ddiben, *R* yn yraladen. 62 *AKO* jessu sy n ysbryd, *L* gidar
ysbryd, *R* jesu ysudd ysbryd; *AK* die [ ] byd unben, *G* enbyd unben. 63
[*CSWa*]; *AEGKOb* jessu a gwaed, *IT* jessu ai wedd; *AO* i bryd, *BN* fry, *G* i
vru, *IT* brudd, *JLRc* bry, *M* kry; *BENb* i fron. 64 *CIT* iesu an parcho, *HQUV*
jesu ve n parchawdd, *X* jessu vo yn parchawdd, *c* jesû vû'n parchodd; *B* jesu
yn perchen, *CS* jessu vo perchen, *DEFLMP* iessu a vo / n / perchen, *N* jesu
an perchen, *RX* jesu fo yn perchen.

Teitl
A awdl ein prynedigaeth, *C* popish theol., *DP* awdl foliant i Iessu, am i
ddioddefaint, *E* owdwl i Fair, *F* llyma owdwl ir iesu, *JLM* owdwl ir Jessu, *K*
owdl o waith John Kent, *N* owdl i Dduw ac i Fair, *O* llyma owdl o waith

Sion Kent, *T* awdyl Iessu a Mair, *W* owdwl i Fair a Iessu *X* cowydd yr Jessu.

Olnod
I Syr Phylib Emlyn y priodolir yr awdl hon yn y llawysgrifau oll, ac eithrio *AKO* doctor John Kent (*K* neu Sr Phylip Emlyn *mewn llaw ddiweddarach*); *BN* Dafydd Emlyn; *W* Dafydd ap Edynyved.

Trefn llinellau
AKO 1–64 + i.
B 1–7, [9], 10–16, [17–20 oherwydd bwlch yn y llsgr.], 21–2, [23], 24–42, [43], 44–50, [51–6 oherwydd bwlch yn y llsgr.], 57–64 + ii.
CSa 1–16, 19–22, 17–18, 23–9, [30], 31–42, [43], 44, [51–2], 57–8, [59], 56, 55, 47–8, 53–4, 45–6, 49–50, 61–2, 60, [63], 64, T + ii.
D 1–26, 28, 27, 29–54, [55], 56–64.
E 1–41, 43–4, 42, 45–64.
FJM 1–8, [9–12], 13–64.
G 1–12, [13–16], 17–52, 57–8, 53–6, 59–64.
HQUV 1–50, 57–8, 53–6, 51–2, 59, 61–2, 60, 63–4, H + iii, UV + v.
IT 1–16, 19–20, 17–18, 21–50, [51], 60, 52–8, [59], 61–4.
L 1–8, [9–16], 17–64.
N 1–7, [8–9], 10–22, [23], 24–42, [43], 44–64 + ii.
P 1–26, 28, 27, 29–64.
R 1–10, 7–10, 9–10, 11–20, [21–2], 23–38, 57–8, 39–52, [53–6], 59–64 + iv.
W 1–6, [7–14], 15–18, 20, 19, 21–32, [33–4], 35–6, [37–8], 39–44, [45–6], 47–50, [51–2], 53–4, [55–6], 57–8, 61–2, [59], 60, [63], 64.
X 1–50, 57–8, 53–6, 59, 61–2, 60, 51–2, 63–4 + v.
Y 1–5, [6–64].
Z 1–2, [3–64].
b 1–42, 44, 43, 45–64 + iii.
c 1–8, [9–12], 13–42, [43], 44–64.

i
perchen fo mair wen

ii
perchen fo mair wen i ranny ar bawb
er yn bod yn pechy
parched a llowied pob lly
pab twyssed pawb at jesu

iii
perchen vo

iv

perchen fo mayr wen arany arbawb
er ynbod ni yn pechy

v

perchen vo [*Y* yvo] mair wen i rannu

Fy mhwrs melfed, fy mherson,
Fy nghoffr aur, fy nghyff o'r Iôn,
Fy ngheidwad hoff, fy mhroffwyd,
4   Fy nghydymaith uniaith wyd,
Nid gwell ceidwad, rad roddi,
Nyth aur, dan awyr no thi;
Na thalwr well dros chwellyn:
8   Fy mhwrs, gramersi am hyn!

Bûm berchen meirch, bûm barchus,
Tlysau, arfau, creiriau crys,
Plad, gemau, modrwyau mwrn,
12   Cadwynau, nwysau nawswrn;
Trwsiad rhagor, ddyn trasyw,
I'm gwlad, a'm bwriad i'm byw,
Amlach no neb yn Emlyn:
16   Fy mhwrs, gramersi am hyn!

Dysgais dalm ar lyfr Salmon
A'r saith gelfyddyd a'r sôn;
Dysgais hardd Baradwysgamp,
20   Dysg ddiddig, eglwysig lamp;
Dysgais arfer, medd gwerin,
Ag arfod drud, gorfod trin;
Awdl, cywydd sengl ac englyn:
24   Fy mhwrs, gramersi am hyn!

Y mae'n ymgystlwng â mi
O genedl, anian gyni,
Nawfwy o dalm, nwyf diloer,
28   Nog y sydd ym, neges oer.
Cyfathrach, gwn, caf wythryw
Brodyr ffydd beunydd i'm byw;
Pob rhodiwr gwlad, pob rheidus,
32   Pob clerwr, pob rhwyfwr rhus;
Pob dof a ddaw i'm gofyn:
Fy mhwrs, gramersi am hyn!

Da yw'r byd, medd Gwyndyd gwawd,
36   Da arnam bob diwarnawd.
Bwydydd, diodydd didawl,
A phob ansodd mewn modd mawl.
Caf fy nghynnwys, lwys lysenw,
40   Gair fwyn, ar osteg gwir Fenw;
Caf fawrbarch ym mhob marchnad,
Gorsedd ym mhob gwledd i'm gwlad,
A'm hirbarch mawr i'm herbyn:
44   Fy mhwrs, gramersi am hyn!

O delir lledrad dilys
I'm llaw, a'm hebrwng i'r llys,
O daw barn neu gwest arnaf,
48   Gwn fy niheuro a gaf.
Deugain a dwng, digon dof,
DriSul, anudon drosof.
Swyddogion, haelion holi,
52   I gyd y maent gyda mi.
Fy mharod wyd a'm heuryn:
Fy mhwrs, gramersi am hyn!

Cefais fawrserch gan ferched,
56   Cefais a geisiais o ged.
Cawn lateion Is Conwy,
Cawn filiwn, pei mynnwn mwy.
Ni chaf fyned o'r dafarn
60   I'm byw, o thalwn o'm barn,
Ymdynnu am adanedd
Â mi, a'm hebrwng i'r medd.
Adwaen fy mharch, arch erchwyn:
64   Fy mhwrs, gramersi am hyn!

Er f'aur y caf, gwn drafael,
Yr holl fyd, ŵr hyfryd hael.
Caf Gymru oll, ni chollir,
68   A'i thai a'i chestyll a'i thir.
Caf gariad ym mharadwys,
Caf Dduw yn nerth, caf ne'n ddwys;
Nwyf i'm henw, nef i'm henaid,
72   Ac arch gan babau a gaid,
A bodd, pob rhyfel, gelyn:
Fy mhwrs, gramersi am hyn!

Ffynonellau

A—Bangor (Penrhos) 1573, 125   B—BL Add 14866 [= RWM 29], 203^r
C—BL Add 14874 [= RWM 51], 157^v D—BL Add 14906 [= RWM 45],
52^r E—BL Add 14967 [= RWM 23], 225   F—BL Add 14978, 17^r G—BL
Add 31062, 12^v H—Bodley Welsh f 2, 54 (*llau. 1–8 yn unig*)   I—Brog (y
gyfres gyntaf) 1, 193   J—Card 1.19, 56   K—Card 2.4 [= RWM 11], 24   L—
Card 2.630 [= Hafod 20], 165   M—Card 4.110 [= RWM 47], 116   N—Card
4.156 [= RWM 64], 261   O—Card 5.44, 61^r P—CM 40, 81   Q—CM 125,
65   R—J.R. Hughes 6, 534   S—LlGC 279B, 251   T—LlGC 719B, 25   U—
LlGC 970E [= Merthyr Tudful], 115^v V—LlGC 1024D, 47   W—LlGC
1560C, 411   X—LlGC 3487E, 118   Y—LlGC 5283B, 204   Z—LlGC 6511B,
227^v a—LlGC 7191B, 68^v b—LlGC 9166B, 107   c—LlGC 13061B, 246^v
d—LlGC 16129D, 117   e—LlGC 21248D, 213^v f—LlGC 21290E [= Iolo
Aneurin Williams 4], 34^r g—LlGC 21309D [= Iolo Aneurin Williams 22],
11   h—LlGC 21582E, 10^v i—Llst 6, 134   j—Llst 53, 287   k—Llst 55, 155
(*rhai ymadroddion yn unig*)   l—Llst 118, 379   m—Llst 134, 70^r n—Llst 156,
107   o—Pen 159, 174   (*y tair ll. gyntaf yn unig*)   p—Pen 221, 24 (*y cwpled
cyntaf yn unig*)

Gwelir bod cryn amrywio yn nhrefn llinellau'r cywydd hwn yn y llaw-
ysgrifau, a hynny, efallai, oherwydd ffurf gytganol y gerdd. Tystia hyn eto i
broses hir o drosglwyddiad llafar, a gellir casglu bod mwy nag un fersiwn
o'r gerdd wedi eu cofnodi; seiliwyd trefn llinellau'r golygiad hwn yn betrus
ar BFGKeil, cf. hefyd IGE^2 259–61 (LXXXVI). O ran geiriad y gerdd, y
testun y gwyddai Llywelyn Siôn amdano yw cynsail LORUZcfgm, ac ym-
ddengys fod y copïau a geir yn llawysgrifau IJM, TWY a hn hwythau'n
rhannu'r un gynsail. Darnau neu ymadroddion yn unig o'r gerdd a geir yn
Hkop. Ymhellach ar y llawysgrifau, gw. isod tt. 157–64.

Amrywiadau

1–35 [*L*]. 1 *BGKORZcfgijkm* felfed. 2 *A* fy nghorff aur, *EIm* vynghyffyr aür,
TY fynghyff or aur, *W* ynghŷf or aur, *c* vynghofr aur, *j* ynghyff aur wyd, *n* fy
nghyfr aur; *ACDHQS* fy nghyff ar ion, *E* vynghorff ion, *Im* vynghoffyr ion,
JMNXd fy nghŷff yw'r Ion, *K* fyng hyff ron, *ORZfg* vynghyffr jon, *T*
ynghoffor ion, *WY* ynghofr ion, *Zi* vynghyffyr ion, *a* fynghyffur ion, *b* fy
nghŷff er ion, *c* vynghyfr iôn, *jn* ynghoffr ion; *h* ion hon. 3–7 [*o*]. 3–74 [*p*]. 3
m vynghyfaillt; *CQegm* am proffwyd. 4 *B* maith ym wyd, *FKPTVaegl* un
waith wyd, *JM* maeth fy mwyd, *N* odiaith wyd, *X* faeth o fwyd, *d* fy maeth
wyd, *i* yn jaith wyd, *n* ymaith wyd. 5 *D* [nid]; *I* [rhad]; *NTWYeg* rodi. 6 *A* oth
iaith, *CDEHQSTWYbfgjm* ith oes, *JM* a'th aur, *X* naeth aur; *ABCEHQSYbj*
dan wybr, *OTZcfgm* dan yr wybr, *W* dan wybren; *ACDH–KMNPQS*
TVXYabd–gjmn na thi. 7 *I* thalodr, *ORZcfgm* thaladr, *a* thaliadwr, *i* [   ]ad;
MPQTWYaj gwell; *ADHSb* o, *CQ* na, *Y* tros, *i* droll; *BFPVeln* welldyn, *ETWY*

wellyn, *Ki* ellmyn, *M* gymhelldyn, *NXd* ymhellddyn, *a* welltyn. 8 *A* garamerssi, *BORUZcfm* gyrmarsi, *C* geramersi, *DW* gyry mersi, *E* gore mersi, *FHPSV* gar merssi, *I* gorymasi, *Ki* gormersi, *N* grymarsif, *Q* geramesi, *T* gormarsi, *X* grymarsit, *Yh* gyrmersi, *a* garamassi, *g* grimasi, *n* garamass. 9–74 [*Ho*]. 9 *a* euraur; *I* barchwys, *K* barus; *MNX* a bum barchus. 10 *D* a thylysau, *h* llysiau; *TY* arweste, *W* arwesre; *BEFKOPRSVWYZcefgijlmn* crys, *Ia* crwys. 11 *ACDSb* croessau a, *BFPVel* croyw emau, *E* kasswynau, *K* kroiw mab, *N* plant gemau, *ORZcfgm* goswynau, *Q* craesau a, *a* plageiniau; *i* krairiay mewn modrwyay myrn. 12 *TWY* teganaū; *AB* nossiaü, *CQS* nowsiau, *DFPVbel* nawsau, *M* mwysau, *T* ynys[ ]u, *an* nwyssiau, *h* nywsau, *i* nysay; *M* mosiwn, *NX* nasiwrn, *OZcdfmn* naswrn, *i* nawsyrn. 13 *ACEQ* lawer, *DORSTWYZbcfgjm* llawer; *ACDO–TWYZabcfgjkm* dyn; *K* drasyw, *MNXdn* im trasyw. 14 *ACQS* am gwlad, *Db* yngwlad, *KT* om gwlad; *a* ant bwriad, *g* im bwriad; *Q* am byw. 15 *A–DFKPQSVbeil* aml fy nghenedl; *CPQS* yn ymlyn, *j* hyd emlyn. 16 *A* garamerssi, *BORUZcfgm* gyrmarsi, *CQ* geramarsi, *DW* gyrymersi, *E* gore mersi, *FHPSV* garmerssi, *I* gorymasi, *Ki* gormersi, *N* grymarsif, *Tj* gormarsi, *X* grymarsit, *Yhn* gyrmersi, *a* garamassi, *h* gyrmasi, *j* gore marsi. 17–24 [*PV*]. 17 *A* salm, *K* talam; *X* [ar]; *EILOZcfgm* gwn, *MNSTWYj* o, *a* mewn, *n* yn. 18 *M* a saith, *d* or saith; *d* cylfoddud; *I* ai son, *TWj* wir son. 19–20 [*TWYejl*]. 19 *A–DFKQSbi* arwydd, *E* vawr, *ORZcfm* yn llwyr, *g* yn fawr; *A–DFKQSb* pradwysgamp, *I* badwys gamp, *ORZcfgim* bradwysgamp. 20 *FK* dygais ddic, *MNX* dysgais lwc, *a* dysgais lŷg, *dn* dysgais lug; *MNX* a gwisgo lamp, *dn* a gwisg lamp; *ACDQ* dysgedig lwsiedig lamp, *E* dysgedic eglwisic lamp, *I* dysgais yn lyc eglwys lyc lamp, *ORZcfgm* tiar eglwys lwys y lamp, *Sb* dysgedig lwfiedig lamp; *k* urdhedig lwysedig (*y ddau air yn unig*). 21–2 [*EORTUWYZcfjgm*]. 21–4 [*IJMNXadhn*]. 22 *CQS* [ac]; *A* arfad, *l* arvot; *e* trud; *ACDQSb* i orfod, *K* agru; *CD* drin; *i* gyrva tryd agor vod trin. 23 *AFel* cowydd disengl, *K* owdl gowydd; *i* [sengl]; *Eb* [ac]; *ORUZcfgm* pob sengl englyn. 24 *A* garamersi, *B* gyrmersi, *C* geramersi, *DW* gyry mersi, *E* goremerssi, *F* gar merssi, *K* gor mersi, *N* grymarsif, *ORUZcfgm* gyrmarsi, *Q* geramarsi, *S* garmerssi, *T* gormarsi, *V* gar mersi *X* grymarsit, *Y* gyrmersi, *a* garamassi, *h* godymarsi, *j* gore marsi. 25 *Begjlm* mae yn; *I* gysdlwn, *Tagijmn* ymgystlwyn. 26 *ADQ* amal gyni, *BPV* a mân gyni, *C* aml geni, *E* amyl gyni, *Fe* a man gyni, *Sb* aml gyni, *Tj* aml iawn geni, *WY* aml iawn gyni, *a* anian genni, *LORUZcfgm* oes aml gyni, *i* aml di gyni, *l* a mau gyni. 27–30 [*TWYj*]. 27 *B* nowfwy dalm nwyf deüluoedd, *C* mae nwy dalm o nwyf diloer, *E* nawmwy dalm pedy[*l*]er, *F* nwfwy dalam nwyf dylyoedd, *IPhn* nawcant gwarant gwiroer, *JMX* nawcant gwarant gwyroer, *K* naw fu dalym nwy fu duloedd, *LORUZcfgm* naw mwy dalm ynn mae düloer, *N* naw cant gwyroer, *PV* mwyfwy dalam nwyf deuluoedd, *Q* mae nhw dalm o nwyf diloer, *S* nowfwy dalan nwyf dioer, *a* naw mil cant gwarant gwiroer, *b* mae ofwy dalm nwyf diloer, (*b*) nawfwy dalm o nwyf diloer, *d* nawkant gwarant gwiwoer, *e* nowfwy dalm nwyf dûloedd, *i* mwy dalam ym nwyf dyloedd, *l* nowfwy dalym nwyf dûlûoedd. 28 *BFKPVeil* nog y sydd ym neges oedd, *Ih* mwy noc y sydd neges oer, *JM* nag ysŷdd o'n neges oer, *LORUZcfgm* negeswydd ym neges oer, *NX* nag y sydd oi neges oer, *S* nag y sydd am neges oer, *a* mwy nag yssu neges oer, *dn* nag y sydd a neges oer. 29–30 [*E*]. 29 *a* câf gwn wythryw, *bi* cof wythryw. 30 *dn* a brodyr ffydd; *JM* fydd; *D* mi byw; *BIPVel* caf frodyr ffydd beunydd byw, *F* kaf frodr sydd beunydd byw, *K* kaf f[ ]rtor ffydd beunydd im byw, *LORUZcfgm* kaf vrodyr ffydd bydd ym byw. 31 *ACDQS* rrwydwr, (*b*) rhwdwr, *i* rodiar; *ADj* rrudus, *CIi* rydys, *c*(*g*) rhidys. 32 *LORUZcfgm* kerddwr, *i* herwr; *ADE* rrodiwr, *CTWYj* rhowtiwr, *I* rreim(?*n*)iwr, *JMXdn* [pob] rhyfelwr, *LORUZcfgm* riolwr, *N* rhyfwr, *Q* rhowliwr, *a* remwr, *i* ryw wr; *i* prys. 33 *JMX* im dyfyn. 34 *A* garamersi, *BLORUZcfgm* gyrmarsi, *C* geramarsi, *DW* gyrymersi, *E* gore merssi, *F* garmerssi, *I* gorymasi, *Ki* gormersi, *N* grymarsif, *Q* geramarsi, *S* garmerssi, *Tj* gormarsi, *V* gar mersi, *X* grymarsit, *Y* gyrmersi, *a* garamassi, *h* godymarsi. 35 *B* da iawn fydd, *FPVe* da fyd fydd, *Kl* da fydd, *d* da iw byd, *i* da ywr bydd; *A* er gwnfyd, *B* medd gwehydd, *C* bob gwnfyd, *DNSX* [medd] gwnfyd, *E* medd gwynfyd, *FIPVel* medd gwawdydd, *JM* mewn gwynfyd, *Ki* medd gwen ddydd, *Q* bob gwnfyd, *TWYaj* medd gwnfyd, *bdn* [medd] gwynfyd. 36 *ACJMQSXYbd* da yw arnaf, *BK* a da arnam, *F* da arnom, *LORTUWZcfgjm* da arnaf, *el* a da arnom. 37 *ACDS* diodydd a bwydydd, *BEFKel* bwydydd a diodydd, *Qbik* diodydd bwydydd; *A–FIKNQSTV–Yabdeh–kn* bydawl. 38 *LORTUWZcfgjm* maswedd, *V* anrhydedd, *a* anffodd; *el* [mewn], *k* myn; *BK* modd a mawl, *LORTUWZcfjm* medd a mawl, *Vg* medd mawl, *a* mwynfodd mawl. 39–40 [*BFGIJKMNPTV–Yadehijln*]. 39 *S* fynghymwys, *g* fy nhywys; *A* lyssenyw, *CQ* laswiw, (*D*)*b* lyshoyw, *S* lyssfyw. 40 *ACDQSb* gwrdd fodd, *E* air fwyn; *ACQ* a gosteg, *S* ag osteg; *ACDQS* gerdd fyw, *E* er fenw, *b* cerδ fyw. 41–3 [*ETWYj*]. 41 *IJKMNXadn* kefais barch, *LORUZcfgm* kaf vymharch, *PV* cawn fawrbarch. 42 *AJMQS* a gorsedd, *CD* a gorfedd; *CQ* om; *BFPVel* ymhob gorsedd gwledd a gwlad, *INXan* a gorsedd mewn gwledd a gwlad, *K* agorsedd ymhob gwladd gwlad, *LORUZcfgm* a gwledd a gorsedd mewn gwlad, *b* a gorweδ ymhob gwleδ gwlad, *d* a gorfedd miawn gwledd a gwlad, *k* a gwledh a gorsedh myn gwlad. 43 *BPVl* a hirbarch, *F* [ ]hirbarch; *Ia* oll am herbyn; *ACSb* fy mharch a fydd ym herchwyn, *D* fymharch afydd yn ferlyn, *E* ymharod wyt om heuryn (*yn lle ll*. 53), *LOZfg* fy aürbarch vydd yn verbyn, *Q* fymharch a fydd ym hob erchwyn, *RUcm* vy aürbarch ddaw yn verbyn, *TWYj* a gweision tal im calyn, *i* ahir bach mawr ymherbyn. 44 *A* garamersi, *BLORUZcfgm* gyrmarsi, *C* geramarsi, *DW* gyrymersi, *E* gore merssi, *F* garmerssi, *I* gorymasi, *Ki* gormersi, *N* grymarsif, *Q* geramarsi, *S* garmerssi, *Tj* gormarsi, *V* gar mersi, *X* grymarsit, *Y* gyrmersi, *a* garamassi, *h* godymarsi. 45 *JM* o dalier; *ADFJMNOVb* lladrad. 46 *hn* ir llaw; *I* hanfon; *JLMORTUWYZcfgjm* om llys, *N* im llys. 47 *BJMNXe* od a, *F* o daf, *PV* o doe, *a* os daw, *d* o da, *l* oda; *BFKPVel* a chwest, *TWY* neū wasg, *j* a gwasg; *i* or da barn achwyn arnaf. 48 *ACDIJL–OQRSUW–dfgim* gwn mae yn nihayro, *P* a gwn fy niheuro, *T* o gūd fyniheuro, *g* gwn mae nihiriaw, *h* gwn mae i heüro, *n* gwn mae / n / i heuro, *j* er gwerth yneheuro. 49 *ADEFSV* dyng, *K* dyn. 50 *FPVel* dirasol, *TWYj* trasyth, *g* drasaf. 51 *ELORTUWYZcfgjm* hwylion, *P* helion. 52 *a* i maenhw. 53 *JMNXd* nid amharod, *hn* amharod, *l* ymharot; *FPV* wyf, *a* [wyd]; *AD* ymheuryn, *CS* fy mheuryn, *EKJM* om heuryn, *NXd* mom haurŷn, *Q* fyamheuryn, *hn* nid am heuryn; *TWYj* ymharch ydwyd am herchwyn. 54 *A* garamersi, *BLORUZcfgm* gyrmarsi, *C* geramarsi, *DW* gyrymersi, *E* gore merssi, *F* garmerssi, *I* gorymasi, *Ki* gormersi, *N* grymarsif, *Q* geramarsi, *S* garmerssi, *Tj* gormarsi, *V* gar mersi, *X* grymarsit, *Y* gyrmersi, *a* garamassi, *h* godymarsi. 56 *i* kawswn agaiswn o ged. 57 *IK* uwch konwy. 58 *a* gan miliwn; *CKNVQWXYel* pe, *E* be, *d* bei, *j* o; *T* filiwn pei mynwn a mwy. 59–60 [*ACDELOQ–UWYZbcfgjm*]. 59 *INXadhn* ni chawn, *i* nychaf; *X* dyfod, *hn* fynd haf; *JM* dyfod ni chawn o'r dafarn. 60 *BFKPVeil* a hyny; *NXadhin* ym barn. 61 *ACQ* am denu, *i* am dyny; *JM* or, *CQ* yna, *i* om; *ADFSTWXYadehln* y dannedd, *CQ* da iawnwedd, *b* y δanneδ, *j* y daenedd; *PV* ond yna y mŷd anedd. 62 *CQ* a mwy, *LORUZcfgm* er moes; *i* [   ]m amhebrwng; *WY* y medd. 63 *BFIKPVadl* adwen fy mharch am herchwyn, *E* ymharod wyt om heuryn (*ailadrodd ll. 53*), *JM* a dwyn fy mharch amharchyn, *LORUZcfgm* am dwyn i barch ar archwyn, *N* adwen fy mharch am archyn, *S* adwen fymharch am herchyn, *X* adwŷn fy mharch am arch hyn; *e* adwen fy mharch om herchwyn, *hn* bum fawr fy serch am herchwyn, *i* vwyfwy vymharch ar archwyn. 64 *A* garamersi, *BLORUZcfgm* gyrmarsi, *C* geramarsi, *DW* gyrymersi, *E* gore merssi, *F* garmerssi, *I* gorymasi, *Ki* gormersi, *N* grymarsif, *Q* geramarsi, *S* garmerssi, *Tj* gormarsi, *V* gar mersi, *X* grymarsit, *Y* gyrmersi, *a* garamassi, *h* godymarsi. 65 *ACDQb* hefyd y caf, *B* er arian caf, *FV* arian mi ai kaf, *JMXd* arfau a gaf, *K* eiriau i kaf, *N* ai fau a gaf, *P* arian mi caf, *S* hefyd i gwnn, *Tj* er aur kaf, *W* ir faur kaf, *Yj* er faur kaf, *e* arian kaf, *hn* er fai i kaf, *i* kyfiawn i kaf, *l* fy rhiain i kaf; *B* yn ddidrafael; *JMX* ar drafael, *Nd* i drafael, *S* caf drafael, *TWYj* wneithur trafael; *E* er vaur gwn i kaf ardravael, *g* erfair gwn caf drafael. 66 *BFKPVeil* y byd i gyd, *E* kar holl vyd, *JMNXd* drwyr holl fyd, *TWYj* yn yr holl fyd; *BFKNPTV–Ydeijl* [ŵr], *bhn* gwr; *JM* hyfryd a hael. 67 [*g*]; *JMX* da cymryd, *N* da Cymru oll, *i* am kymryd oll; *ACDEILORUSTWYZbcfjm* nim chollir, *Qa* im collir, *i* ym holldir. 68 *ACI–QSTUW–df–jmn* a thai, *Dg* [   ]hai; *X* [a'i]; *ACDIJL –OQ–UW–df–jmn* a chestyll; *ACDIJL–OQ–UWY–df–jmn* a thir. 69–70 [*ETWYj*]. 69 *ADSb* caf fawr gariad, *CQ* kaf fynghariad; *g* [   ]wys. 70 *e* koll dduw, *l* kell Ddûw; *ABCDFKQSVbel* im holl gorff, *P* am holl, *ILONRUZ acfgjm* yn hollawl, *X* yr hollawl, *dhn* im hollawl; *A(C)DLOQ RSUZa–gjlmn* cof ddwys, *BC* gof ddwys, *FKPV* gof yn ddwys, *NX* rhodd ddwys; *JM* rhwydd iawn dêg rhoddion dwys. 71 *DPV* mwy, *E* a nwyf, *i* kaf; *BFPVel* om henw; *E* a nef; *TWYj* o mynaf nef im enaid. 72 *OZ* ag airch; *TWYj* gan y pab, *a* gan ba pan; *j* e gaid; *i* kaf ddwyn y blaen kaf ddyw n blaid. 73–4 [*i*]. 73 *Y* bob. 74 *A* garamersi, *BLORUZcfgm* gyrmarsi, *C* geramarsi, *DW* gyrymersi, *E* gore merssi, *F* garmerssi, *I* gorymasi, *K* gormersi, *N* grymarsif, *Q* geramarsi, *S* garmerssi, *Tj* gormarsi, *V* gar mersi, *X* grymarsit, *Y* gyrmersi, *a* garamassi, *h* godymarsi.

Teitl
B cowydd yw bwrs i hun o waith John y Cent, *CPQ* kowydd ir pwrs, *FKSTVWabfij* kowydd y pwrs, *JM* Cywydd i'r pwrs, ac y maen debygol mai o waith W. Shakspear y cymmerodd y Bardd yr hên Air Saisneg <u>gramercy</u> i.e. Grant Mercy. S.Ph., *Ocfm* llyma gywydd y pwrs velved, *X* cowydd ir pwrs or hen ddull, *Y* ir pwrs, *Z* llyma gywydd pwrs velved, *c* kywydd y pwrs velved, *d* kow: or hen ddull: y prydydd yn diolch oi bwrs, *e* k: ir Pwrs, *g* cywydd y Pwrs felfed, *k* Sion y Kent, *n* gwr yn diolch iw bwrs am bob daioni a gai, *h* Cowydd a wnaeth gwr iw bwrs am bob daioni a gai oddiwrtho.

Olnod
A doctor Jhon cemp, *B* doctor John y Kent ai cant / e wnaeth y doctor dysgedic hwn ar ol dyll y byd ar ddiareb a ddywaid pecunia õnia possit. et pecuniae õnia inseruint, *CQTY* doctor Sion Kent ai kant, *D* doctor Iohn kent ai kant, *Ei* John y kent ai kant, *F* doctor John [   ], *I* (i) John y Kent ai kant (ii *mewn llaw ddiweddarach*) John bla[   ] ai k[   ], *K* doctor John kent, *M* Sion phylip ai cant, *N* syr Phylib Emlyn, *P* Dr Sion Dafydd Rhys ai cant 1580, *S* (i) Doctor Sion Cemp ai caant (ii *mewn llaw ddiweddarach*) Sir Philib Emlin ai cant / Dr. John Dafydd Rhys medd eraill, *V* doctor John Dafydd rhys ai cant 1580, *OW* doctor Sion kent, *X* (i) os gwir a ddowad Sr Phylib (ii *mewn llaw ddiweddarach*) Dafydd ap gwilim medd eraill ai cant (iii *mewn llaw ddiweddarach*) Siôn cent með eraill a'i cant, *a* diwedd / Siôn Cent ai cant, *b* doctor John kemp ai cant, *dhn* S^r ffylib emlyn ai cant, *e* doctor John kemp, *LOZcfgm* sion y cent ai cant, *j* doktor kent ai kant, *l* sion cent ai kant.

Trefn y llinellau
ACDQS 1–24, 35–8, 41–2, 39–40, 43–4, 55–8, [59–60], 61–4, 25–34, 45–54, 65–74.
BFG 1–38, [39–40], 41–74.
E 1–20, [21–2], 23–4, 44–52, 63–4, 25–8, [29–30], 31–40, [41–3], 53–8, [59–60], 61–2, 53–4, 65–8, [69–70], 71–2, 29–30, 73–4.
H 1–8, [9–74].
IJMadhn 1–20, [21–4], 35–8, [39–40], 41–4, 25–34, 45–8, 51–2, 49–50, 53–74.
K 1–38, [39–40], 41–64, 66, 65, 67–74.
L [1–35 *oherwydd dalen goll*], 35–6, 41–2, 37–40, 43–4, 55–8, [59–60], 61–74.

N 1–20, [21–4], 35–8, [39–40], 41–4, 25–32 + i, 33–4, 45–8, 51–2, 49–50, 53–
8, 60, 59, 61–74.

ORUZcfm 1–20, [21–2], 23–34, 45–54, 35–6, 41–2, 37–40, 43–4, 55–8, [59–
60], 61–74.

PV 1–16, [17–24], 25–38, [39–40], 41–74.

TWYj 1–18, + ii, [19–22], 23–4, 44–54, 25–6, [27–30], 31–8, [39–43], 55–8,
[59–60], 61–2, + iii, 64–8, [69–70], 71–4.

X 1–20, [21–4], 35–8, [39–40], 41–4, 25–34, 45–8, 51–2, 49–50, 53–8, 60, 59,
61–74.

b 1–24, 35–8, 41–2, 39–40, 43–4, 55–8, [59–60], 61–4, 25–30, (31–2), 33–4,
45–54, 65–74.

el 1–18, [19–20], 21–38, [39–40], 41–74.

g 1–20, [21–2], 23–34, 45–54, 35–6, 41–2, 37–40, 43–4, 55–8, [59–60], 61–6,
[67], 68–74.

i 1–38, [39–40], 41–72, [73–4].

k (*ambell air yn unig a geir o lau*. 1, 13, 19, 20, 18; *ceir llau*. 37–8, 41–2 *yn
gyflawn*).

o 1–2, [3–7], 8, [9–74].

p 1–2, [3–74].

i

pob cna i daw atta i
i geisiaw i giniaw geni

ii

dysgais yn gref hyn hefyd
gwersi beth o gwrs y byd

iii

fynglaw yn feistr fyngweled
ag yno holl kroeso kred
kanu yn uchel ar delyn
[Fy mhwrs, gramersi am hyn]

Nodiadau

1

Ar gefndir y gerdd hon, gw. y Rhagymadrodd, tt. 9–10. Gwrthrych y cywydd yw Tomas, y dywedir ei fod yn un o feibion anghyfreithlon Syr Rhosier Fychan (*ob.* 1471) o Dretŵr. Yr oedd Syr Rhosier yn hanner brawd i Wiliam Herbert, iarll cyntaf Penfro a'i frawd yntau, Rhisiart,[1] a ganed iddo nifer o blant cyfreithlon ac anghyfreithlon o'i ddwy briodas ac o'i ordderchion. Dengys y dystiolaeth achyddol a gofnodir gan P.C. Bartrum[2] fod iddo ddau fab o'r enw Tomas, a bod un ohonynt yn anghyfreithlon; teg, felly, yw casglu mai'r Tomas hwnnw yw'r un y cyfeirir ato yn y cywydd hwn. Adeg ei ganu, ymddengys y buasai Tomas eisoes yng ngharchar dros gyfnod hir ym mhorthladd Honfleur, ger aber Afon Seine. Anogir ei frodyr, gan gyfeirio at bump ohonynt, i'w ryddhau. Fodd bynnag, ni chafodd Tomas fynd o'r carchar nes i Edward IV dalu £40 yn ddirwy drosto o gyllid tollfa porthladd Bryste yn 1477.[3] Y cwbl a nodir yn y Rholiau ar hyd y carcharu yw '[Thomas Vaughan] who has long been in prison, and still is',[4] ond diau y canwyd y cywydd beth amser cyn 1477, y *terminus ante quem.* Gan mai at Syr Rhosier ei hun, yn ôl pob tebyg, y cyfeirir yn llinell 7, y mae modd dyddio'r cywydd rhwng 1471–7. Cyfunir ynddo nifer o ddelweddau beiblaidd a herodrol, y manteisir arnynt i bwysleisio tras Tomas y Bastard a'i anrhydedd.[5] Fe'i cymherir â bastardiaid a charcharorion enwog eraill; a thrwy hynny, ond odid, pwysleisir lle a statws Tomas (ac, o bosibl, ei frodyr anghyfreithlon eraill) o fewn teulu Fychaniaid Tretŵr.

Golygwyd y gerdd hon eisoes gan E.D. Jones, 'A Gwentian Prisoner in France', Cylchg LlGC vii (1951–2), 274.

---

[1] Am hanes a gyrfa Syr Rhosier Fychan, gw. erthygl E.D. Jones yn ByCy 940 (cafwyd erthygl S. ddiweddarach ganddo yn DWB 1001). Ceir cerddi i rai aelodau o deulu Tretŵr, a thrafodaeth arnynt, yn NBSBM 222–71 ac yn GHS cerddi 2 a 3.

[2] P.C. Bartrum: WG2 'Drymbenog' 2 (C1).

[3] Gw. DWB 1001; cf. *Calendar of the Patent Rolls*, 25 Chwefror 1477 a 28 Medi 1477 (Record Publication, London, 1891–).

[4] A ddaliwyd ef gyda Tomas Fychan (Trefynwy), swyddog y Brenin, yn 1461? Am drafodaeth ar garcharu'r Syr Tomas Fychan arall, gw. C.L. Schofield, *The Life and Reign of Edward the Fourth* (2 vols., London, 1923), i, 147, 161–2, 188.

[5] Am drafodaeth ar y ffurf *bastard* (-*dd*, -*t*, &c.) a'i harwyddocâd, gw. GLlBH 171 (a throednodyn 1).

3 **y graig lys** Gall mai cyfeiriad sydd yma at gadernid Tretŵr ei hun a oedd, yn wreiddiol, yn safle castell Normanaidd. Am gyfeiriadau at hanes y gwaith adeiladu a wnaed gan Syr Rhosier a'i etifedd, Syr Tomas, yn Nhretŵr, gw. isod ll. 51n. Atgyfnerthwyd Tretŵr yn ystod y 12g. a'r 13g., a daeth i feddiant Syr Rhosier Fychan yn 1457 drwy law Wiliam Herbert.

4 **clêr** Beirdd neu gerddorion yn gyffredinol; ymhellach ar arwyddocâd y gair, gw. y drafodaeth a geir yn DGIA (gw. mynegai, d.g. *clêr*). Ceir enghreifftiau pellach yn GPC 497 d.g. *clêr*[1].

5–6 **Tomas … / Bastart** Yn ôl Syr Phylib, trydydd bastard enwog oedd Tomas ap Syr Rhosier, ar ôl neb llai nag Arthur a Gwilym Goncwerwr eu hunain (isod llau. 29–31)! Gall mai er mwyn cynnal y ddelwedd driphlyg hon, os nad er mwyn y gynghanedd yn unig, y dewisodd y bardd ddefnyddio'r tair ffordd Gym. gyfoes o ynganu'r gair, cf. *bastard* (ll. 28), *bastardd* (ll. 29), gw. EEW 59, 242–3 a GLIBH 171n1. Am gerdd debyg i fab anghyfreithlon, gw. GOLIM 35 (cerdd 18, sef 'Moliant Sion Grae y Pastart'), y profir gan odl a chynghanedd fod ynddi hithau'r tair ffurf hyn, gw. *ib*. llau. 4, 6, 13. Cred Eurys Rolant mai rhwng 1480 a 1500 y canodd Owain ap Llywelyn ab y Moel foliant Siôn Grae; ac os felly, ar ôl canu'r cywydd hwn o waith Syr Phylib a rhyddhau Tomas ap Syr Rhosier. A wyddai Owain am gywydd Syr Phylib?

5 **bwt diamawnt** Geiriau benthyg ydynt ill dau. Daw *bwt* o'r S.C. *butte*, '*barrel*', gw. OED[2] x, 708 (2), a daw *diamawnt* o'r S.C. *diamant / diamount* sef '*diamond*', gw. *ib*. iv, 604. Ceir yr un ddelwedd gan Phylib mewn cerdd arall (gw. 2.7 isod). Yr ystyr yw fod Tomas yng ngharchar yn debyg i em wedi ei chau mewn casgen, ond byddai'r ddelwedd hefyd yn atgoffa'r gwrandawyr am y *Lapidarium* canoloesol, sef llyfr a ddangosai rinweddau un ar bymtheg ar hugain o feini gwerthfawr. Yn ôl y traddodiad hwnnw, cynrychiolai diemwnt ŵr cadarn neu gyfoethog.

6 **gwart** Gair benthyg o'r S.C. *ward* neu *garde* (gw. GPC 1586 d.g.); ei ystyr oedd 'carchar' neu 'gaethiwed'.

ym min Gawnt Dinas Ghent yng Ngwlad Belg yw *Gawnt* yma. Ymddengys fod Hwmffflyd (gw. ll. 13n), sef man carcharu Tomas ap Syr Rhosier, yn cael ei leoli gan Syr Phylib yn Fflandrys yn hytrach nag yn Normandi. Ymddengys hefyd na sylweddolodd y bardd nad yn Ffrainc y mae Ghent, gw. isod ll. 19n.

7 **oedd f'eryr** Dichon mai at Syr Rhosier y cyfeiria'r sangiad yma: ac os yw'r f. orffennol yn awgrymu bod Syr Rhosier wedi marw pan ganwyd y cywydd, dichon iddo gael ei ganu ar ôl 1471 (gw. y nodyn cefndir uchod), ond cyn 1477, sef dyddiad rhyddhau Tomas o garchar.

8 **cae arian** Awgrym cryf nad oedd Tomas yn farchog ar y pryd. Yr oedd *cae arian* yn goler addurnol o arian a wnaed o ddolenni ar lun y

llythyren 'S'; fe'i gwisgid gan ysgwieriaid. Coler aur, ar y llaw arall, a ddynodai farchog. Am enghraifft debyg o'r ddelwedd hon, gw. GLGC 105 (43.24), 544.

10 **Ar Syr Rhoser ei eisiau** Carcharwyd Syr Rhosier Fychan a'i ddienyddio gan Siasbar Tudur yng nghastell Cas-gwent, yn 1471, wedi brwydr Tewkesbury (gw. WWR² 124). Os cyfeirir at gyfnod wedi marw Syr Rhosier â'r ymadrodd *oedd f'eryr* (ll. 7), yna y mae'n rhesymol casglu mai ar ôl y flwyddyn honno y canwyd y gerdd hon.

11 **ei frodyr** Nid yw'n eglur o'r gystrawen ar bwy yn union y mae'r 'eisiau' yma. Os brodyr Syr Rhosier Fychan ei hun a olygir yn hytrach na brodyr Tomas y Bastard, gall mai at Watgyn Fychan, Brodorddyn, a Thomas Fychan, Hergest (neu Herast) y cyfeiria'r ll. hon. Dylid cofio hefyd mai hanner brodyr i Syr Rhosier oedd Wiliam Herbert, iarll Penfro, a'i frawd yntau, Rhisiart, a gall mai atynt hwythau y cyfeirir.

12 **dewis wŷr** Gall fod *dewis* yma yn golygu 'dethol' neu 'wych'; ond ceir hefyd *mab dewis*, sy'n gyfystyr â *mab cynnwys* (sef '*adopted son*', gw. D d.g. *adoptivus*). Trafodir yn ll. 23n isod y posibilrwydd fod meibion anghyfreithlon Syr Rhosier ymhlith y brodyr yr apelir arnynt yn y cywydd hwn i ryddhau Tomas. Ai hwy, felly, yw'r *dewis wŷr* y cyfeirir atynt?

13 **Hwmfflyd** Ffurf Gym. ar yr e. S.C. *Hunflete*, sef *Honfleur*. Am enghraifft o'r e. lle hwn mewn dogfen gyfoes S., gw. *The Paston Letters*, ed. J. Gairdner (2nd ed., Gloucester, 1983), i, 57, 106; iii, 63, lle y cyfeirir ato fel *Honneflete*. Porthladd ar aber Afon Seine (yn *département* Calvados bellach) yw Honfleur, a sefydlwyd yn yr 11g. gyferbyn â Le Havre, ac y bu ymgiprys amdano trwy gydol y 15g. Am fanylion pellach, gw. C.T. Allmand, *Lancastrian Normandy* (Oxford, 1983), mynegai, d.g. 'Honfleur'; Thomas Pierre-Philippe-Urbain, *Histoire d'Honfleur* (Paris, 1989), *passim*.

14 **muriau main** E. yn hytrach nag a. yw *main*, sef ffurf l. *maen*. Ond nid hwyrach fod amwysedd yn y gair hefyd, os ceisir awgrymu nad tasg anodd fuasai rhyddhau Tomas o garchar y mae ei furiau'n feinion.

16 **mordwy** Sef llifeiriant neu ymchwydd y môr, gw. GPC 2487. Y mae'r cyfeiriad at daith dros y môr yn paratoi ar gyfer delwedd y Môr Coch, gw. isod llau. 37–42.

17 **godeb** Am wahanol ystyron y gair, gw. GPC 1421; efallai mai 'balchder' a olygir yma, os cyfeirir at gyndynrwydd y Ffrancwyr i ryddhau Tomas.

18 **yn wart neb** Er na restrir ystyr drosiadol megis 'carcharor' i *gwart* yn GPC 1586–7, y mae hynny'n sicr yn gweddu yma. Ni cheid cynghanedd o dderbyn y darlleniad *yng ngwart* a geir yn BCDG.

19 **Uwch Anwerb ... Herbart**   Ffurf Gym. ar enw dinas Antwerp yw
Anwerb, ond ceir yma brawf arall o ansicrwydd amgyffred daearyddol
Syr Phylib, gan mai 'is' yn hytrach nag 'uwch' Antwerp y mae
Honfleur, lle y carcharwyd Tomas. Ymddengys mai'r Herbert y cyfeirir
ato yw Wiliam Herbert, iarll cyntaf Penfro (*ob.* 1469) a hanner brawd
Syr Rhosier; arno gw. ByCy 333; WWR², mynegai. Trafodir y canu
iddo gan W. Gwyn Lewis yn CH xxi–xxxviii ac *id.*, 'Herbertiaid
Rhaglan fel Noddwyr Beirdd yn y Bymthegfed Ganrif a Dechrau'r
Unfed Ganrif ar Bymtheg', THSC, 1986, 33–60.

21 **Herbart ieuainc**   Cyfeiriai'r beirdd at Wiliam, mab hynaf ac etifedd yr
iarll cyntaf (*c.* 1455<>1460–90), fel *yr Herbard ieuanc*: gw. GGⁱ² 152
(LVI.74), cf. CH xlvi–li, 151 (37.74); GHS 151–3. Er gwaethaf y
cyflythreniad, y mae cynganeddiad y ll. hon yn anghywir, ond efallai y
gellid goresgyn hyn o ddiwygio'r ll. a darllen *Bwriadau Herbard ieuainc*
(llusg wyrdro). Ond annisgwyl yw cael y ffurf l. *ieuainc*, er mai o'r
braidd y gellid amau mai at yr ail Herbert y cyfeirir. Efallai y
bwriadwyd yr odl ar gyfer y llygad yn hytrach na'r glust, er y gellid
diwygio ll. 22 a darllen *Ffranc*.

22 **gwŷr rhif**   'Enlisted men' yw'r ystyr debycaf, gw. GPC 1695; E.D.
Jones, 'A Gwentian Prisoner in France', Cylchg LlGC vii (1951–2),
274; ond cf. hefyd GIG 288n20, 309n17. Yr oedd yn Nhretŵr ei hun
ystafell a neilltuwyd i filwyr, prawf yn ddiau o draddodiad milwrol
teulu Syr Rhosier.

23 **pum broder**   Anodd yw penderfynu pwy o blith brodyr Tomas y
Bastard a olygir yma. Yn P.C. Bartrum: WG2 'Drymbenog' 2 (C1),
enwir dau fab cyfreithlon i Syr Rhosier o'i ddwy wraig: Syr Tomas
Fychan (etifedd Syr Rhosier) o Dretŵr, y soniwyd amdano eisoes; a
Rhosier Fychan (I) o Borthaml. Enwir ymhellach bedwar mab o'i or-
dderchion (heblaw gwrthrych y cywydd hwn) a dau nad yw'n eglur ai
meibion anghyfreithlon oeddynt ai peidio: Lewys Fychan (I) 'Mab y
Rhoed' o Glas-ar-Wy [*Glasbury*]; Lewys Fychan (II) o Ferthyr Tudful;
Rhosier Fychan (II) o Fronllys; Watgyn Fychan (I); Watgyn Fychan
(II); a John (*sic*) Fychan o Euas. Lladdwyd Watgyn (I) yn y Cwm Du,
ond ni lwyddwyd i ddarganfod pa bryd. Ond os lladdwyd ef cyn i
Tomas gael ei ryddhau, ai at y pum brawd anghyfreithlon arall, felly,
yr apelir yma? Am y defnydd o'r ffurf l. *broder* yn dilyn y rhifolyn *pum*,
gw. GMW §51b.

24 **pwmpa**   'Afal (mawr), ?ffrwyth, ?pren ffrwythau', gw. GPC 2941. Fe'i
defnyddir yn ffigurol yn aml gan y beirdd am feibion uchelwr, cf. GHC
3 (II.35–42); GGⁱ² 198 (LXXIV.57); TA 110 (XXIII.3).

imp   Defnyddir *imp* yn ffigurol ac yn drosiadol weithiau gan y beirdd i
ddynodi aelod ifanc o deulu bonheddig (gw. GPC 2018 am enghreifft-

iau), ond os at feibion *anghyfreithlon* eraill Syr Rhosier yr apelir (gw.
uchod ll. 23n), gall fod yma eto gyfeiriad cynnil at eu statws hwythau o
fewn y gangen honno o'r Fychaniaid.

25 **bwa art** Gw. GPC 350 d.g. *bwa*[1]; fe'i defnyddir yma'n drosiadol am
'nerth, gallu'. Dysg yr ysgolion, sef y *Trivium* a'r *Quadrivium*, oedd *art*
(benthyciad o'r S. *art*), gw. ymhellach At.i.18n.

27–8 **Os ... / Os** Deellir *os* yma'n amrywiad ar y cyplad *ys*.

29 **bastardd fu Arthur** Am hanes geni Arthur o Eigr, gw. *The Arthurian
Legend in the Middle Ages*, ed. R.S. Loomis (Oxford, 1959) a BD 3.

30 **Wiliam ... fastart** Arferid cyfeirio at y Concwerwr yntau fel bastard,
gw. DNB lxi, 293.

33–42 Tynnir yn y llau. hyn ar y delweddau a bortreedir ar arfbais teulu'r
Fychaniaid, sef tri phen bachgen a neidr am wddf pob un. Tarddai hyn
o arfau Moreiddig Warwyn; cf. ll. 42 isod a gw. ymhellach DWH i, 94–
6.

33–6 **Gwialen Foesen ... / ... yn neidr aeth** Gw. Ecs iv.2 ac ymlaen.

38 **tir sych** Ceir hanes croesi'r Môr Coch yn Ecs xiv *passim*.

42 **drwy Fôr Rhudd** Cymerir mai cyfeiriad at Fôr y Gogledd gan
gynnwys y Sianel sydd yma: ar *Môr Rudd*, amrywiad ar *Môr Udd*, gw.
GPC 2486, a gw. *ib*. 2485 arno yn yr ystyr 'y Môr Coch'. Ar ôl cyfeirio
yn y llau. blaenorol at Foses yn rhyddhau gwŷr Israel drwy'r Môr
Coch, y mae'r bardd yn y cwpled hwn yn edrych ymlaen at weld
rhyddhau Tomas (sef y *neidr Foreiddig*) drwy fôr y Sianel. Dichon fod
y bardd yma'n chwarae ar ystyr ddeublyg 'Môr Rhudd'.

Moreiddig Sef Mor[e]iddig Warwyn, mab Drymbenog; arno gw. P.C.
Bartrum: WG2 'Drymbenog' 1, DWH ii, 386–7 a llau. 33–43n uchod.

43–4 Cyplysir yn y llau. hyn hanes y tri a daflwyd i'r tân a'r ddelwedd a
bortreedir ar arfbais teulu'r Fychaniaid, gw. llau. 33–42n uchod.

43 **[y] trimaib** Plant Israel, sef Shadrach, Mesach ac Abednego, gw. Dan
ii.49–iii.97.

rheibian' Y mae'n bosibl mai 'hudo, bwrw swyn' neu hyd yn oed
'melltithio' yw ystyr *rheibio* yma, gan bwysleisio felly naill ai gymorth
Duw yn rhyddhau'r *trimaib*, neu iddynt hwy wrthod melltithio eu
gelynion, gw. GPC 3049–50.

45 **Dafydd** Sef y Brenin Dafydd; ceir ei hanes yn I Sam xvi.16–I Br ii.11.

goraddien Diwygiad. Ni cheir yn GPC enghraifft o'r gair, ond cymerir
mai a. clwm, a ffurfiwyd o *gor-* ac *addien*, a olygir gan y gwahanol am-
rywiadau. Cymerir mai 'gwych dros ben' neu 'hardd iawn' yw ei ystyr
yma. Er nad yw *addien* yn gyffredin iawn, eto fe'i ceir gan y Cywydd-
wyr ar brydiau, gw. GDG[3] 46 (16.67); GRB 58 (34.31); TA 35 (VI.73).

46 **Sawl a Golias** Diau mai gwall yw'r amrywiad *am golias* yn llsgrau. BDFG (fel gair deusill yr yngenid yr e.p. hwn, a'r pwyslais ar y goben). Ceir hanes ymwneud Dafydd â Saul a Goliath yn I Sam xvi–xxxi.

47 **Pedr Ben Ffydd** Am enghreifftiau o *Pen Ffydd* (S. *'head of faith'*), gw. GPC 2728.

48 **Abïas** Anodd eto yw gwybod at bwy y cyfeiria'r bardd yma. Yn ôl Testament Newydd y Fwlgat, carcharwyd Pedr gan yr Archoffeiriad *Annas* (Act iv.6), a thrafodir barn Pedr ar 'dwyll' *Ananias* yn Act v.1–5: efallai fod a wnelo'r hanesion am Bedr â'r ddelwedd a geir, ac y gellid dadlau mai camgymeriad am un o'r ddau enw hyn yw *Abïas* yma. Ond os cyfochri Pedr a rhyw gymeriad beiblaidd arall a wneir, ceir hefyd ddau Abïa[s] yn nhestun Fwlgat yr Hen Destament: (i) *Abia* [o'r Hebraeg *Abīyah*], un o'r ddau frawd a ddewiswyd yn Farnwyr gan y proffwyd Samuel (I Sam [= I Br] viii.1–9). Disodlwyd ef a'i frawd oherwydd eu dichell; (ii) *Abiam* (*ib.* xv.1–9), brenin Jwda, y mynegwyd barn anffafriol arno yntau. Yn BY 32 (ll. 7), ceir y ffurf *Abias* ar enw'r ail. Ond rhaid cadw mewn golwg hefyd nad yw'n amhosibl mai diffyg gwybodaeth feiblaidd y bardd a fu'n gyfrifol am y cymysgu hwn.

51 **Tre'rtŵr** Sef Tretŵr yn Ystrad Yw, plwyf Llanfihangel Cwm Du, Brycheiniog, y dywedir iddo gael ei ehangu gan Syr Tomas ap Syr Rhosier, yr etifedd. Ceir ymdriniaethau â'r gwaith adeiladu yn Nhretŵr gan D.J. Bowen, 'Beirdd a Noddwyr yn y Bymthegfed Ganrif', LlCy xviii (1994–5), 232n96; NBSBM 222–71; C.A. Ralegh-Radford, 'Tre-tower: the Castle and the Court', *Brycheiniog*, vi (1960), 1–50; *Tretower Court and Castle*, ed. C.A. Ralegh-Radford and D.M. Robinson (third ed., Cardiff, 1986), 4–5.

lliw gwydr y to Cyfeiriad, efallai, at ffenestri a llechi glân y plas. Defnyddid yr e. *gwydr* yn drosiadol yn aml gan y beirdd, cf. yr engh-reifftiau a roddir yn GPC 1751.

52 **y'i cair** Llsgrau. *i cair*. Cymerir bod y rh.m. *'i*, gwrthrych y be., yn gynwysedig yma; felly y'i deellir yng ngolygiad E.D. Jones, *art.cit.* 274.

2

Canwyd y cywydd gofyn hwn i Rys ap Dafydd ap Tomas o Flaen Tren, Llanybydder, sir Gaerfyrddin, gŵr a fu'n amlwg yn nauddegau a thri-degau'r bymthegfed ganrif, ac a ddaeth yn amlwg eto ar ddiwedd y pum-degau ar ôl cyfnod pan oedd ei yrfa ar drai. Dichon mai i'r ail gyfnod yn ffyniant Rhys y perthyn y cywydd hwn, a'r tebyg yw mai wedi i Rys dderbyn pardwn cyffredinol yn 1458 y canodd Syr Phylib Emlyn iddo, er na ellir bod yn sicr ynglŷn â hyn: 1460 yw dyddiad y cyfeiriad olaf at Rys.[1]

Fel y dangosir isod (gw. ll. 9n), perthynai Rhys ap Dafydd ap Tomas drwy briodas i Fychaniaid Tretŵr,[2] a dichon mai'r berthynas honno sy'n gyfrifol am y ffaith i Phylib gael nawdd ar aelwydydd y ddau deulu dylanwadol hyn. Gofynnir yn y gerdd hon am geffyl, sef *amler* (llau. 16, 50, 54) neu *hacnai* (llau. 14, 17) gwyn. Yn ei ddadansoddiad manwl o gerddi gofyn a diolch cyfnod y Cywyddwyr,[3] awgrymodd Dr Bleddyn Owen Huws mai'r 'cywyddau mwyaf niferus o ddigon ymhlith dosbarth yr anifeiliaid yw'r cywyddau sy'n gofyn am feirch. Maent yn cyfrif am 57.1 y cant o'r holl gywyddau sy'n ymwneud ag anifeiliaid.'[4] Wrth drafod adeiledd y cerddi hyn, dengys Dr Huws fod patrwm cynllun y cywyddau gofyn yn weddol sefydlog yn y bymthegfed ganrif: (a) annerch a moli'r darpar roddwr; (b) cyflwyno'r eirchiad a'r cais, gan nodi'r rhodd a ddeisyfir; (c) disgrifio'r rhodd trwy ei dyfalu; (ch) diweddglo.[5] Gwelir bod y cywydd hwn gan Syr Phylib Emlyn yn cydymffurfio'n weddol agos â'r patrwm hwn. Trwy gyfochri amryw themâu sy'n ymwneud â'r lliw gwyn, cymherir Rhys â gradd uchaf gwahanol haenau Cadwyn Bod, megis y llew, yr alarch a'r diamwnt.[6] Perthyn i'r dosbarth uchaf hwn y mae'r lliwiau gwyn ac aur hwythau. Fel y mae Rhys ap Dafydd ar frig ei gymdeithas a'i haen ef o'r Gadwyn Fawr, felly hefyd y mae'r march gwyn y gofyn Phylib amdano.

1 **a fyn** Llsgr. *ū vynn*. Ceir yn y llsgr. hon arwydd neu lythyren arbennig, sef *ū*, a ddefnyddir gan y copïydd i ddynodi'r sain 'e' neu 'y'. Yn y gerdd hon ymddengys y cynrychiola'r fannod, y rh.prs.dib. blaen neu'r rh.pth. Cymerir mai'r olaf a geir yma.

2 **lliw'r alarch** Tueddai'r Cywyddwyr a Beirdd y Tywysogion i gymharu meirch ag adar, cf. GLlLl 23.65–6 a gw. isod llau. 29–30.

4 **ei dad** Ar Ddafydd ap Tomas, tad Rhys, gw. R.A. Griffiths: PW i, 142–3. Canwyd cerddi iddo gan Guto'r Glyn, gw. GGl² 32–7 (XII a XIII).

---

[1] Ar Rys ap Dafydd, gw. y Rhagymadrodd, tt. 11–12. Ceir ei ach yn P.C. Bartrum: WG2 'Rhydderch ap Tewdwr' 3 (A1). Arno ef, a'r canu iddo, gw. R.A. Griffiths: PW i, 306–7 a'r mynegai; GLGC 543–5 (41–3).

[2] Cyfeirir at hyn yn D.J. Bowen, 'Gwladus Gam a'r Beirdd', YB xxiv (1998), 63n13, cf. HCLl XVI (62.47–50).

[3] Gw. Bleddyn Owen Huws, 'Astudiaeth o'r Canu Gofyn a Diolch rhwng *c*. 1350 a *c*. 1630' (Ph.D. Cymru [Bangor], 1995); *id.*, *Y Canu Gofyn a Diolch c. 1350–c. 1630* (Caerdydd, 1998).

[4] *Ib.* 66. Am astudiaeth o'r thema yn gyffredinol, gw. ymhellach *The Horse in Celtic Culture: Medieval Welsh Perspectives*, ed. Sioned Davies and Nerys Ann Jones (Cardiff, 1997), 141–61.

[5] *Ib.* 87.

[6] Ceir enghraifft gyffelyb yng nghywydd enwog Dafydd Nanmor i Rys ap Rhydderch o'r Tywyn; gw. DN 26–8 (x). Astudir twf y cysyniad gan A.O. Lovejoy, *The Great Chain of Being* (Cambridge, Mass., 1936, 1964).

5 **ysgwïer**   Etifeddodd Rhys ap Dafydd seisin arglwyddiaeth ei dad, Dafydd ap Tomas, wedi marw hwnnw yn 1444. Fel y nodwyd uchod, 1.8n, y coler arian, a gafodd Rhys gan Harri VI, a ddynodai anrhydedd ysgwïer; dymunodd Lewys Glyn Cothi ar gywydd i Rys ennill coler aur y marchog hefyd (gw. GLGC 544). Sylwodd Bleddyn Owen Huws yn ei draethawd 'Astudiaeth o'r Canu Gofyn a Diolch rhwng *c.* 1350 a *c.* 1630' (Ph.D. Cymru [Bangor], 1995), 125–6, fod uchelwr yn cael ei ganmol fel marchog pan ofynnid am farch, 'fel pe bai awydd yn bod am gydweddiad rhwng priodoleddau'r rhoddwr a'r gwrthrych a erchid'.

7 **Maen diamwnt mewn damas**   Ceir yr un ddelwedd gan Hywel Dafi mewn cywydd moliant i Syr Tomas ap Syr Rhosier Fychan (sef etifedd Tretŵr), Pen 67 54 (XXXVI.37–8) *Mae llever or hanner hwnt / mewn y damasc maen diemwnt.* O gofio cysylltiad Syr Phylib â theulu Tretŵr, efallai mai oddi wrth y gyfeiriadaeth stoc a arferid yn y canu mawl i'r Fychaniaid y cafodd Phylib y ddelwedd hon ar gyfer ei gerdd ofyn i Rys ap Dafydd, ond gan y digwydd hefyd gan Wiliam Llŷn mewn cywydd i Domas Tanad, WLl 196 (LXXII.60) *yr un wedd ei rawn a'i wasg / â main deimwnt mewn damasg,* hwyrach nad oes raid bod mor bendant â hyn; cf. hefyd GHD 18.29 *Mewn damasg a main diemwnt.* *Damasg,* fel y'i ceir gan Wiliam Llŷn a Huw ap Dafydd yw ffurf arferol y gair a fenthyciwyd i'r Gym. o'r S.C. (gw. GPC 883), ond ceid hefyd yr amrywiad *damas,* a ddaeth o'r H.Ffr. (gw. OED² iv, 225–6), a dichon mai dyna'r ffurf a geir yng nghywydd Syr Phylib Emlyn.

8 **maen gwn**   Cf. delwedd Guto'r Glyn, GGl² 9 (III.36), *Main gwns tir Maen ac Ansio*; tân-belen, '*cannon-ball*', a olygir. Ceir trafodaeth hynod ddiddorol ar ynnau yng Nghymru'r Oesoedd Canol ac yng ngwaith y Cywyddwyr gan Dylan Foster Evans, ' "Y carl a'i trawai o'r cudd": ergyd y gwn ar y Cywyddwyr', *Dwned,* iv (1998), 75–105.

9 **Ifor**   Nid yw'n eglur at ba Ifor y cyfeirir yma. Cyfeirir at 'Iforiaid', sef cangen o gyndeidiau'r Fychaniaid a'r Herbertiaid, gan Lewys Glyn Cothi (gw. GLGC 302 (133.40)) a chan Huw Cae Llwyd yntau (gw. HCLl 44 (VI.8, 9; *id.* XVI.30)). Diddorol, felly, yw sylwi bod tylwyth Rhys ap Dafydd o Flaen Tren yn perthyn i deulu'r Peutun drwy briodas (gw. D.J. Bowen, 'Gwladus Gam a'r Beirdd', YB xxiv (1998), 63n13; HCLl XVI (62.47–50)), a chyfrifai'r teulu hwnnw Ifor Goch o Lan-gwy (sef beili Llywelyn ap Gruffudd yn 1276) a'i linach yn hynafiaid iddynt, trwy Fawd ferch Ieuan ap Rhys ab Ifor Goch. Yr un ddolen deuluol hon a gyplysai'r Fychaniaid a'r Herbertiaid hwythau, gw. ymhellach GHS 3.25n. Ai hwn yw'r *Ifor* y sonnir amdano yma? Posibiliadau eraill yw naill ai mai Ifor Hael, sef Ifor ap Llywelyn, noddwr Dafydd ap Gwilym, a olygir (gw. GDG³ xxxix–xl) neu, yn llai tebygol, efallai, fod yma gyfeiriad at wrhydri Ifor Bach (Ifor ap Meurig o Senghennydd); arno ef, gw. J.E. Lloyd: HW³ 507.

10 **Mabelfyw** Y cwmwd y safai Blaen Tren ynddo, yng ngogledd y Cantref Mawr.

11 **ddewis fis Mai** Cymal adferfol a'r treiglad meddal yn dynodi amser (sef '*in the choice month of May*', gw. Treigladau 232–3, 255–66). Cyfeiria'r ddelwedd at thema ganoloesol boblogaidd, sef 'llafuriau'r misoedd'. Portreedid pob mis, ynghyd â'r 'llafur' a gysylltid ag ef, â symbol arbennig. Manteisid ar wahanol fathau o gelfyddyd i ddarlunio'r thema hon, nes iddi fynd yn gyffredin iawn. Y marchog ei hun, weithiau gyda hebog, a ddynodai fis Mai. Ceir enghreifftiau ar ddrysau a bedyddfeini eglwysi'r cyfnod ac mewn llyfrau oriau o'r 13g. ymlaen. Am drafodaeth ar arwyddocâd y delweddau hyn, gw. nodyn M.P. Bryant-Quinn, 'Marchog Mai', LlCy xxii (1999), 128–30; Eurys I. Rowlands, 'Cywyddau Mai', LlCy v (1958–60), 143–5; J.C. Webster, *Labours of the Months in Antique and Mediaeval Art* (Chicago, 1938); E. Mâle, *The Gothic Image: Religious Art in France of the Thirteenth Century* (New York, 1958, 1972), 72. Dyma, o bosibl, sydd i gyfrif am ddefnydd Dafydd ap Gwilym o'r un ddelwedd mewn perthynas â mis Mai: *Cadarn farchog serchog sâl*, GDG³ 187 (69.3).

13–14 **... arofyn / Canu gwawd** Yn ôl 'Statud Gruffudd ap Cynan' (gw. argraffiad J.H. Davies, 'The Roll of the Caerwys Eisteddfod of 1523', *Transactions of the Liverpool Welsh National Society*, 1908–9, 96), deddfwyd y dylai bardd gael caniatâd y noddwr y gofynnid rhodd ganddo cyn cyflwyno'r gerdd ofyn. Ond fel y noda Bleddyn Owen Huws, *op.cit.* 19, ni ddarganfuwyd yr un cyfeiriad pendant at yr amod hwn yn y cywyddau a ganwyd cyn eisteddfod gyntaf Caerwys. Ond tybed a all y cymal *Yr wyf iddo'n arofyn / Canu gwawd* gan Phylib fod yn enghraifft brin o hyn? Serch hynny, offeiriad wrth ei swydd oedd Phylib, ac ni wyddys a ddisgwylid iddo ofyn caniatâd (*arofyn*) fel y gwnâi bardd proffesiynol. At hynny, yn yr ychydig gyfeiriadau diweddarach a geir at yr arfer hwn, y gair *cennad*, nas ceir yma, a arferir am y ddefod ofyn hon (gw. GPC 464 d.g. *cennad*² am enghreifftiau).

14 **hacnai** Cf. ll. 17. Ceffyl ydoedd o faintioli canolig, a oedd yn addas at farchogaeth. Cafwyd yr enw o'r S.C. *hak(e)nei*, y daethpwyd i'w ddefnyddio hefyd am y goets a dynnid gan y ceffyl; gw. GPC 1799.

16 **amler** Benthyciad o'r S.C. *ambler*, sef 'march rhygyngog', gw. GPC 95. Nid yw'n eglur, fodd bynnag, a oedd y bardd yn ystyried mai'r un math o geffyl oedd *amler* a *hacnai* neu beidio.

17 **gŵn lleian** Gwyn oedd lliw abid y mynachod a'r lleianod Sistersaidd fel ei gilydd yn y 15g. Os lleian Sistersaidd a ddyfelir yma, buasai lleiandy Llanllŷr yng Ngheredigion, yn hytrach na Llanllugan ym Mhowys, yn debycach o fod yn hysbys i Rys ap Dafydd. Y mae hefyd ryw ledawgrym i Wenllïan ferch Rhys ap Dafydd o'r Gilfach-wen ger

Llandysul, sef mam Rhys ei hun, fynd yn lleian ar ôl marw ei gŵr, gw. ymhellach GLGC 107 (44.3), 545. Ond erys peth amheuaeth ynglŷn â'r cyfeiriad hwn: gallasai *lleianaeth* Gwenllïan yn syml fod yn gyfeiriad defodol at ei duwioldeb yn ei gweddwdod. Ceir cyfystyron tebyg mewn ieithoedd eraill, cf. Gwydd.C. *cailleach* a'r gair Llad.Diw. *nonna*, y tarddodd Eidaleg *nonna* a'r Ffr. *nonne* ohono (cf. hefyd S. *nun*). Am drafodaeth ar y lleianod Cymreig a'u cymunedau, gw. Jane Cartwright, 'The Desire to Corrupt: Convent and Community in Medieval Wales', *Medieval Women in their Communities*, ed. Diane Watt (Cardiff, 1997), 21–48, a J. Cartwright: ForF 134–76.

20   Ceir y bai crych a llyfn yn y ll. hon.

21   **pennaf lliw** Safai'r lliwiau gwyn ac aur (gw. llau. 30, 34, [49], 53) ar frig eu haenau yng Nghadwyn Bod y cread.

heb ddwyn penyd Gall mai at yr anawsterau ariannol a chyfreithiol a brofodd Rhys ap Dafydd rhwng *c.* 1431 a 1458 y cyfeirir yma. Fodd bynnag, tua 1425 priododd Rhys ag Angharad, merch Siancyn ap Rhys. Siancyn oedd tad bedydd Rhys ac, yn ôl cyfraith yr Eglwys yn y cyfnod hwnnw, priodas ydoedd o fewn y graddau carennydd gwaharddedig (oherwydd y berthynas ysbrydol rhyngddynt), a bu raid i Rys, oherwydd ei briodas anghyfreithlon, wrth ollyngdod uniongyrchol y Pab. Fel y gwelir yn *Calendar of Entries in the Papal Registers relating to Great Britain and Ireland: Papal Letters Vol. VII, A.D. 1417–31*, ed. J.A. Twemlow (London, 1894), 392, gorfodwyd Rhys i dderbyn penyd trwm cyn cael priodi ag Angharad dan fendith yr Eglwys. Dengys y ddogfen hon hefyd mai trwy lys esgobaeth Tyddewi y gwnaed y cais i Rufain am gydnabod a chyfreithloni'r briodas. Ai ergyd cynnil y sangiad yw fod Phylib, yn rhinwedd ei gysylltiadau eglwysig, yn disgwyl i Rys dalu'r pwyth a dangos haelioni i glerigwr o'r un esgobaeth?

23   **fal gwaneg** Cymharol brin yw'r defnydd o *gwaneg* ('ton') gan y Cywyddwyr yng nghyd-destun delweddaeth grefyddol; ond cf. amlygrwydd y gair yn y tri englyn a gysylltir â thrydydd llyfr *Cysegrlan Fuchedd*, sef 'Ymborth yr Enaid' (gw. YE 30, 120–2 ac I.Ll. Foster, 'The Book of the Anchorite', PBA xxxvi (1950), 197–226). Fe'i ceir hefyd mewn englyn gan Ruffudd ap Maredudd i Fair, *lliw llôybyr gôanec dec amdyt lewenyd* (R 1213.15–6).

25   **trillu ... teirllef** Swn ymbil y Tri Llu (gw. ll. 26n isod).

Ceir y bai crych a llyfn yn y ll.

26   **A'r llu'n wyn a ennill nef** Llsgr. *ar llynn wynn y ennill nef*. Ystyr y llau. hyn yw fod y Tri Llu (sef y rhai a ânt i'r nefoedd, i burdan ac i uffern) ar Ddydd y Farn yn ymbil am drugaredd; ond y llu 'gwyn' yn unig a gaiff fynd ar eu hunion i'r nefoedd. Am fanylion pellach, gw. isod 5.13n. Cymerir bod y llythyren amwys *y* yn cynrychioli'r rh.pth., ac mai

ffurf 3 un.pres.myn. yw *ennill*. Am enghraifft bellach o'r syniad o 'ennill' nef, cf. GHS 22.53 *Ennill nef ynn oll a wnaeth*; cf. hefyd DGA 53 (19.26); HCLl 117 (L.36).

28 **deon** Y mae'n debygol mai eg., benthyciad o'r S. *dean* (pennaeth canoniaid eglwys golegol neu gadeiriol) yw *deon* yma; defnyddid y gair yn drosiadol gan y beirdd, ac nid annichon mai oherwydd hynny y dewisodd Phylib ef.

29 **Yw'r alarch ar ei wiwlyn** Llsgr. *Yr alarch ar ū wennllyn*. Ll. dra ansicr sydd, o'i derbyn fel y saif, yn ddigynghanedd. Er hynny, y mae orgraff llsgr. Stowe 959 yn nodedig o amwys mewn mannau, a gallasai'r copïydd yn hawdd fod wedi peidio â rhoi'r cyplad *yw* yn llawn (gellid hefyd ddehongli'r cymal yn rhan o frawddeg enwol bur). Dichon fod y bardd yn ystyried yr alarch megis 'deon' ymhlith yr adar gwynion. Cynigir yn betrus y gellid diwygio'r gair yn *wiwlyn* ('llyn hardd'), cf. DGA 84 (31.1–2) *Yr alarch ar ei wiwlyn / Abid galch fal abad gwyn*. A wyddai Phylib am y ddelwedd a geir yn y cywydd hwnnw? Ond nid hwyrach mai enghraifft o gamgopïo (neu o gamglywed) y gair gwreiddiol yw'r clymiad cytseiniaid *-nnll-*, a thybed, felly, a ellid ei ddiwygio yn *-rch-*, a chael cynghanedd lusg rhwng *alarch* a *gwarchl(l)yn* (cf. yr elfen *gwarch-* mewn ansoddeiriau cyfansawdd eraill megis *gwarchfur, gwarchle, gwarchlu, gwarchlys* (gw. G 1580))?

31–2 **llew Owain ... / Ab Urien** Cf. TA 75 (XIII.71). Cyffelybir Rhys i Owain, a thynnir ar ddelweddau'r chwedl honno am y llew gwyn, gw. *Owein*, ed. R.L. Thomson (Dublin, 1986), 25 (llau. 664–71). Ceir yn Pen 109, mewn lluniau o'r darian y dylunnir arni arfbais Rhys ap Dafydd, lew Elystan a Thewdwr. Trafodir y dystiolaeth yn DWH i a ii, gw. y mynegeion yno d.g. *Rhys ap Dafydd*.

Caer Lleawn Caerllion ar Wysg yng Ngwent.

33 **Gorau breuddwyd a garyn'** Llsgr. ... *ū garynn*. Yn ogystal â 'breuddwyd' neu 'weledigaeth' gallai *breuddwyd* olygu 'brud' neu 'ddarogan', gw. GPC 322; gw. ll. 34n. Yn betrus iawn cymerir mai'r rh.pth. yw *ū* yn y ll. hon, a bod *garynn* yn cynrychioli *garyn'*, sef 3 ll.amhff.myn./dib. y f. *caru* (er mai *geryn'* a ddisgwylid). Posibilrwydd arall fyddai diwygio'r ddau air olaf a darllen *gorau breuddwyd [a] agoryn'*. Defnyddid y f. *agor* gynt yn ffigurol i ddynodi 'esbonio' neu 'ddehongli', cf. LlA 46 (llau. 14–15) *ac y mae yr eglwys yn agori vdunt pob peth kaedic*, a cf. ymhellach yr enghreifftiau yn GPC 48 d.g. *agor²*.

34 Ymddengys fod yn y breuddwyd farchog euraid yn marchogaeth march gwyn: ni wyddys a yw'r bardd yn cyfeirio at 'freuddwyd' hysbys ai peidio yma. Ar ystyron *breuddwyd*, gw. ll. 33n.

35 **e fu i frenhinedd** Ychwanegwyd yr ardd. *i* er mwyn yr ystyr: cymerir ei fod yn cywasgu yn y f. er mwyn hyd y ll.

37 **march Constans** Dilynodd y beirdd yn aml gamgymeriad Sieffre o Fynwy a gymysgodd Gustennin Fendigaid a Chustennin Fawr (cf. TYP² 314).

39–40 **March Mihangel ... / March Sain Siôr ...** Yn iconograffyddiaeth y Gorllewin a'r Dwyrain, portreedir Sain Siôr a'r Archangel Mihangel gyda'i gilydd yn fynych er yn gynnar, am fod traddodiad yn eu cynrychioli hwy, ill dau, yn ymladd yn fuddugoliaethus yn erbyn dreigiau. Portreedir hwy gyda meirch gwyn gan amlaf, efallai ar sail y ddelweddaeth a geir yn Dat xix.11. Gw. ymhellach y cyfeiriadau a geir atynt yn J. Villette, *L'Ange dans l'art d'Occident du XIIe au XVIe siècle* (Paris, 1940). Yn y 14g., disodlwyd Edward Gyffeswr gan Sain Siôr fel nawddsant Lloegr, efallai yn sgil honni gweledigaethau o Sain Siôr adeg gwarchae Antioch yn 1098. Ar yr eglwysi yng Nghymru a gysegrwyd iddo, gw. M.D. Anderton, *History and Imagery in British Churches* (London, 1971, 1995), 12.

45 **Blaen Tren** Adwaenid y safle gynt hefyd fel *Lan Tren* a *Coed Tren*; *Glan Tren* ydyw bellach. Tŷ ydoedd Blaen Tren a safai islaw'r Gaer, i'r de o Lanybydder. Am grynodeb o hanes y lle a'r teuluoedd a fu'n byw yno gw. Francis Jones, *Historic Carmarthenshire Homes and their Families* (Carmarthen, 1987), 11–12. Ar yr enw, gw. EANC 125–6; llifa Tren i Afon Dyar ger Llanybydder.

51–4 Trafodir cynsail y canu gofyn a diolch, ac egwyddor y 'cyfnewid da dros dda', gan Bleddyn Owen Huws, *Y Canu Gofyn a Diolch c. 1350–c. 1630* (Caerdydd, 1998), 26–38.

51 **mur oedden'** Llsgr. *myr oyddenn*. Cymerir bod *myr* yn cynrychioli *mur*, a bod iddo'r ystyr 'cynheilia(i)d' neu 'warchodw(y)r' yma, gw. GPC 2503. Dichon mai'r *bobl* y sonnir amdanynt yn ll. 48 yw goddrych *oedden'*, ond gall hefyd mai cyfeirio yn ôl at Rys a'i geffyl a wneir.

53 **aur genau gwyn** Sef 'cenau [= 'mab, milwr'] gwych (neu 'anwylyd') / gwynfydedig'. Ceir eto chwarae deheuig ar ystyron *gwyn*, gw. GPC 1770 d.g.

3

O ystyried cyn lleied o ganu Syr Phylib Emlyn a gadwyd yn y llawysgrifau, diddorol odiaeth yw'r copïo a fu ar y ddwy gerdd gellweirus a ddiogelwyd rhyngddo ef a bardd-offeiriad arall o'r enw Syr Lewys Meudwy, na wyddys odid ddim amdano.[1] Y mae cadwraeth y cerddi eu hunain yn ddiddorol. Dengys yr amrywiadau niferus a threfn wasgarog testunau cerdd Phylib

---

[1] Ar Syr Lewys Meudwy, gw. isod tt. 95–7.

olion proses digamsyniol o drosglwyddo llafar.² Ar y llaw arall, cadwyd y gerdd a ganodd Syr Lewys Meudwy i Phylib mewn cyflwr testunol llawer gwell.

'Byrddio' yw testun y gerdd, sef arhosiad Syr Phylib gyda Syr Lewys yn westai, ac anghytuno wedyn ynghylch safon y bwyd a gafwyd yn gyfnewid am yr hyn a dalodd Phylib iddo (cf. honiad Lewys iddo 'werthu'r bwyd' i Phylib). Cedwir yn Llst 38, 73 draddodiad ynglŷn â'r achlysur y cyfeirir ato yn y cerddi hyn: *cowydd yn dangos fal y kymerth Sʳ Lewys Meydwy un Sʳ Pĥe Emlyn ar fwrdd dros flwyddyn yn r hwn y dangosir pa faeth fwyttawr mawr oedd Sʳ Pĥe Emlyn.*³ Sonnir yn y gerdd am *blwyf Gwyniaw* mewn perthynas â'r offeiriaid, sef, fe ddichon, Llanwinio yn sir Gaerfyrddin (gw. ll. 18n isod), ond nid yw union arwyddocâd y gyfeiriadaeth yn eglur.

Ceir testun diplomatig o'r gerdd yn *Llanstephan 6*, ed. E. Stanton Roberts (Cardiff, 1916), 101–2.

2 **Meudwy** Er gwaethaf yr amrywiad *mawddwy* a geir ar enw Lewys, diau mai teitl neu lysenw ydyw; gw. isod td. 95.

    cyfaillt Amrywiad ar *cyfaill*, gw. GPC 675.

3–4 **Ac felly … / Gân fawr am y ginio fach** Cyfres o amrywiadau ansicr iawn sydd yn y llsgrau. ar gyfer y ddwy l. hyn. *Cyni* yw'r darlleniad a geir ym mwyafrif y testunau ar gyfer ll. 4, ond eg. ydyw, ac ni chofnodwyd enghraifft arall o'i drin yn eb., er y gallai *cinio* fod yn eb. yn y 15g. Nid yw'n debygol mai 1 un. yr ardd. *gan* a fwriedir yma, ac er gwaethaf y diffyg tystiolaeth lawysgrifol i ategu darlleniad Llst 6 (y llsgr. gynharaf), nid annichon mai 'cân fawr' a rydd Phylib yn gyfnewid am y 'ginio fach' (neu *ei ginio*, os cymerir mai rh.prs.dib. a olygir gan *y* y llsgrau.) yr honnir ei harlwyo gan Lewys.

5 **gyrraist** Gall *gyrru* yma olygu naill ai ddarfod i Lewys anfon copi o'i gerdd at Phylib, neu iddo gael ei gyhuddo gan Lewys; gw. GPC 1797 d.g. *gyrraf* (2) a (7).

6 **fitel** O'r S.C. *vitaile*, *vittel*, sef 'victuals', 'ymborth, bwyd, lluniaeth, arlwy, darpariaeth', gw. GPC 1270 d.g. *fitael*.

7 **gyda gwŷr** Ai'r cwmni a fu'n aros yn nhŷ Syr Lewys a olygir? Cf. *plwyf Gwyniaw* (ll. 18).

    Sylwer ar y gynghanedd sain annisgwyl lle y ceir y gair *gyda* yn cynnal yr ail odl.

13 **ar Chwegair** Nid yw GPC yn rhestru *chwegair*, ond diau mai llw ydyw (am enghreifftiau o lwon dan reolaeth yr ardd. *ar*, gw. GPC 173 d.g. *ar*¹

---

² Yr un proses a welir yn awdl grefyddol Phylib, gw. cerdd 5.

³ Yn Llst 122, 80, ceir nodyn i'r un perwyl: *dychan i sʳ Phylip Emlyn oedd yn byrddio gida'r bardd, am iddo fod yn bwyta gormod.*

(9b)). Dadleuodd J. Lloyd-Jones mai'r a. *chweg* ('pêr, melys'), yn hytrach na'r rhifol *chwe(ch)*, yw elfen gyntaf y cyfuniad hwn, gw. G 279 d.g. *chwec*. Dilynwyd yr awgrym hwn yn GIG 348, gan gyfeirio at GGl² 306 (CXIX.29). Dichon fod hynny'n esboniad addas ar gyfer rhai enghreifftiau, megis a geir yn GSH 5.11; ond awgrymir yn gryf gan destun o gywydd i'r Forwyn a gynhwyswyd yn GDID 125 (At. B3.16– 22) mai'r chwe gair Llad. *Ave Maria, gratia plena, Dominus tecum* a olygir, cf. hefyd GSRh 187 a'r traethodyn 'Rhybudd Gabriel at Fair' yn LlA 159. Arferid paentio'r geiriau hyn ar luniau canoloesol o'r Cyfarchiad i Fair, gw. llyfr oriau Beaufort/Beauchamp (Llyfrgell Brydeinig, Llsgr. Royal 2 A.XVIII, 23ᵛ), cyn 1400; sallwyr a llyfr oriau Henry Beauchamp (New York, Llyfrgell Pierpont Morgan, Llsgr. M. 893, 12), 1439–46 (trafodir y lluniau hyn yn *The Golden Age of English Manuscript Painting 1200–1500*, ed. R. Marks and N. Morgan (New York, 1981)). Ceid y 'chwe gair' mewn portreadau o'r Cyfarchiad i Fair ar furiau eglwysi'r cyfnod hefyd, cf. *Wall Paintings of English Heritage: Our Painted Past*, ed. C. Babington, T. Manning, S. Stewart (London, 1999), 52; A. Martindale, *Gothic Art* (London, 1988), plât 152; G. McM. Gibson, *The Theatre of Devotion: East Anglian Drama and Society in the Late Middle Ages* (London, 1989), ffigurau 6.5 a 6.6. Y rhain oedd geiriau agoriadol y weddi boblogaidd y tynnwyd y rhan gyntaf ohoni o Luc i.26–56 (gan ychwanegu enw'r Forwyn): 'Henffych well, [Fair,] gyflawn o ras, y mae'r Arglwydd gyda thi'. Er gwaethaf dadl Lloyd- Jones, yng nghyd-destun cerddi crefyddol, dichon yr ystyrid y 'chwegair' hyn yn gyd-gymeriad am weddill y weddi. Sut bynnag, ni ellir anwybyddu'r posibilrwydd fod yma enghraifft o fwyseirio a bod y ddwy ystyr yn bosibl.

18 **plwyf Gwyniaw** Ceir yn WATU ddau gyfeiriad at blwyfi a gysegrwyd i Gwynio: *Llanwinio* yn yr hen sir Gaerfyrddin, yng nghwmwd Peuliniog (*ib.* 141); a *Llanwynno* ym Morgannwg, yng nghwmwd Meisgyn (*ib.* 142), gw. ymhellach A.W. Wade-Evans, 'Parochiale Wallicanum', Cy xxii (1910), 47; M.H. Jones, 'The ecclesiastical place-names of Carmarthenshire', Arch Camb (sixth series, 1915), 332. Y mae'r ddau leoliad yr un mor bosibl ar gyfer yr eglwys dan sylw, ond efallai mai'r cyntaf a olygir yma (fe'i deellir felly yn LlGC 22832C, 344, y ceir ynddi nodyn i'r un perwyl: *Llanwnnio, yn S. Gaerfyrddin*); ceir y ffurfiau cyn- harach hyn: *eccluis Gwinian* yn Llyfr Llandaf; *Llanwynnean* yn 1291 (gw. *Taxatio Ecclesiastica Angliae et Walliae auctoritate P. Nicholai IV, circa A.D. 1291* (London, Public Records Commission, 1802), 272); a *Llangwnio* yn 1525, gw. LBS iii, 233 a cf. hefyd J.R. Daniel-Tyssen, *Royal Charters and Historical Documents Relating to the Town and County of Carmarthen* (Carmarthen, 1878). Nid yw'n eglur o'r cyd-

destun ai cyfeirio at ei blwyf ef ei hun ynteu at blwyf Syr Lewys y mae Syr Phylib yma. Tueddaf i dybio mai'r ail ydyw.

24 **gorddodwyn** Amrywiad ar *gwrddodwyn* 'tin y nyth', gw. GPC 1471, TW d.g., a cf. D d.g. *talpa*. Y tebyg yw mai'r rhai gwannaf o dorllwyth tyrchod daear yw'r hyn a olygir yma. Ar y treiglad meddal i a. yn dilyn eg. ar ôl y rhifolyn *dau*, gw. GMW §22.

25 **arian o fath Harri** Dichon mai Harri VI (1422–71) a olygir yma, er y gall yr ymadrodd hefyd fod yn amhenodol. Ni chyfeirir o reidrwydd at fathiad penodol o arian yma.

26 **bwrdd** Sef llety; gw. uchod ar gefndir y gerdd.

28 **echwynna** Diwygiad; *echwynnaf* a geir ym mwyafrif y llsgrau. Gall mai bf. a'r rh.pth. yn ddealledig a gyfleir gan yr amrywiadau, ond cymerir mai be. yw'r ffurf ac mai 'begian' yw'r ystyr, gw. GPC 1162.

35 **urddol** Gall fod yn a. sy'n golygu '[un] urddasol', fel yn GIG 48 (X.84); ond yng nghyd-destun y gerdd hon, y tebyg yw mai eg. ydyw, sef 'un a urddwyd yn offeiriad'.

Ceir twyll gynghanedd *dd* yn y ll. hon.

38 **bastwn** Rhydd nifer o lsgrau. l. wythsill yma (gw. yr amrywiadau), a derbyn bod yr *yn* traethiadol yn cael ei gyfrif yn sillaf lawn o flaen cytsain yn ail hanner y 15g. Ceir dwy ffurf gysefin ar y gair: *pastwn* a *bastwn*. Dichon mai ymwybyddiaeth rhai copïwyr â'r ffurf gyntaf a barodd iddynt ystyried bod angen ychwanegu'r rh.prs.dib. blaen *ei*; ond y tebyg yw mai *bastwn* oedd yn y ll. wreiddiol. Daw'r gair o'r S.C. *bastoun* (neu efallai'n uniongyrchol o'r H.Ffr.); 'ffust' neu 'gwlbren' ydoedd, yn arf neu'n arwydd o swydd, gw. GPC 263, 2700. Diau mai yn ffigurol neu'n drosiadol y'i defnyddir yma.

40 **corun** S. *tonsure*, sef copa'r pen a fyddai'n cael ei eillio pan ymunid ag urddau llai ac uwch yr Eglwys, gw. ODCC³ 1631–2. [*G*]*ŵr â chorun* oedd Dafydd ap Gwilym ei hun, GDG³ 98–100 (35.10, 50, 74).

41 **dau rwn** Darn neu rimyn o dir yw *grwn*, gw. GPC 1538.

42 **henyd** E. cyfansawdd o *hen* ac *ŷd*.

heiniar 'Cynnyrch y flwyddyn, cnwd llafur, cynhaeaf', gw. GPC 1840 a cf *heinar*, 8.25 isod; gall y gair hefyd fod yn drosiad am dâl neu wobr.

44 **dirwest odyn** Priod-ddull yn golygu '*long or prolonged abstinence*', GPC 1038; cf. hefyd D (Diar) d.g.

46 **Dyw Iau rost ond dau wy'r iâr** Er gwaethaf y ffaith fod mwyafrif y llsgrau. yn cynnig y darlleniad *Dy rost … yma, darllenir Duw Iau rost*: gan y disgwylid ympryd ar ddydd Gwener, disgwylid pryd mwy sylweddol na'r cyffredin ar ddydd Iau, a'r cyfan a gynigiai Lewys oedd *dau wy'r iâr*.

53 Ceir twyll gynghanedd *d* yn y ll. hon.

56 **yswigw** Defnyddid y gair *yswigw* gynt am sawl math o aderyn bach (amrywiadau'r llsgrau. [*y*]*swidw* / *sywidw*), a chyfeirir yn slipiau Geiriadur Prifysgol Cymru at bïod, gïach, dryw bach, gwas y dryw, glas bach y wal; S. '[*blue*] *tit*', '*black-cap*', '*titmouse*'; cf. hefyd *yswigw hirgwt* [neu 'gynffon hir'] ('*long-tailed tit*'); *yswigw du* ('*coal tit*'); *yswigw berddu* (sef y benlöyn lygliw, '*coalmouse*'), *yswigw cas fach* ('*blue tit*'); *yswigw'r gwern* ('*marsh-tit*'); *yswigw helyg* ('*willow tit*').

seigiaid Ni restrir *seigiaid* yn GPC, ond diau mai cyfuniad ydyw o *saig* a'r ôl-ddodiad *-iaid* (sef amrywiad ar *-iad*) yn yr ystyr '*at one helping*'.

4

Ceir copi o'r cywydd hwn mewn un llawysgrif yn unig, sef Pen 55. Tyn Gwenogvryn Evans sylw at anawsterau'r llaw anhysbys a'i cofnododd drwy ei disgrifio fel 'a peculiarly cramped hand which is difficult to read on account of its faulty orthography, its separation of syllables that form words, and the joining of syllables which belong to different words'.[1] Cymhlethir golygu testunau o'r llawysgrif hon ymhellach oherwydd tuedd y copïydd i hepgor, yn fympwyol braidd, lafariaid a chytseiniaid. Nid annichon ychwaith fod yr unig destun hwn o'r cywydd i'r lleian yn anghyflawn;[2] a chan fod modd dehongli a diwygio sawl llinell mewn amryw ffyrdd, pwysleisir mai golygiad petrus iawn a gynigir yma.[3] Y mae'n debygol fod delweddaeth y testun astrus hwn yn troi'n goeglyd o gwmpas Math v.30 ('ac os yw dy law dde yn achos cwymp iti, tor hi ymaith a'i thaflu oddi wrthyt; y mae'n fwy buddiol iti golli un o'th aelodau na bod dy gorff cyfan yn mynd i uffern'). Ymddengys fod y bardd naill ai'n honni canu i leian a aeth ar gyfeiliorn, neu ei fod yn awgrymu'n gellweirus y dylai hi adael ei galwedigaeth a charu gydag ef. Gall y ddelwedd estynedig o'r ferch 'unllawog' awgrymu na fydd y lleian yn gyflawn heb ei chymar: sef y bardd, o bosibl, yn hytrach nag Iesu. Cais Syr Phylib rwystro hynny a'i chymell i ailystyried, efallai gydag islais awgrymog.[4] Os yw'r dehongliad hwn yn gywir, yna gwelir bod y cywydd yn ymrannu'n ddestlus yn ddwy

---

[1] RWM i, 421.

[2] Ac yntau'n gywydd o 40 ll. yn unig, dyma'r byrraf o holl gywyddau Syr Phylib sydd wedi goroesi. Ond, o ystyried naws gellweirus y gerdd, nid yw'r diffyg hwn yn brawf fod llinellau wedi eu colli. Er gwaethaf ei hynodrwydd orgraffyddol, cedwir yn y llaw hon hefyd destun gweddol gyflawn o gywydd Siôn Cent i Frycheiniog, ac ef (sef Pen 55, 141) yw'r copi cynharaf o'r gerdd nodedig honno a ddiogelwyd.

[3] Hoffwn gydnabod y cymorth a gefais gan yr Athro Emeritws R. Geraint Gruffydd wrth geisio dehongli'r testun hwn. Yr wyf yn dra diolchgar hefyd i Dr Jane Cartwright am y sylwadau ar y canu i leianod yng Nghymru a gefais yn wreiddiol ganddi drwy ohebiaeth bersonol, ac a gynhwysir bellach yn ei chyfrol J. Cartwright: ForF 167.

[4] Ceir enghraifft arall o gerdd ddigyfaddawd rywiol gan offeiriad yn CMOC² 102–5.

ran. Yn llinellau 1–20, y brif thema yw fod llw diweirdeb y lleian yn gyfystyr â thorri ymaith un o'i dwylo, ond y mae'r bardd yn cynnig 'adfer' y llaw, efallai drwy ddod yn gariad iddi. Yn yr ail ran, fodd bynnag (llinellau 21–40), gwêl y bardd berygl, sef y bydd y lleian, er gwaethaf ei llw, yn rhoi ei chred i ŵr arall heblaw'r bardd; unwaith eto y mae ef yn cynnig bod yn feddyg (enaid) iddi er mwyn ei 'gwella'.

Er mai yn yr unig destun anfoddhaol hwn y ceir y cywydd i'r lleian, gellir derbyn yn weddol ffyddiog ei fod yn perthyn i ganon Syr Phylib Emlyn. At y ffaith fod y copi yn un arwyddocaol o hen (nid cwbl annichon iddo gael ei gofnodi yn Pen 55 yn ystod oes y bardd ei hun, neu'n fuan wedi hynny), ceir cyfatebiaethau i rai o ymadroddion y gerdd hon yng ngweddill canu Phylib.[5] O'r lleiandai a geid yng Nghymru tan y Diwygiad, Llanllŷr, ar lan Afon Aeron yng Ngheredigion, oedd yr agosaf at fro Syr Phylib; ond ceid hefyd ddau arall yn y Canolbarth a'r De, sef Llanllugan yn ne Powys a phriordy Brynbuga. Saif y cywydd hwn, felly, yn y traddodiad Cymreig o ganu i leianod, er nad oes rhaid derbyn mai lleian benodol a gyferchir ynddo.[6]

1 **yr un lleian** Llsgr: *yr vn lli an*. Bannod, yn ôl pob tebyg, a olygir gan *yr* yma, gydag *r* wreiddgoll wedi ei dilyn gan y rhifolyn *un* a'r eb. *ll[e]ian*. Gall hefyd mai'r ardd. *er* ydyw, yn cyflwyno cymal pwrpas sy'n ddibynnol ar y ferf *gresynais* (ll. 5); ceir nifer o enghreifftiau o *y* yn cynrychioli 'e' yn Pen 55, gan gynnwys rhai a welir yn y testun hwn ei hun (cf. *grysyn eis* (ll. 5), *yƀ yllys* (ll. 16), er y gellid dadlau mai cymhathiad [*e … y > y … y*] sydd yn y ddwy enghraifft hyn). Neu, o ystyried y cyfeirio at *gwen* yng ngweddill y cywydd hwn (gw. llau. 6, 22, 26), er bod hynny'n ffordd gyffredin o gyfeirio at gariad bardd, teg yw gofyn ai'r e.prs. [G]*wenllïan* a geid yn y ll. gyntaf yn wreiddiol?

unllawog Llsgr. *vn llwog*. Nid yw'n sicr a ddylid diwygio'r darlleniad yn *unllawog* er mwyn cynnal y ddelwedd estynedig, ynteu ei dderbyn fel y saif. Ni fyddai'r a. *unllwog* yn annichonadwy, yn enwedig os at lw diweirdeb y lleian y cyfeirir yma: yr oedd *unllw(f)* (gw. slipiau Geiriadur Prifysgol Cymru) eisoes yn air cydnabyddedig. Fodd bynnag, gan na chofnodir enghraifft arall ohono yng nghasgliad GPC, cynigir y diwygiad a roddwyd uchod.

2 **llawn o gerdd** Llsgr. *ll a ƀnoc er ddyn ghellïeyr goc*. O'r gwahanol ddarlleniadau posibl, ymddengys mai *llawn o gerdd* yw'r tebycaf (am

---

[5] Gyda ll. 29 *wrth ŵr o stad*, cf. 3.16 *wrth ystad*; a chyda'r delweddau *maneg / Llaw* (llau. 7–8) … *dy law addfain, dlos* (ll. 14), cf. … *a'i law fain, a'i loyw faneg* (3.39).

[6] Am drafodaeth bellach ar y *genre*, gw. Helen Fulton, 'Medieval Welsh Poems to Nuns', CMCS xxi (Summer 1991), 87–112; Jane Cartwright, 'The Desire to Corrupt: Convent and Community in Medieval Wales', *Medieval Women in their Communities*, ed. Diane Watt (Cardiff, 1997), 21–48.

enghreifftiau o *c* yn cynrychioli 'g', cf. *goc* yn y ll. hon a gw. llau. 7, 8, 20); ond gall yn hawdd mai *cerydd* a olygid yn wreiddiol (*llawn o gerydd 'nghelli'r gog*), yn enwedig o ystyried naws esgus-drist y cywydd. Tebyg iawn yw'r llythrennau a arferir gan y copïydd hwn am 'e' a 'd', ac anodd yw penderfynu ai *d* ydyw'r llythyren ansicr yn sillaf olaf *ghellieyr*, neu ai'r ffurf luosog *cellïau* ydyw, gyda'r fannod ynghlwm wrthi. Eto i gyd, y mae'n anodd gwybod sut y dylid dehongli'r ll. hon, ac os darllenir *llawn o gerdd yng nghelli'r gog*, byddai'n rhaid caniatáu *n* ac *r* berfeddgoll yn naill hanner y ll. a'r llall i gael math o gynghanedd ohoni (ond cf. ll. 31n isod am enghraifft gyffelyb). A ellid diwygio'r holl gwpled a darllen *Er un lleian unllawog / Llai yw'r gerdd yng nghelli'r gog*? Ceir delwedd gyffelyb gan Ddafydd Nanmor, *O daearwyd ei deurudd / Mae'n llai'r gwrid mewn llawer grudd* (gw. *Barddoniaeth yr Uchelwyr*, gol. D.J. Bowen (Caerdydd, 1957), 91 (40.7–8)).

3   **ni wrhëir** 'Na fydd yn priodi / dewis cymar': ai oherwydd ei llw di-weirdeb?

4   **yn lle** Beth a olygir gan *ynlle* y llsgr.: ai *yn lle*, *i'n lle*, *ein lle*, ynteu *unlle*? Cynigir mai'r cyntaf sy'n gweddu orau yma; am wahanol ystyron posibl *lle*, gw. GPC 2121–2. Ond ceir hefyd *hunlle*[*f*] (eb.g.) yn drosiad cyffredin gan y beirdd, cf. ymhellach yr enghreifftiau a nodir yn GPC 1924.

6   **na bai law** Ar dreiglo'r goddrych ar ôl *na bai*, gw. Treigladau 325–6.

7   **ni rof arian** Llsgr. *nyrovaryan*; gall mai *ni rof f'arian* a olygir yma.

9   **para' wnïo** Llsgr. *par a ʋnio*. Tebyg mai 1 un.pres.myn. *peri* yw'r f. a fwriedir yma (sef *paraf* neu *para'* gyda'r *f* yn toddi (cf. yr enghreifftiau a roddir yn J. Morris-Jones: CD 200)) gyda'r be. *gwnïo*, gan roi ystyr megis *gwnaf / achosaf wneud pâr newydd* i'r ll. (neu'r 1 un.pres.myn. y f. *peri*, gyda'r rh.pth. yn dilyn (sef *Paraf* (*para'*) *a wnïo ...* 'trefnaf fi rywun ...')), gw. ymhellach GPC 2685 d.g. *paraf*[1] (2). Gellir ystyried posibilrwydd arall, sef mai 2 un.grch. y f. *peri* (sef *pâr*) ydyw, gyda'r rh.pth. *a* yn cyfleu gwrthrych y gorchymyn, a'i ddilyn gan 3 un.pres.dib. *gwnïo* heb dreiglo'r gwrthrych (sef *Pâr a wnïo pâr newydd* 'trefna di rywun a allai wnïo pâr newydd'), er efallai nad yw hynny'n debygol iawn.

11   **tâl y fainc** Sef y lle yr eisteddai'r gwŷr pwysig; cf. cywydd Guto'r Glyn i Ddafydd Llwyd ap Dafydd ab Einion, *Tre tad, nid rhaid dy oedi, / A bwrdd tâl y beirdd wyt ti* (GGl² 114 (XLII.67–8)); hefyd farwnad Gwilym ap Gruffudd o'r Penrhyn gan Rys Goch Eryri, *Rhad elfydd, rho Duw, dalfainc ...*, IGE² 314 (llau. 1–2).

13   **annwfn** Llsgr. *anvwvn*. Estynnir peth ar ystyr *annwfn* (gw. GPC 146) a'i ddeall yma'n ffigurol yn yr ystyr 'dirboen'. Posibilrwydd arall a

gynigir gan orgraff y testun yw darllen *anfwyn* (gyda'r acen ar y sillaf olaf, 'an-fwyn', efallai, er mwyn cryfhau'r gynghanedd).

14 **oedd ddwyn dy law** Llsgr. *oyddwvnd ylaσ*. Os *dwyn* yw'r darlleniad cywir yma, gellir dehongli'r *f* yn *addfain* eto naill ai fel *f* led-lafarog neu berfeddgoll. Ond gall hefyd mai'r a. *dwfn* a olygir gan y cyfuniad cyntaf.

15 **O rhoist dy lwyr gred o'th law** Llsgr. *orhoys*[d?e] *yl wyr gredoth laσ*. Y mae'n anodd gwybod sut i ddehongli'r ll. hon. Os *rhois* neu *rhoist* a geir gan y copïydd hwn ar gyfer y gair cyntaf, yna y mae'r ll. yn ddigynghanedd. Serch hynny, ymddengys … *lwyr gred o'th law* yn ddarlleniad dichonadwy yn ail hanner y ll., a gellir amcanu mai cynghanedd draws a fwriadwyd. A ellir diwygio'r cwpled a darllen *O daeth* [neu *Od aeth*] *â'th lwyr gred o'th law / Drwy ewyllys ei drylliaw*?

18 **A'th law a gei, wythliw gwawr** Llsgr. *ath lawygey σythliσgaσr*. Os cywir yw'r diwygiad *gwawr* ar gyfer gair olaf y ll., yna 'yr un y mae ei lliw wythgwaith yn fwy llathraidd na'r wawr' yw ystyr yr ymadrodd ebychiadol neu gyfarchol. Cymerir mai'r rh.pth. *a* a olygir gan elfen gyntaf y clymiad *ygey* a'i rhagflaena.

19 **Da iawn yw modd y dyn main** Llsgr. *daiσn yw mo dd y d vn mein*. Oherwydd tuedd y copïydd hwn i gywasgu geiriau a hepgor llafariaid, mentrwyd mai *da iawn* a olygir gan y gair cyntaf; ond gall yn hawdd fod yma ymgais i ysgrifennu *deuwn*. Y mae'n ddichonadwy hefyd mai'r be. *m*[e]*ddu*, neu'r eg. *modd* a'r fannod, a gynrychiolir gan y cyfuniad *mo dd y*. Amrywia cenedl *dyn*, a cheir enghreifftiau o arfer hyd yn oed y ffurf f. heb ei threiglo ar ôl y fannod, a pheidio â threiglo'r a. a'i dilyn (gw. GPC 1140 d.g. *dyn* (b)), ond gellir yn weddol ffyddiog dderbyn mai 'merch' a olygir gan *dyn* yma. Os *llyain* yn hytrach na *lliain* fu sail y gair a gofnodir yn ll. 20, rhaid ystyried y posibilrwydd mai 'llw' a olygir; ond efallai nad yw hyn yn debygol iawn o gymharu'r ll. hon ag IGE² 289.31–2 *Ni rydd gordderch o ferch fain / Ei llaw dan yr un lliain* (Siôn Cent). Y mae'n ymddangos bod Phylib yn hoff o eiriau mwys, a gall fod y trosiad yn fwriadol amwys ganddo, gydag awgrym rhywiol ynghlwm wrtho.

21 **or ceri'r afanc** Llsgr. *or keryr avank*. Dichon mai cyfeirio yn ffigurol at y Gŵr Eiddig a wna'r bardd yma; cf., o bosibl, GDG³ 205 (75.31). Posibilrwydd arall fyddai diwygio'r gair yn *ifanc*. Cymerir bod *or* yn gywasgiad o'r cys. *o* a'r geiryn rhagferfol *ry* yn nodi posibilrwydd (ar *or*, gw. Treigladau 374–5 a cf. isod 8.5). Dehonglir *keryr* yn gyfuniad o ffurf 2 un.pres.myn. y f. *caru* gyda'r fannod; ond gallai hefyd gynrychioli ff. amhrs.pres. y f. honno.

22 **A[   ]all, bydd gall, gwen** Gellir darllen *a* ac *s* yn weddol eglur yn y darn a staeniwyd, wedi eu dilyn gan [ ]*all*; tybed a ellir diwygio'r cyfan a darllen *amser arall, bydd gall, gwen*?

23 Cymerir mai cywasgiad o *na ad* a gynrychiolir gan y clymiad cyntaf; ond beth am *nâd* 'cân'?

24 **gwna waith arall** Cyfeirir at ail lw gwallus y lleian, sef caru'r 'afanc' yn hytrach na'r bardd.

25 **mi a'i gwnaf yd** Llsgr. *miaygʋna v yd*. Posibilrwydd arall a gynigir gan orgraff y llsgr. yw darllen *mi a'i gwnaf, fyd*, a chymryd bod y bardd yn cyfarch y ferch fel ei *fyd* (sef 'cariad', neu 'anwylyd', gw. GPC 361 d.g. *byd*[1] 2 (a)), er efallai y disgwylid darllen *fy myd* i ddynodi'r modd cyfarchol. Gallai'r darlleniad hefyd gynrychioli'r f. *gwnaf* a'r a. *mud* heb yr *yn* traethiadol.

26 **gan lw brwyn** Llsgr. *Gen*[*l*][*l*]*ʋ brʋen*. Er y gellid deall *gan* yn yr ystyr 'gydag ymyl; ochr yn ochr â; ger' (gw. GPC 1379 d.g. *gan*[1] (c)), dylid nodi mai yn eithriadol iawn y ceir *llwybr* fel eb. Cynigir yn betrus ddehongli *brʋen* fel 'brwyn', a'i ddeall yn a. yn yr ystyr 'trist' neu 'synfyfyriol', gw. GPC 336. Os felly, gall fod yma gyfeiriad arall at agwedd y bardd tuag at lwon diweirdeb y lleian, cf. ll. 24n.

28 **heb law na bys** Llsgr. *he · laʋn nabys* (ceir dot neu farc rhwng y ddau air cyntaf). O dderbyn mai *b* yw'r gytsain goll, ceir cynghanedd groes gytbwys acennog yn y ll.

29 **wrth ŵr o stad** Cf. 3.15–16 *Nid fal hyn, dyfal honni, / Wrth ystad y'm porthaist i*.

31 Gellir esbonio cynghanedd y ll. hon mewn mwy nag un ffordd. Cymerir yma mai cynghanedd groes anghytbwys ydyw, gydag *n* wreiddgoll yn hanner cyntaf y ll. a dwy *r* yn ateb un yn yr ail hanner, gw. uchod ll. 2n.

geiriau Awstin Os cyfeiriad at waith arbennig gan Awstin o Hippo a geir yma, gellir meddwl am ei *De sancta virginitate* a'i *De continentia* (ceir y testun yn PL xl); *De nuptiis et concupiscentiis* (*ib.* xliv); ond gan na nodweddir y cerddi sydd gennym o waith Phylib gan ddyfnder dysg, gall mai yn amhenodol y bwriedir yr ymadrodd hwn ganddo.

32 **un o ryw crin** Sef dyn cybyddlyd, crintachlyd.

37 **Mae yn anodd Ei weled** Ll. ddigynghanedd, ond diau fod y testun eto'n llwgr yma. Annhebyg mai *anodd i weled* a olygir; gwell derbyn mai ystyr broleptig sydd i'r cymal, gyda'r rh. yn cyfeirio ymlaen at Iesu Grist.

38 **eisiau Ei gred** Deellir *cred* yma naill ai yn yr ystyr 'ffydd' neu 'yr hyn a gredir', neu 'lw', 'ffyddlondeb', 'enw da'; am wahanol ystyron y gair, gw. GPC 585. Maentumia'r bardd ei bod yn anodd gweld Crist os bydd

diffyg ffydd yn bresennol, er nad yw'n annichon ychwaith mai'r rh.pth. o flaen yr eb. a gyfleir gan *ygred.*

40 **ymwagelyd** Deellir y ffurf yn fe., yn amrywiad ar *ym(w)ogel* 'bod yn ofalus'. Cymerir bod i'r f. naws rybuddiol yma ar ddiwedd y gerdd.

5

Cadwyd yr awdl hon, neu ddrylliau ohoni, mewn naw ar hugain o lawysgrifau. Y mae safon y testunau yn amrywio'n fawr, ac ychydig iawn o gyfatebiaeth sydd rhyngddynt, ac eithrio'r llawysgrifau hynny a geir yn llaw yr un copïydd. Oherwydd cyflwr y fersiynau a gadwyd inni o'r gerdd, a'r gymysgedd a welir ynddynt, anodd yw penderfynu'n derfynol beth oedd mesur yr ail ganiad (gw. isod ll. 17n) a bu'n rhaid golygu yn bur sylweddol mewn mannau er mwyn ceisio adfer darlleniad rhesymol. Pwysleisir mai yn betrus iawn y cynigir y testun cyfansawdd hwn.

Egyr yr awdl â chyfres o bedwar englyn unodl union wedi eu cysylltu â'r gair *Iesu* a ailadroddir ar ddiwedd pob englyn. Yna ymddengys mai wyth hir-a-thoddaid a ffurfiai'r ail ganiad yn wreiddiol, a chysylltir yr englynion â'r hir-a-thoddaid cyntaf â chyrch-gymeriad. Ailadroddir yr englyn cyntaf eto, yn ôl y disgwyl, ar ddiwedd y gyfres. Y mae'r ffaith fod darlleniadau'r llawysgrifau yn amrywio'n fawr o ran eu trefn a'u hystyr yn awgrymu'n gryf broses o drosglwyddiad llafar; yn ogystal â'r rhain ceir yma gywasg-iadau, cynganeddu llac a ffurfiau llafar nas disgwylid gan fardd wrth ei broffes ond sydd, efallai, yn fwy nodweddiadol o waith amatur o fardd megis Phylib. Awdl ydyw i Grist, er gwaethaf y cyfarchiad i Fair ar y cychwyn a'r diwedd. Y mae'n ymddangos bod y mynych ailadrodd a geir ar yr enw 'Iesu' yn adlewyrchu'r bri a roddid yn ail hanner y bymthegfed ganrif ar gwlt yr Enw Sanctaidd. Defod yw hon a gafodd—yn enwedig yn Lloegr—le arbennig yng nghalendr gwyliau'r flwyddyn litwrgïaidd erbyn diwedd wythdegau'r ganrif honno.[1] O'r sôn ynddi am ddelw o'r Groes yn Rhydyfyrian, teg yw casglu y cyfeirir at ryw dirnod crefyddol adnabyddus yn Llanbadarn-y-Creuddyn. Ni wyddys bellach am nac eglwys na chapel anwes ger Rhydyfyrian, er gwaethaf y ffaith fod enwau lleoedd eraill yng Ngheredigion yn awgrymu bod ynddynt gynt safleoedd eglwysig a gollwyd erbyn hyn.[2] Y mae'n ddichonadwy, fodd bynnag, y cedwir yn yr awdl gof

[1] Am hanes y defosiwn hwn gw. R.W. Pfaff, *New Liturgical Feasts in Late Medieval England* (Oxford, 1970). Yn Lloegr cafodd cwlt yr Enw Sanctaidd nawdd y bendefigaeth, a thrwy ddylanwad yr arglwyddes Margaret Beaufort (mam Harri VII) yn arbennig y'i sefydlwyd yn ŵyl gydnabyddedig. Dichon fod y glerigaeth Gymraeg yn ymwybodol o leiaf o'r mudiad poblogaidd hwn yn Lloegr.

[2] Cyfeirir ar fap y Degwm at hen gapel anwes ger Gelli Angharad (Lovesgrove) ar bwys Aberystwyth sydd bellach wedi diflannu. Ceir lleoedd eraill yng Ngheredigion y mae eu henwau yn awgrymu cysylltiad eglwysig gynt: (1) *Llanddwy,* sef fferm rhwng Y Gors ac Abermagwr. Credai Melville Richards mai *Llan* + yr hen ffurf *dwyw* (hen ffurf ar Dduw) ydoedd. Ceir hefyd

am yr hyn y cyfeirid ato fel 'croes Sulien'. Er na wyddys yn union beth ydoedd, y tebyg yw mai croes ydoedd a safai ar un adeg ar y tir hwnnw i ddynodi ffin. Ceir cyfeiriadau at yr enw lle hwn mewn gweithredoedd o'r cyfnod.[3]

Awdl grefyddol gonfensiynol yw hon at ei gilydd. Cyfunir ynddi foliant Mair a Christ ag erfyn am gael bod yn y nef (*llys Iesu*, ll. 16). Fel a geir yn nhrwch y cerddi Cymraeg am Groes Crist ac i'r crogau eglwysig, gwneir hyn drwy adrodd hanes achub dyn o fewn prif fannau bywyd Crist (yr ymgnawdoliad, y croeshoeliad a'r atgyfodiad), a hynny mewn cyd-destun litwrgïol a sagrafennol. Perthyn yr awdl, felly, i gorff o ganu er anrhydeddu'r Groes a oedd yn boblogaidd yng Nghymru o ddyddiau Dafydd ap Gwilym hyd at y Diwygiad.[4] Ond rhaid nodi bod y cerddi Cymraeg i ddioddefaint Crist yn bur wahanol i'w cymheiriaid cyfoes yn Lloegr a'r cyfandir. Yno, daethai dylanwad themâu cyfandirol megis y *planctus Mariae* a boblogeiddiwyd gan y Ffransisgiaid yn llethol.[5] Efallai oherwydd naws a natur y grefft farddol frodorol, fod y canu Cymraeg yn llawer mwy disgybledig ei naws na'r rhain, ac ychydig iawn o ddefnydd a wneid o'r themâu stoc, megis *leitmotiv* y Forwyn (neu Fair Fadlen) wylofus, a'r agwedd gyhuddol sy'n britho'r canu Saesneg a thramor. Yn yr awdl hon, ceir ynghlwm wrth y trawiadau arferol ddefnydd annisgwyl braidd o ddelweddau o fyd natur, a rhai ohonynt yn feiblaidd eu naws: yr egroesen, y winwydden, y llusïen, y gypreswydden, yr ysbaddaden, y ddraenen a'r balmwydden. Ar y gweledol a'r synhwyrus y mae pwyslais delweddau'r

yn y fro honno *Ffynnon Drindod* ac y mae'r cysylltiad rhwng y ddwy elfen *Dwy[w]* a *[T]rindod* i'w gael mewn lleoedd eraill. (2) Ceir *Llaneithr* yn nyffryn Mynach, i'r gogledd-ddwyrain o fferm Botgoll. Yn ôl traddodiad, yr oedd Eithr yn berthynas i Faelgwn Gwynedd. (3) Yr oedd gynt ddau *Cae Capel* yn nyffryn Ystwyth, y ceir eu henwau ar fapiau Thomas Lewis, a wnaeth arolwg o ystad Trawsgoed yn 1781. Yr oedd un ar fferm Tan-yr-allt, a'r llall yn agos i Gapel Afan yng ngwaelod pentre Llanafan. (Yr wyf yn dra dyledus i Mr Gerald Morgan am roi imi wybodaeth am yr enwau lleoedd hyn.)

[3] Cofnodir croes Sulien yn *A Schedule of the Cwrt Mawr Deeds*, ed. G.M. Griffiths (The National Library of Wales, Aberystwyth, 1956), 98, rhif 34: 1624/5, Feb. 22, *tythyn Croes Sillian*; cf. *ib*. 100, rhif 94: 1625, Aug. 1, *Crosse Sylyan*. Trafodir arwyddocâd yr elfen *croes* mewn enwau lleoedd Cymraeg yn *Ar Draws Gwlad: Ysgrifau ar Enwau Lleoedd*, gol. Gwynedd Pierce, Hywel Wyn Owen a T. Roberts (Llanrwst, 1997), d.g.

[4] Gellid dadlau bod yr awdl hon i'w hystyried yn un o'r cerddi hynny a gadwyd dan ysbrydoliaeth y crogau canoloesol Cymreig, arnynt gw. GIBH 13–17. Y gerdd gynharaf yn y *genre* arbennig hwn y gwyddys amdani yw'r gyfres englynion gan Ddafydd ap Gwilym i'r grog o Gaerfyrddin, gw. Ann Parry Owen yn YB xxi (1996), 15–36; *id.*, GLlBH 51–77. Ymddengys mai Lewys Morgannwg oedd y bardd Cymraeg olaf i ganu yn y dull hwn; gw. Glam Bards 677–81.

[5] Am drafodaeth gyffredinol ar y thema hon, gw. P.S. Diehl, *The Medieval European Religious Lyric* (Berkeley, 1985), 60–3; J. Szövérffy, 'Crux Fidelis ...; Prolegomena to a History of the Holy Cross Hymns', *Traditio*, xxii (1966), 1–41; Rosemary Woolf, *The English Religious Lyric in the Middle Ages* (Oxford, 1968), 1–15. Fel y dywed P.S. Diehl, *op.cit*. 62, 'Of course, most lyrics on the Passion are neither *planctus* nor *horae* ... many are meant for devotional use, conjuring up the *imago pietatis*, the heart-rending image of Christ hanging on the Cross.'

awdl, a nodweddir hi gan foliant a hyder rhagor edifeirwch ac ofn: y syniad yw fod y greadigaeth oll (y *bresen*) yn cael ei nerthu drwy waith achubol Crist (ll. 49).

1 **rhannu—ar** '*To support … make provision for, provide for, keep*', GPC 3038. Mynegwyd ffydd yn swydd amddiffynnol ac eiriol Mair er yn gynnar iawn, cf. y gweddïau Llad. poblogaidd *Sub tuum praesidium* a'r *Salve Regina*. Am grynodebau hwylus o hanes datblygiad dysgeidiaeth yr Eglwys am Fair a thwf y defosiwn iddi, gw. J. Cartwright: ForF; H.C. Graef, *Mary*: *a History of Doctrine and Devotion* (2 vols., London, 1963–5); H. du Manoir du Juaye, SJ, *Maria*: *Études sur la Sainte Vierge* (8 vols., Paris, 1949–71); G. Söll, *Mariologie* (Freiburg, 1978) a gw. hefyd ODCC³ 944 o dan 'Mary' a'r llyfryddiaeth ddethol yno.

3 **pared a llywied** Amwys yw *pared* yma, ond o dderbyn mai 3 un.grch. *peri* ydyw, gallai olygu 'trefnu, paratoi' yma (cf. GPC 2685 d.g.); a gellid deall *llyw(i)o* yma i olygu 'prysuro, brysio' (*ib.* 2288 (c)); cf. GTP 21 (12.74) *lladded a llywied wŷr Caerlleon*.

5 **ydwyf** Y mae'r llsgrau. hynaf i gyd yn gytûn mai *wyf* yw ffurf y cpl. yma, gan roi ll. sy'n fyr o sillaf. Ymddengys mai ymgais rhai o'r copïwyr diweddarach, Llywelyn Siôn yn enwedig, i greu llau. safonol eu hyd sydd y tu ôl i'r darlleniad *ydwyf*. Posibilrwydd arall oedd ddarfod ceseilio yn y llsgrau. y gn. rhagferfol cadarnhaol yn sillaf olaf y gair blaenorol; os felly, efallai mai *moliannwr, [yr] wyf yn moliannu / Mair* a geid yn wreiddiol.

7 **difeiaf fu** Fe'i deellir yn sangiad, yn gyfeiriad at Fair, a ystyrid yn nefosiwn yr oes yn ddibechod.

9 **dewis dref** Ar y syniad o'r nefoedd fel dinas neu breswylfa ddewisol, gellir ystyried Heb xiii.14 (y Fwlgat): *non enim habemus hic manentem civitatem, sed futuram inquirimus*. Ond ystyrid Mair hithau yn 'ddinas' amddiffynnol, a dyna, o bosibl, a fu y tu ôl i'r amrywiad *dewis dref dan nef*, yn enwedig os *dan* neu *o* oedd yr ardd. a geid yn y ll. yn wreiddiol (gw. yr amrywiadau).

11 **da ynn** Cywasger er mwyn hyd y ll.

    y dydd du Cyfeirir yn y ffynonellau apocalyptaidd yn aml at ddüwch neu dywyllwch llythrennol Dydd y Farn, gw. Marc xiii.24 a darlleniadau cyfatebol yr efengylau cyfolwg; cf. hefyd ddelweddau'r emyn canoloesol enwog *Dies Irae*. Ond ceir ystyron ffigurol i'r a. *du* yn ogystal (megis 'trist', 'drwg', 'prudd', &c.), gw. GPC 1097.

13–14 **Pan ddêl … / Ar** Gall mai *â'r* a olygir gan yr amrywiadau, ond dilynid y f. *dyfod* yn aml gan yr ardd. *ar* mewn Cym.C. Dichon mai deall *ar* fel ardd. gyda'r fannod ynghlwm wrtho sydd i gyfrif am yr amrywiad diweddarach ... *i gwrdd â*. Ystyr y ddwy l. yw 'pan ddaw'r trillu ynghyd, trwy rym, at [yr] un Arglwydd i [gael] ein barnu'.

13 **gallel** Be.; amrywiad ar *gallu*, gw. GPC 1377.

y trillu Ystyrid mai'r *trillu* oedd eneidiau'r rhai a âi yn syth i'r nef yn Nydd y Farn; y rhai a fyddai'n penydio ym Mhurdan; a'r rhai a fernid i uffern, cf. 2.25, 26n uchod. Diffiniwyd y ddysgeidiaeth ynghylch purdan gyntaf yn ail Gyngor Lyons, 1274. Am hanes twf y cysyniad, gw. yn enwedig J. Le Goff, *The Birth of Purgatory*, trans. A. Goldhammer (London, 1984), 223–4; cf. P. Ariès, *Western Attitudes towards Death: From the Middle Ages to the Present*, trans. P. Ranum (Baltimore, 1974); P. Camporesi, *The Fear of Hell: Images of Damnation and Salvation in Early Modern Europe*, trans. Lucinda Byatt (Cambridge, 1990) a'r cyfeiriadau yn y gweithiau hyn. Am feirniadaeth ar gyfrol Le Goff, gw. A.H. Bredero, 'Le moyen âge et le Purgatoire', *Revue d'histoire ecclésiastique*, cxxviii (1983), 429–52; A.E. Bernstein, *Speculum*, cxix (1984), 179–83 (adolygiad); G.R. Edwards, 'Purgatory: "Birth" or Evolution?', *Journal of Ecclesiastical History*, xxxvi (1985), 634–46.

15 **gorsedd** At yr ystyr arferol '*throne*', nid annichon mai fel 'cynulleidfa' neu 'gynulliad', sef cymundeb y saint, y bwriedid *gorsedd* yma.

16 **oes oesoedd** Ffurf Gym. ar y diweddglo Llad. litwrgïol a defosiynol *in saecula saeculorum*.

17–64 Fel y nodwyd yn y nodyn cefndir uchod, anfoddhaol iawn yw safon y testunau a gadwyd o'r awdl hon, a dengys nifer y copïau a'r amrywio rhyngddynt olion digamsyniol trosglwyddiad llafar. Anodd, at ei gilydd, yw penderfynu ai hir-a-thoddeidiau ynteu gwawdodynnau hir yw'r mydr yn y caniad hwn, a diau y cedwid mwy nag un fersiwn o'r penillion hyn ar lafar, fel bod y naill fesur a'r llall yn ddichonadwy. Y mae'n annhebyg, serch hynny, y byddai'r bardd ei hun wedi dewis amrywio rhwng y ddau fesur mewn cyfres o benillion, er nad yw hynny'n llwyr amhosibl ychwaith. Ceir digon o enghreifftiau o gywasgu i gyfiawnhau ffurfio llinellau nawsill yn aml, a ll. nawsill ym mhob llsgr. ond un yw ll. 60. Ond ceir eraill, megis llau. 19–20, 22, 36–7, 54, 64, y mae'r llsgrau. yn gytûn ar lau. decsill. Er bod rhaid diwygio nifer o lau., ymddengys o'r dystiolaeth destunol ei bod yn fwy tebygol mai cyfres o hir-a-thoddeidiau a ganodd Syr Phylib yn wreiddiol.

17 **llen** Ai trosiad yw hwn am 'noddfa, lloches, amddiffyniad'? Am wahanol ystyron *llen*, gw. GPC 2151–2.

18 **Iesu a geidw croeslu, gwaedog gryslen** Os *Iesu a geidw Ei groeslu â gwaed Ei gryslen* oedd y ll. yn wreiddiol (gw. yr amrywiadau), i gael ll. o'r hyd safonol, byddai'n rhaid tybied bod ceseilio naill ai rhwng ail sillaf *Iesu* a'r rh.pth. *a* (neu hepgor y rh.pth. yn llwyr), neu rhwng -*w* ansillafog yn [*c*]*eidw* a'r rh.prs. annibynnol blaen *Ei*, neu rhwng *groeslu*

a'r ardd. *â*. Ystyr *cryslen* yw naill ai 'pais' neu 'dapestri', gw. GPC 626. Dichon fod y cyntaf yn fwy tebygol yma; ymddengys y gwisgid delwau o'r Crist croeshoeliedig mewn 'peisiau' (sef gwisgoedd litwrgïol) ar rai o grogau'r cyfnod, gw. GIBH 12.23n.

19 **Arthen** Cedwid cof am ryw *Arthen* yn enwau lleoedd cyffiniau Llanbadarn Fawr, cf. *Rhiwarthen Uchaf* a *Rhiwarthen Isaf* (SN 6479); *Rhiwarthen* (SN 6579); *Glynarthen* (SN 3148). Os at sant y cyfeirir yn yr awdl, yna y mae dau brif bosibilrwydd: (i) y Sant *Arthen* (neu *Arthan*), un o feibion honedig Brychan, gw. VSB 314, 317–18; LBS i, 169–70: '11g. *Arthen filii Brechan*'; cf. hefyd EWGT *s.n.* Ymddengys fod i Arthen ryw lun ar gwlt gynt, a chedwid cof am ei enw ym mhlwyf Llanarthen ym Môn. Yn WATU 102 sonnir am hen blwyf *Llanarthen* ym Maerun [= Marshfield] yn sir Fynwy, ond yn *A Preliminary Schedule of the Tredegar Park Muniments ... Boxes 46–57*, compiled by Walter T. Morgan (Aberystwyth (heb ddyddiad cyhoeddi)), 48/61, cofnodir yr enw *lloyne arthare* [*sic*; recte *Arthane*?] yn 1619, a'r tebyg yw mai ffurf ar *llwyn* oedd yr elfen gyntaf yn wreiddiol. (2) Os 'croes Sulien' yw'r tirnod eglwysig a goffeir yn y gerdd, yna nid amhriodol fyddai sôn am *genau*, sef 'ymadrodd' neu '*saying*' [= *dictum*]) *Arthen*, yn enwedig o gofio mai *Arthgen* oedd enw un o feibion Sulien o Lanbadarn (gw. *Studies in the Early British Church*, ed. N.K. Chadwick (Cambridge, 1958), 172); D.P. Kirby, 'The Church in Ceredigion in the early Middle Ages', *Cardiganshire County History*, i, ed. J.L. Davies and D.P. Kirby (Cardiff, 1994), 377; dichon mai ef a enwir yn enwau lleoedd yr ardal. Ni wyddys o ba ffynhonnell neu *dicta*'r sant y codwyd y dywediad a ddyfynnir yma, os bu'r fath beth erioed. Er colli pob hanes am groes Sulien, nid annichon mai math o groes sefyll neu galfari ydoedd yn dynodi ffin, megis a geir yn aml yn Llydaw.

20 **swyn diasgen** Ceir sawl ystyr i *swyn*, megis 'arwydd', 'gweithred', 'seremoni', yn ogystal â 'hud' (sef '*incantation*'); defnyddiwyd y term i olygu gweithred sagrafennaidd a defodau mwy ofergoelus ar yn ail. E.e., *dŵr swyn* yw '*holy water*' yn Gym. (gw. GIBH 2.24n), a cheir enghraifft o *swyn* mewn cyd-destun crefyddol hefyd yn *A Welsh Leech Book*, ed. T. Lewis (Liverpool, 1914), 29 (llau. 4–8), *dowaid dy bader ar Colect yma* [*ar y dolur*] ... *ai groesi Domine Jesu christi fili dei uni*[?*genito*] *qui precioso sanguine tuo nos peccatores in cruce redemisti ... arfered o'r swyn hwnn*. Am enghreifftiau eraill o *swyn*, gw. GPC 3373. Ystyr *diasgen* yw 'di-fai'. Gall, yn wir, mai'r Offeren ei hun a olygir yma, ond os cyfeiriad at ddysgeidiaeth neu weithred benodol gan Grist a fwriedir gan y cyfuniad hwn, addas fyddai'r *pericope* amdano'n golchi traed y disgyblion (Io xiii.4–15), yr *exemplum* y dysgodd ef i'w ddisgyblion garu ei gilydd drwyddo. Daeth y weithred hon, a elwid yn

mandatum (o Lad. y Fwlgat *mandatum novum do vobis ut diligatis invicem* [Io xiii.34]), yn rhan ganolog o litwrgi dydd Iau Cablyd.

21 **ganthu** Ffurf 3 ll. yr ardd. *gan*; ond cf. hefyd y ffurfiau *gant-* (gw. yr amrywiadau) a geid ar lafar yng Ngheredigion, gw. GPC 1379 d.g. *gan*[1].

22 **egroesen** Er bod Dafydd ap Gwilym yn galw'r carw yn *bryd egroesen* (GDG[3] 306 (116.48)), delwedd braidd yn annisgwyl yw hon mewn awdl grefyddol, ond cf. TA 524 (CXXXIX.47–8) *Dagrau fal cawod egroes, / Defni Crist, o fannau croes* (i Wenfrewy). Ceir yn ogystal *y groesen / a groesen* yn amrywiad mewn nifer o lsgrau. Ond gellid dadlau bod hon yn gweddu i weddill y delweddau o fyd natur a gysylltir â Christ yn yr awdl (cf. *llusuen* (ll. 29) a *seipryswydden* (ll. 34)). Diau mai lliw yr egroes a ysbardunodd y ddelwedd, ond perthnasol yw nodi y prisid hwy gynt oherwydd eu daioni, gw. *A Modern Herbal*, ed. M. Grieve (London, 1974), 690. Parheir i raddau yr adlais Marianaidd trwy ddelwedd yr egroesen hithau, a elwir mewn rhai tafodieithoedd *mieri* (neu *grawn mieri*) *Mair*, gw. GPC 2454. Yng nghyd-destun cwlt clwyfau Crist, a oedd yn dra phoblogaidd yn y 15g., daeth defosiwn i'w galon yn drawsenwad am y lloches neu'r noddfa yng Nghrist.

24 **addwyn winwydden** Nid yw'n sicr ai at Grist ynteu at Fair y cyfeirir â'r ddelwedd hon. O blaid deall Crist, ceir ynddi adlais posibl o Io xv.1, lle y cyfeiria Crist ato'i hun fel y wir winwydden (*ego sum vitis vera*); ond dylid cofio y gallai *gwinwydden* olygu'n syml 'rhiain', 'merch' neu 'wraig fonheddig', a dyna, fe ymddengys, yw'r ystyr a roddir i'r e. gan Mastr Harri ap Hywel, lle y mae'n weddol amlwg mai'r Forwyn yw'r *Aur winwydden rinweddol* (gw. GPC 1666 ac 11.16 isod). Dichon hefyd mai Mair ei hun a olygir yma.

26 **Cwlen** Honnid mai yn ninas Cwlen (Köln) y trysorwyd creiriau'r 'tri brenin', sef y *magi* y credid iddynt offrymu rhoddion i'r baban Iesu. Am grynodeb hwylus o dwf y chwedl amdanynt a'u lle mewn defosiwn diweddarach, gw. R.E. Brown, *The Birth of the Messiah* (New York, 1979), 197–201. Ceir ar glawr hefyd ddrama fydryddol grefyddol ar y testun 'Y Tri Brenin o Gwlen', er nad ymddengys iddi gael ei chyfan-soddi lawer yn gynharach na'r 16g., gw. CLC[2] 724.

27–8 Ymgais i adfer synnwyr a mydr i'r testun yw'r golygiad tra phetrus hwn; cf. isod llau. 31–4n.

myrr ... / Aur ... a thus Y rhoddion a grybwyllir yn Math ii.11 ac a bennodd nifer traddodiadol y 'brenhinoedd' y tybid iddynt fynd i Fethlehem.

28 **wyrf famaeth wen** Y gred ganoloesol oedd mai morwyn oedd Mair cyn geni Crist, wrth esgor, ac wedi hynny (*ante partum, in partu, post partum*), cf. 11.39–40n. Am gyfeiriadau at ddogfennau eglwysig perth-

nasol a chrynodeb ohonynt, gw. *Enchiridion Symbolorum Definitionum et Declarationum ...*, ed. H. Denzinger and A. Schönmetzer [editio xxxvi, Romae, 1976], Index Systematicus Rerum E.6bb, 880 a'r cyfeiriadau yno. Adlewyrchiad o hyn oedd y cyfeiriadau a geid at Grist fel *mab maeth Mair*, cf. GIBH 6.26. Ond yn annisgwyl ar yr olwg gyntaf, gan y credid mai mam lythrennol Crist oedd Mair, cyfeirir yn aml ati hefyd fel *mamaeth* mewn barddoniaeth grefyddol Gym., a chyplysir *mam* a *mamaeth* yn aml gan y beirdd wrth gyfeirio ati, gw. ymhellach yr enghreifftiau a restrir yn GPC 2333 d.g. Er y gall *mamaeth* gyfateb yn syml i 'mam faeth', dylid nodi y rhoddir 'mam' yn ogystal â 'gwraig sy'n magu plentyn gwraig arall' yn ystyron *mamaeth*, a gellid dadlau mai ystyr ffigurol amlwg sydd i *mamaeth*, ac mai dyfais ydyw i bwysleisio'r gred gyfoes yng ngenedigaeth wyrthiol Crist. Ond yn ôl defosiwn yr oes, y mae, yn sicr, le hefyd i ddadlau mai'r ddynoliaeth ei hun a ystyrid yn wrthrych mamaeth Mair ac mai fel cyfeiriad at ei swydd gyfryngol yr arferid y ddau derm *mam* a *mamaeth* ar y cyd. Am drafodaeth ar y thema, gw. Caroline Bynum Walker, *Jesus as Mother: Studies in the Spirituality of the High Middle Ages* (London, 1984), 124–5.

29 **llusuen** Dengys yr amrywiadau faint y cymysgu a fu yn y testun hwn, a dewiswyd y ffurf afreolaidd *llusuen* o'u plith. Cymerir mai *llus* yw bôn y gair ac mai ffurf unigol yn diweddu ag *-en* a geid. Y mae'n bosibl mai'r gynghanedd lusg a fwriedir gan y bardd, er na ellir llusg reolaidd o odli *-u* ac *-i-*, fel y byddai'n rhaid o dderbyn y ffurf arferol *llusïen*. Gan mai adffurfiad o'r ffurf amrywiol *llusu* yw'r ll. dwbl *llusi*, tybed a gafwyd *llusuen* o *llusïen* drwy gymathiad *u* ... *u* < *u* ... *i* (gw. GPC 2230 d.g. *llus*), neu a ddylid darllen *llusïen* a derbyn bod clust deheuwr yn caniatáu cynghanedd lusg rhyngddo ac *Iesu*?

31–4 Y mae'r rhain yn llau. tra ansicr; ymgais i greu ystyr o'r amryfal amrywiadau a gynigir yma.

31 **Tri Nen** Y Drindod ddiwahân. Dichon y defnyddid *Nen* ar batrwm *caeli* (ffurf l. enwol (litwrgïol) *caelum*, cf. y *Sanctus* o flaen y weddi Ewcaristaidd ... *pleni sunt caeli et terra / gloria tua* ['y mae'r nefoedd a'r ddaear yn llawn o'th ogoniant']) fel dyfaliad (S. *kenning*) i osgoi'r *nomen sacrum*.

32 **Aurddonen** Ceid y ffurf hon ar enw Afon Iorddonen mewn barddoniaeth Gym. ganoloesol, gw. Ann Parry Owen, 'Mynegai i Enwau Priod ym Marddoniaeth Beirdd y Tywysogion', LlCy xx (1997), 41, d.g. *Eurddonen*.

34 **seipryswydden** Credid mai o wahanol fathau o bren y gwnaethpwyd y Groes, gw. isod ll. 48n.

36 **[y] marchog dall** 'Longinus', sef e. traddodiadol y milwr Rhufeinig y credid iddo wanu ystlys Crist ar y Groes, gw. hefyd GIBH 8.37, 12.24.

Daethpwyd i gymysgu'r cymeriad hwn â'r canwriad y sonnir amdano yn Marc xv.40, a'r tebyg yw ddarfod dyfeisio'r e.prs. *Longinus* ar sail yr eb. Groeg λόγχη ('gwaywffon'). Gellir olrhain craidd y chwedl amdano yn ôl i'r llyfr apocryffaidd *Acta Pilati* (*c.* 5g.). Yr oedd traddodiadau eraill yn hysbys i Beda, y tynnwyd arnynt hwythau gan Jacobus de Voragine, awdur y 'Legenda Aurea'. Trawsenwad am anghrediniaeth oedd Longinus, a'r hyn a ystyrid gan Gristnogion yr Oesoedd Canol yn ddiffyg ffydd ymysg arddelwyr y crefyddau anghristnogol a barodd eu cyfrif yn 'ddall'. Yn ôl y chwedl, pan wanodd Longinus ystlys Crist, syrthiodd Ei waed i'w lygaid ac adfer ei olwg. Ystyr amlwg y ddelwedd hon oedd tröedigaeth, gw. ymhellach R.J. Peebles, *The Legend of Longinus in Ecclesiastical Tradition and in English Literature and its Connection with the Grail* (Bryn Mawr College Monographs, Monograph Series, 9 (1911)), *passim* a'r llyfryddiaeth y cyfeirir ati yn ODCC[3], *art.* 'Longinus'. Fe'i gelwid yn 'farchog [du] dall' gan y beirdd Cym. (gw. GDG[3] 52.35n am gyfeiriadau eraill ato). Pwysigrwydd Longinus fel *topos* yn y cerddi am ddioddefaint Crist yw ei fod yn symbol o iachâd a maddeuant.

42 Ceir twyll gynghaned *b* yn y ll. hon.

45 **yn ffyrf offeren** Cyfeiriad at y gred fod troi holl sylwedd (Llad. *totus substantia*) y bara a'r gwin yn gorff a gwaed Crist trwy waith yr Ysbryd Glân (yr *epiklesis*) â geiriau cysegru'r weddi Ewcaristaidd, gw. ymhellach ODCC[3] 566 *art.* 'Eucharist'.

47 **Rhydyfyrien** E. lle yn Llanbadarn-y-Creuddyn (SN 6078), heb fod nepell o Riwarthen. Fe'i cofnodir yng nghasgliad Melville Richards o enwau lleoedd, a gedwir yn Archif Prifysgol Cymru Bangor [cyf. 22/67 (78–60)], dan y ffurfiau canlynol: *rhyd y fyrian*; *tyddyn carreg*, *rhyd virrian*; *tir y rhyd veirian*; *rhud virian*. Trafodir gwahanol ffurfiau'r e. lle hwn ynghyd â'i darddiad posibl gan Iwan Llwyd Wmffre, 'Language and History in Cardiganshire Place-Names' (Ph.D. Cymru [Abertawe], 1998), 1016 d.g. *Rhydyfirian*. Er gwaethaf amrywiadau'r llsgrau., cedwir y terfyniad *-en* yn gyson yn awdl Phylib Emlyn, a hynny'n groes i *-an* y cofnodion hyn.

48 **er gwst** Y mae *gwst* yn amwys: gall olygu 'poen', 'artaith' neu 'ddolur', ond hefyd 'ddioddefgarwch' neu 'amynedd'; gw. GPC 1742–3 d.g. *gwst*[1].

ar driphren Aneglur yw ai cyfeiriad sydd yma at dair croes Calfaria ynteu at y mathau o bren y credid bod croes Crist wedi ei gwneud ohonynt, er bod yr ail yn debycach. Yn ôl mwyafrif y ffynonellau canoloesol, cyfeirir at bedwar deunydd ar gyfer pren y Groes, er y tuedda'r rhestrau hyn i amrywio'n sylweddol. Ceir nifer o chwedlau canoloesol poblogaidd ynghylch tarddiad pren y Groes, ac ymddengys fod y rhain yn hysbys i'r beirdd Cym. hwythau, cf. Lewys Glyn Cothi *Pedwarryw cyn pedeiroes / o wŷdd i Grist oedd ei Groes: / olifa, palma 'mhob ban, / siprusus, sidrus oedran* (GLGC 15 (2.4–6)), cf. uchod, ll. 34n; CBPM 304n1 ond gthg. GSH 26 (5.41–4) *Er cyn Croes magwyd Moesen / I dreio ffrwd â'i dri phren, / A'r triphren o nen y nant / At dwf Iesu tyfasant.* Cyfeiria Jacobus de Voragine, yn nhrydedd bennod ei 'Legenda Aurea' ('De Passione Christi'), at y gred mai o'r hadau a darddodd yn wreiddiol o bren gwybodaeth da a drwg ei hun y lluniwyd y Groes. Gw. ymhellach F.J.E. Raby, *A History of Christian-Latin Poetry* (second ed., Oxford, 1953), 88; R.T. Davies, 'A Study of the Themes and Usages of Medieval Welsh Religious Poetry, 1100–1450' (B.Litt. Oxford, 1958), 16–47; GLM 85 (XXIII.35–40) a'r nodyn, td. 412; John Jenkins, 'Mediæval Welsh Scriptures, Religious Legends, and Midrash', THSC, 1919–20, 121–31. Am drafodaeth ddiweddar ar y thema, gw. *Collectanea Pseudo-Bedae*, ed. M. Bayless and M. Lapidge (Dublin, 1998), 179, 271. Nid oes, mewn gwirionedd, anghysonder yn nelweddaeth y beirdd, a dichon fod anghenion odl yn pennu'r dewis ar brydiau. Efallai mai cyfeirio a wna Phylib Emlyn at dri o'r pedwar deunydd y gwnaed y Groes ohonynt, gan eithrio'r plac yr ysgrifennwyd y *titulus triumphalis* arno (gw. ll. 54n isod).

49 **presen** Benthyciad o'r Llad. *praesent-*, drwy *præsent-*, sef bôn traws yr a. *præsēns*: 'y byd hwn', 'y bydysawd', gw. GPC 2877.

50 **palmidydden** Sef 'palmwydden', cangen neu ddail y palmwydd, gw. GPC 2675. Credid bod y balmwydden yn un o'r mathau o bren y gwnaed y Groes ohonynt, gw. ll. 48n uchod.

51 **elwisen** Amrywiad ar *elusen*, gw. GPC 1207.

   daed Gradd gfrt. yr a. *da* a yngenir yn unsill yma.

52 **prwyden** Amrywiad ar *parwyden*, sef 'ystlys' neu 'ddwyfron', gw. GPC 2696. Cyfeiriad sydd yma, yn ddiau, at y gwaed a lifodd o ystlys Crist ar y Groes (gw. Io xvi.34).

53 **heinus** Amrywiad ar *heintus*, gw. GPC 1841. Diau mai yn drosiadol neu'n ffigurol y cyfeiriwyd at Beilat gan y beirdd Cym. fel dyn a nam arno; cf. *efrydd* GBDd 30 (5.23).

54 **pedair llythyren** Sef y *titulus triumphalis*, y pedair llythyren fras *INRI* (= *Iesus Nazarenus Rex Iudaeorum* (Io xix.19–20, cf. Luc xxiii.38), 'Iesu o Nasareth, Brenin yr Iddewon'), arysgrif a geid uwchben delwau o Grist ar y Groes, gw. isod ll. 58n a P. Thoby, *Le Crucifix des Origines au Concile de Trente: Étude Iconographique* (Nantes, 1959), mynegai.

55 **eiswys deallwys** Amrywiad ar 'eisoes' yw *eiswys*; 3 un.grff.myn. *deall* yw *deallwys*.

57 **dywad** Ffurf 3 un.grff.myn. *dweud*, gw. GMW 124.

58 **[yr]** *I* a'r *N* Sef dwy lythyren gyntaf yr arysgrif Lad. *Iesus Nazarenus*, gw. uchod ll. 54n.

60 **traethen** Yn LlGC 13081B, 51ᵛ, ysgrifennwyd *daiaren* wrth ochr y ll. lle y ceir *y draethen*. Ceir *traeth* yn yr ystyr 'tir, daear' yn GSC 42.10, a'r ffurf *traethen* yn golygu 'llain o dir' (yn hytrach na phridd), *ib.* 52.5. Ceir cyd-destun sy'n nes at gynnwys y cywydd hwn mewn cywydd o waith Dafydd ap Llywelyn ap Madog, gw. A. Cynfael Lake, 'Gwaith Dafydd ap Llywelyn ap Madog' (M.A. Cymru [Abertawe], 1979), 1 (1.5–6) *Un Duw, rowndwal y Drindawd, / O'r traeth Ti a'n gwnaeth yn gnawd.*

Y mae'r ll. hon ei hun yn fyr o sillaf, ond cf. Llst 117, 39, sy'n rhoi *Iesu a'n gwnaeth ni.* Gan mai at Grist fel Creawdwr yn ogystal â Gwaredwr y cyfeirir yn y cerddi crefyddol Cym. (gw. ymhellach M.P. Bryant-Quinn, ' "*Archaf Weddi*": Rhai Sylwadau ar Farwysgafn Meilyr Brydydd', LlCy xx (1997), 15–16 a'r cyfeiriadau yno), diau fod hyn yn adlais o Gen ii.7 a'r sôn yno am greu dyn *de limo terrae*, cf. hefyd GLGC 277 (123.61), 349 (157.35), 363 (164.26), 489 (226.18); Pen 67 34 (XXIV.21) *Tri thwr oedd gynt val traethen.*

61 **'r afrlladen** Bara croyw oedd *afrlladen* a gysegrid yn ystod Canon yr Offeren ar gyfer y Cymun. Y mae'r fannod yn cywasgu'n naturiol am fod y gair sy'n ei dilyn yn dechrau â llafariad.

64 **Iesu a'n parchodd** Ystyr *parchu* yma yw 'arbed', 'cadw'; o bosibl 'neilltuo' neu 'gysegru', gw. GPC 2687.

Atodiad i

Cywydd yw hwn y bu cryn gopïo arno, a Siôn Cent a enwir yn awdur iddo ym mwyafrif llethol y llawysgrifau y'i ceir ynddynt, gan gynnwys y rhai cynharaf oll.[1] Petrusodd Ifor Williams ynghylch pwy a'i canodd, gan ddyfarnu'n ochelgar o blaid Syr Phylib.[2] Y mae, yn sicr, le i ddadlau dros briodoli'r gerdd i'r naill fardd a'r llall. At dystiolaeth gref y llawysgrifau,

[1] Am drafodaeth Ifor Williams ar y cywydd a'i awduriaeth, gw. IGE² lxviii–lxix. Ceir cyfieithiad ohono i'r S. yn H. Idris Bell, 'Translations from the *Cywyddwyr*', THSC, 1940, 236–40. O dderbyn y gellir anwybyddu'r priodoliad i Ddafydd ap Gwilym yn LlGC 3487E, 118, Siôn Phylip a Siôn Dafydd Rhys yw'r ddau fardd arall a enwir yn y llsgrau. heblaw Phylib Emlyn a Siôn Cent. Ond ni all fod yn waith Siôn Phylip, oherwydd ceir y testun hwnnw yn BL Add 14967, a gwblhawyd cyn i Siôn gael ei eni. Dichon nad gwaith Siôn Dafydd Rhys ydyw ychwaith, oherwydd yn Llst 55, 155 (a ysgrifennwyd *c.* 1579), sef un o'i lawysgrifau ef ei hun, ceir dryll o'r gerdd ar enw Siôn Cent. Yn ôl y dystiolaeth, priodolir hi i Siôn Cent yn unig hyd ddiwedd yr 16g., ond fel y dangosodd yr Athro Dafydd Johnston wrth roi cywydd 'Y Penlöyn' i Lywelyn Goch ap Meurig Hen, gellir weithiau gyfiawnhau ailbriodoli cerdd i fardd lle na cheir hyd yn oed yr un llsgr. ar ei enw (gw. GLlG cerdd 9; cf td. 92).

[2] Derbynnir dadl Ifor Williams gan yr Athro D.J. Bowen yntau, gw. 'Siôn Cent a'r Ysgwieriaid', LlCy xxi (1998), 8.

gellid ystyried awduriaeth Siôn Cent oherwydd (i) ffurf gytganol y cywydd,
o gofio na wyddys am gerddi eraill cyffelyb o ran ffurf gan unrhyw fardd
arall heblaw Siôn Cent yn y cyfnod hwnnw; (ii) ymadroddion tebyg i rai
eraill a geir yng ngwaith Siôn;[3] (iii) y ffaith na ellir i sicrwydd honni—yn
groes i ddamcaniaeth Ifor Williams—mai'r cywair rhybuddiol a phregeth-
wrol oedd unig ddull canu Siôn: gwelir o leiaf un enghraifft ddiamheuol i'r
gwrthwyneb yn ei gywydd moliant i Frycheiniog.[4] Ond dadleuodd Williams
hefyd fod holl naws y gerdd yn anghyson â chanu dilys Siôn Cent ac y
gellid gweld yn y cyfeiriadau at y *Phylib* a enwir mewn pum llawysgrif, a'r
amrywiad testunol sy'n sôn am ei 'genedl' yn *Emlyn*, mai'r bardd o
Geredigion a'i canodd.[5] O blaid y ddadl honno y mae'r ffaith fod Phylib ei
hun, a Syr Lewys Meudwy yntau, yn cyfeirio at Emlyn fel ei fro. At hynny,
nid yw agwedd goeglyd y cywydd hwn yn anghyson â naws ffraeth
mwyafrif yr ychydig gerddi eraill a ddiogelwyd o waith Phylib o Emlyn. O
ystyried y cambriodoli a fu ar ganon Siôn Cent yn gyffredinol, diau ei bod
yn wir arwyddocaol fod rhai llawysgrifau yn enwi Phylib fel awdur yn
hytrach na Siôn. Ar y llaw arall, ni ellir anwybyddu'r ffaith fod crefft y
cywydd yn bur wahanol i ddulliau cerddi hysbys eraill Phylib;[6] fod ynddo
ymadroddion a *hapax legomena* nas ceir yn ei gerddi eraill, er eu prinned; ac
mai mentrus iawn fyddai derbyn y sôn am Emlyn yn brawf terfynol o'i
awduriaeth, gan y cyfeirir at Is Conwy hefyd yn y cywydd i'r pwrs. Os
Phylib, mewn gwirionedd, a ganodd y cywydd hwn, y mae'n sicr y ceir

---

[3] Cf. y gair benthyg *gramersi* (llau. 8, 16, 24, 34, 44, 54, 64, 74), na chyfeirir yn GPC 1524 at
enghraifft gynharach ohono na'r cywydd hwn i'r pwrs, a'r ymadrodd *dy fersi yn dy farsoedd* a
geir gan Siôn Cent, gw. IGE[2] 287 (ll. 21); *Cymru oll* (ll. 67, cf. IGE[2] 268 (ll. 10)); *modrwyau mwrn*
(ll. 11, cf. *modrwyau a main*, IGE[2] 288 (ll. 4)); *trwsiad … amlach* (llau. 13–15, cf. *trwsiad aml*,
IGE[2] 290 (ll. 33)). Y mae'n arwyddocaol hefyd fod canran uchel o'r llsgrau. hynny sy'n
priodoli'r cywydd i Siôn yn arfer y ffurf gynharaf a geir ar ei enw, sef *Siôn y Cent*.

[4] Daliai Williams mai 'gŵr eglwysig' oedd awdur y gerdd, un a oedd wedi cael cwrs mewn
diwinyddiaeth a'i ddysgu i farddoni, a bod hynny'n ateg i'w farn mai'r bardd-offeiriad Phylib
Emlyn oedd yr awdur. Ond gŵr heb radd oedd Phylib, ac yntau, fel y gwelwyd eisoes, ymhell o
fod wedi meistroli'r *saith gelfyddyd a'r sôn*. Nid ymffrostio yn y budd a ddaw o'r pwrs a wneir
yn y cywydd hwn: diau mai dychan ar fywyd clerigwr anfoesol ydyw, a cheir enghreifftiau eraill
yng ngwaith dilys Siôn Cent o'i agwedd feirniadol at ffaeleddau'r gwŷr eglwysig, cf. yn enwedig
IGE[2] 290 (llau. 9–14).

[5] IGE[2] lxix. Ond gellid ystyried yr un dystiolaeth lawysgrifol yn ddadl i'r gwrthwyneb hefyd,
sef fod y ddau briodoliad arall, sy'n enwi rhyw *Siôn*, yn ateg i'r posibiliad mai Siôn Cent a'i
canodd.

[6] Cyfartaledd y gynghanedd sain yn y cywydd i'r pwrs yw 25.67 y cant, a chofier bod y ll.
gytganol (draws gytbwys acennog) yn cyfrif am 8 o'r 74 ll. yn y gerdd. 22.58 y cant yw cyfartal-
edd y gynghanedd sain yng nghywydd Phylib i Syr Lewys Meudwy (cerdd 3), ond 17.3 y cant yn
y gerdd annerch (cerdd 1), a 16.66 y cant yn unig yn ei gywydd gofyn i Rys ap Dafydd (cerdd 2).
Dylid cyfeirio hefyd at y croestynnu rhwng ystyr a chynghanedd a welir yn y cywydd hwn: e.e.
ll. 1 *Fy mhwrs melfed, fy mherson*. Nid yw'r nodwedd hon yn amlwg gan Phylib, ond fe'i gwelir
yng nghywyddau beirdd cynharach megis Dafydd ap Gwilym, Iolo Goch a Siôn Cent.

ynddo ragorach barddoniaeth nag a welir mewn dim arall o'i waith a
gadwyd i ni.[7]

Perthyn y cywydd i *genre* arbennig sy'n cyfarch pwrs y bardd, ac ym-
ddengys mai datblygiad ydyw ar y gerdd ofyn.[8] Ond ceir cryn wahaniaeth
rhwng y cerddi Cymraeg eraill y gwyddys amdanynt i'r pwrs, megis eiddo
Llywelyn ab y Moel a Syr Dafydd Llwyd (Deio Ysgolhaig), a'r gerdd hon o
waith Syr Phylib neu Siôn Cent. Yn y rheini, fel yng ngherdd Chaucer i'r un
perwyl, cwynir wrth y pwrs a'i gyhuddo, cyn i'r pwrs ateb y cyhuddiadau.
Ond yn y cywydd dan sylw, fel y dywed A.T.E. Matonis, '["*Fy Mhwrs*"] is
less a complaint about the absence of wealth than a commentary on the ills
brought by the presence of wealth. In its moral stance it more resembles a
number of anonymous Middle English lyrics addressed to the purse or the
penny and focusing on the corruption and moral destitution that follow in
the wake of service to either.'[9] O dderbyn yr awgrym mai Phylib a'i canodd,
gellid tybied naill ai iddo fanteisio ar batrwm canu Siôn Cent, neu mai
math o *pastiche* ydyw ar ddull Siôn o ganu, yr efelychir ynddo yn fwriadol
adeiladwaith ei ganu a rhai o'i ymadroddion enwog mewn cywydd a
ddisgrifir yn deg gan Ifor Williams fel 'cân ddireidus, grafog, lawn coegni ac
arabedd hallt'.[10] Eto, ymddengys mai pur wahanol oedd blaenoriaethau'r
bardd o Emlyn o'u cymharu ag eiddo ei ragflaenydd enwog, ac os 'a
commentary on the ills brought by the presence of wealth' yw nod y
cywydd i'r pwrs, yna y mae'n haws dychmygu Phylib yn cymeradwyo
safonau amwys y clerigwr a ddychenir, yn hytrach na'i fod yn eu beirniadu.
Ceir yng ngwaith hysbys Siôn Cent, ar y llaw arall, ddigon o dystiolaeth i'w
agwedd feirniadol tuag at y glerigaeth, a rhaid eto gadw'n agored y
posibilrwydd mai Siôn a'i canodd ar ryw adeg yn ei yrfa farddol.[11]

Dylid ystyried hefyd ai posibl mai gwaith bardd arall nas enwir yn y
llawysgrifau yw'r cywydd i'r pwrs. Gall mai dychan ydyw gan leygwr, wrth
reswm; ac os felly, o graffu ar arddull a geirfa, gellir yn sicr ymglywed â
chyfatebiaethau trawiadol rhwng y cywydd i'r pwrs a gwaith Ieuan ap
Rhydderch ab Ieuan Llwyd, yntau'n fardd o Geredigion.[12] Ond os clerigwr

---

[7] Nid yw hynny, wrth reswm, yn annichonadwy, ac afraid pwysleisio y gall cywair a safon
canu bardd newid yn sylweddol o ran cyfnod, cynulleidfa, ac achlysur. Gwahanol iawn fyddai
ein barn ar waith Dafydd ap Gwilym pe na chadwesid, dyweder, ond GDG[3] 3, 55, 106 a 137.

[8] Thema gyffredinol yw hon a geir yn Saesneg ac yn Gymraeg fel ei gilydd. Canodd Chaucer
yntau gerdd ar yr un thema, sef 'Complaint to his Purse' (1399); ceir y testun yn *The Works of
Geoffrey Chaucer*, ed. F.N. Robinson (Boston, 1933), 539–40. Gw. ymhellach drafodaeth
A.T.E. Matonis, 'Cywydd a Pwrs', B xxix (1980–2), 441–52; Bleddyn Owen Huws, *Y Canu
Gofyn a Diolch c. 1350–c. 1630* (Caerdydd, 1998), 46–7; GSCyf 11.

[9] A.T.E. Matonis, *art.cit.* 446.

[10] IGE[2] lxix.

[11] Er mai 'gwŷr eglwysig' a folir gan Siôn yn ei gywydd cynnar i Frycheiniog, collfernir
crefyddwyr y côr wedyn am eu hagwedd ariangar (IGE[2] 290.9–14).

[12] Dadlennol yw'r cyfatebiaethau a geir o gymharu llau. 17–24, 39–42, 55–8 o'r cywydd hwn
ag ymadroddion tebyg a geir yn 'Cywydd y Fost' o waith Ieuan ap Rhydderch, gw. IGE[2] 231

a'i canodd mewn gwirionedd, gellir ystyried Mastr Harri ap Hywel, archddiacon Caerfyrddin, y trydydd bardd y golygir ei waith yn y gyfrol hon. Nai oedd Mastr Harri i Ieuan Tew Brydydd Hen, ac efallai mai trwy ddylanwad y bardd hwnnw y daeth i wybod am y traddodiad barddol a dysgu rheolau cerdd dafod. Gwyddys mai ficer Llandyfaelog, sir Gaerfyrddin, ydoedd ac felly nid yw'n amhosibl fod ganddo yntau gysylltiadau ag Emlyn. O ystyried ei safle eglwysig, dichon iddo gael addysg brifysgol, ac felly yr oedd yn debycach o fod yn gyfarwydd â'r *saith gelfyddyd a'r sôn* na Syr Phylib. Ceir yn yr ychydig gerddi o waith Mastr Harri sydd wedi goroesi nifer o ymadroddion sydd hwythau'n dwyn ar gof y cywydd i'r pwrs, megis y rhai a geir yn ei gywydd serch.[13]

Ceir testun diplomatig o'r gerdd yn *Llanstephan 6*, ed. E. Stanton Roberts (Cardiff, 1916), 103–4. Cyhoeddwyd golygiad ohoni eisoes, ynghyd â thrafodaeth arni, yn IGE cxlvii–cxlix, 246–8 (XCII); IGE[2] lxviii–lxix, 259–61 (LXXXVI).

1 **melfed** Ceir y ddwy ffurf *melfed* (GPC 2419) a *felfed* (*ib.* 1268) ymhlith yr amrywiadau, ond y mae tystiolaeth mwyafrif y llsgrau. o blaid darllen *melfed*.

   fy mherson Cyfeiria'r siaradwr yn goeglyd at ei bwrs fel petai'n offeiriad plwyf (S. 'parson').

2 **fy nghyff o'r Iôn** Darlleniad ansicr iawn. Dewiswyd *cyffur* yn IGE ac IGE[2] (gw. GPC 733 d.g. *cyffur* (b) am wahanol ystyron posibl y gair), ond ceir *cyff* ynghyd ag elfen arall (megis *er, yw'r, ar, o'r*) mewn pedair llsgr. ar bymtheg, sef A–DFHJMNPQSVXbdelo. Cymerir mai cyfuniad o'r eg. *cyff* a'r ardd. *o* a fwriedir gan y copïwyr yma. Ystyr *cyff*, yn y cyd-destun hwn, yw 'cronfa arian', gw. GPC 727 d.g. *cyff* (2), a diau fod hynny'n fwy ystyrlon na *cyffur* o safbwynt delweddaeth y gerdd hon.

3 **ceidwad** Ailadroddir *ceidwad* yn llau. 3 a 5 ym mhob llsgr. ond un y ceir y cywydd hwn ynddynt; yn llsgr. m (testun a gopïwyd gan Lywelyn Siôn), ceir *cyfaillt* ar gyfer ll. 3, a gellid dadlau y ceir cyfres lyfnach o ddarllen *pwrs / coffr / cyfaillt / cydymaith / ceidwad*. Ond ni cheir cytundeb hyd yn oed yn llsgrau. Llywelyn Siôn ynglŷn â'r darlleniad hwn, a gall mai ymgais gan y copïydd i 'wella' ar ei gynsail a welir yma.

(llau. 29–34), 232 (llau. 1–7). Os nad Ieuan ei hun a ganodd y cywydd hwn i'r pwrs, y mae'n dra thebygol naill ai fod y bardd a'i canodd yn gwybod am 'Gywydd y Fost', neu, o bosibl, fod Ieuan yn ei dro yn gyfarwydd â'r cywydd hwn i'r pwrs. Ar Ieuan ap Rhydderch ei hun, gw. *ib.* xxiii–xxxvii; 223–45; golygir ei waith o'r newydd gan R. Iestyn Daniel yng Nghyfres Beirdd yr Uchelwyr (i'w gyhoeddi).
[13] Gw. cerdd 10 isod.

4   **uniaith**   Dichon naill ai mai '[un sy'n siarad yr] un iaith', neu '[rywun
    o'r] un wlad' yw arwyddocâd posibl *uniaith* yma; cf. DGA 35 (13.18);
    DE 58 (XXXII.[29]); GDLl 39 (8.100); GO 283 (LIV.30).

5   **rad roddi**   Sef '[un sy'n] rhoi gras (neu fendith)', neu '[un sy'n] rhoi [yn]
    hael'.

7   **chwellyn**   Ni dderbynnir yma'r darlleniad *ellmyn* (yn yr ystyr 'estron-
    iaid') a ddewiswyd gan Ifor Williams ar sail llsgr. i, er ei chynhared;
    ymddengys y cyfuniad hwn o *chwe(ch)* a *llyn* ('diod') yn fwy
    argyhoeddiadol, cf. y sôn am fwydydd a diodydd y mae'r bardd yn eu
    chwennych yng ngweddill y gerdd.

8   **gramersi**   Gw. hefyd lau. 16, 24, 34, 44, 54, 64, 74 isod. Penderfynodd
    Ifor Williams ar y ffurf *gormersi* yn ei olygiad ef o'r cywydd hwn, gw.
    IGE² 259-61 (LXXXVI), a dichon y gellid cyfiawnhau hynny ar sail y
    darlleniadau a geir yn llsgrau. KTYijm. At y ll. hon y cyfeiria GPC
    1524 fel yr enghraifft gynharaf o'r gair. Ond ceir yn y llsgrau. hefyd
    ddigon o dystiolaeth i'r ffurf gydnabyddedig (a mwy arferol, efallai)
    gramersi a'r cywasgiadau a ddisgwylid ohoni, a chan mai gair ydyw a
    fenthyciwyd o'r H.Ffr. i'r S.C. (o *grant* [= *grand*] *merci*), fe'i hadferir i'r
    testun yma. Am ddefnydd o'r gair mewn S.C., gw. OED² vi, 741.

10 **crys**   Ceir *crys* a *crus* ymhlith y prif amrywiadau. Ni restrir *crus* yn
    GPC, ond yn LlGC 9166B, 107 (llaw anh., 17g.), rhoddir yn S. '*a cross*'
    wrth ymyl y gair. Gellir cynnig dau ddehongliad posibl ar gyfer *creiriau
    crys*. Os *crys* yn yr ystyr 'gwregys' ydyw, a geir yma gyfeiriad at gwd
    neu sach lle y cedwid creiriau neu *brandea* (gw. GIBH 161–2n23)? Y
    mae hefyd yn bosibl mai at wregys sant penodol y cyfeiria'r cyfuniad,
    ac mai dyna'r crair neu'r creiriau eu hunain. Yn Amgueddfa
    Genedlaethol Iwerddon, Dulyn, ceir enghraifft o wregys lledr o fewn
    creirfa o wneuthuriad metel cain (sef creirfa Moylough (Sligo)). Gellir
    dyddio'r greirfa hon yn ôl i'r 9g., ond ymddengys fod nifer o
    enghreifftiau ar gael ar un adeg, a cheir cyfeiriadau niferus at wregysau
    gwyrthiol ym mucheddau'r saint yn Iwerddon. Ar y llaw arall, byddai
    creiriau crus yn yr ystyr 'creiriau [o] groes [Crist]' yn sicr yn gweddu, os
    at greiriau o'r Wir Groes y cyfeirir yn y ll. hon, ac efallai fod yr
    amrywiad *crwys* yn rhywfaint o ateg i'r dehongliad hwn. Os yw *crus* yn
    air dilys, dyma *hapax legomenon* arall a geir yn y cywydd anarferol
    hwn.

11 **mwrn**   Ar *mwrn* fel a., gw. yr enghreifftiau a roddir yn GPC 2512.
    'Trwm' yw'r ystyr a gynigir yn betrus yno.

12 **nwysau nawswrn**   Nodir yn IGE² 381 (LXXXVI.259.12n) mai o'r
    H.Ffr. *nouche*, sef 'gwäeg', S. '*clasp, brooch*', y daw *nwys*. Er bod Ifor
    Williams yn awgrymu 'baich' fel ystyr *swrn* yma (gw. *ib*. 419), yn ôl yr
    enghreifftiau a gasglwyd yn GPC 3369 d.g. *swrn*¹, y mae'n fwy tebygol,

yn hytrach, fod grym a. i'r eg.b. hwn (gyda *naw-* yn elfen gryfhaol gonfensiynol ynghlwm wrtho, cf. GDG³ 188 (69.30) *saith nawtro serch*). Cynigir bod *nawswrn*, yma, yn gyfuniad sy'n golygu 'llawer iawn'.

13 **rhagor** Deellir *rhagor* yma gan Ifor Williams yn a. yn golygu 'ardderchog, ysblennydd', a *ddyn trasyw* yn sangiad, efallai'n ddisgrifiad gan y bardd ohono'i hun, a'r dehongliad hwnnw a ddilynir yma; ceir bwlch ym mwyafrif y llsgrau. rhwng y ddau air, sef awgrym cryf fod y copïwyr hwythau'n deall y gystrawen yn sangiad. Ond rhaid petruso rhywfaint ynghylch hyn, oherwydd gellid dehongli *rhagorddyn* yn gyfuniad clwm o'r a. *rhagor* a'r eg. *dyn* (cf. *rhagorddysg, rhagorfraint, rhagorwaith*) gyda'r ystyr 'dyn gwell na'i gilydd, dyn gwych', gw. GPC 3021.

15 **Emlyn** Anodd oedd dewis rhwng y ddau fersiwn a geir yn amrywiadau y ll. hon. Yn IGE ac IGE², rhoddwyd *Aml fy nghenedl yn Emlyn*, a nodir yn BL Add 14906, 52ʳ wrth odre'r gair *emlyn* mai hon oedd *trigfan Sion Kent*. Ond efallai fod nifer ac ansawdd y llsgrau. eraill yn ddadl o blaid y darlleniad a roddir yma.

17 **Salmon** Amrywiad ar yr e.p. *Selyf* 'Solomon', cf. GLGC 119 (50.3), 218 (96.32); TA 426 (CIX.9). Gan fod y brenin Solomon yn cynrychioli delfryd o ddoethineb, nid yw'n annichon yr ystyrid bod *llyfr Salmon* yn gyfystyr â dysg neu awdurdod yn gyffredinol, gw. GPC 2256 d.g. *llyfr*¹. Ond priodolodd traddodiad yr Oesoedd Canol y llyfrau beiblaidd 'Llyfr y Diarhebion', 'Caniad Solomon', 'Ecclesiasticus' a 'Doethineb Solomon' i gyd i Solomon ei hun, a gall hefyd mai at y corff hwn o weithiau y cyfeiria'r ymadrodd. Fodd bynnag, os llyfr penodol a olygir yma, y mae'n bosibl mai 'Caniad Solomon' ydyw; ac os felly, byddai'r clerigwr honedig-ddysgedig hwn yn arddel mewn delwedd feiddgar 'Caniad Solomon' yn ysbrydoliaeth serch iddo, yn union fel yr ymuniaethai'r beirdd serch ag Ofydd.

18 **saith gelfyddyd** Sef Saith Gelfyddyd Freiniol addysg secwlar yr Oesoedd Canol cynnar, a ddaeth yn drefn wedi amser Alcuin. Fe'u rhennid yn ddwy ran, sef tair celfyddyd y *Trivium* elfennol (gramadeg, rhethreg a dilechdid); a'r pedair uwch a ffurfiai'r *Quadrivium* (cerddoriaeth, rhifyddeg, geometreg a seryddiaeth). Am grynodeb hwylus o dwf y traddodiad deallol yn yr Oesoedd Canol, gw. Marcia L. Corish, *Medieval Foundations of the Western Intellectual Tradition 400–1400* (London, 1997); Richard Dales, *The Intellectual Life of Western Europe in the Middle Ages* (Washington, DC, 1980); *The Seven Liberal Arts in the Middle Ages*, ed. David Wagner (Bloomington, 1986). Fel yr awgrymwyd eisoes, os honnir addysg brifysgol i'r bardd hwn, nid yw'n debygol mai Syr Phylib Emlyn ydoedd; a diddorol fydd cymharu'r ll. hon â'r delweddau a geir gan Ieuan ap Rhydderch yn 'Cywydd y Fost'

(gw. sylwadau rhagarweiniol y gerdd hon, troednodyn 12). Ond o gofio holl naws goeglyd y cywydd hwn i'r pwrs, gall y cyfeiriadau hyn at addysg y siaradwr yn hawdd fod yn ffug.

20 **eglwysig lamp** Delweddir dysg yr Eglwys yn llusern, ond cf. yr adlais beiblaidd o Salm 118.105 (Fwlgat) *Lucerna pedibus meis verbum tuum et lumen semitis meis* ('Y mae dy air yn llusern i'm traed, ac yn oleuni i'm llwybrau').

22 **arfod** Am wahanol ystyron yr eb.g. *arfod*, gw. GPC 194. Efallai mai fel 'ergyd neu drawiad gan arf', 'brwydr', neu 'arfogaeth' y dylid ei ddeall yma, a byddai hynny'n sicr yn gweddu i'r sangiad sy'n dilyn, *gorfod trin*. Y mae'r clerigwr ymffrostgar hwn hefyd yn honni profiad milwrol yn ogystal â dysg secwlar ac eglwysig.

23 **cywydd sengl** Gellir atalnodi'r ll. hon mewn mwy nag un ffordd, ac nid annichon mai at awdl-gywydd y cyfeirir yma (trafodir yr awdl-gywydd yn J. Morris-Jones: CD 327–8 *et passim*). Ond y mae'n fwy tebygol mai cyfeiriad at y tri mesur a geir yn y ll. hon, sef awdl, cywydd ac englyn; a'r a. *sengl* yn golygu naill ai 'pur' neu, o bosibl, 'digyfeiliant' (mewn perthynas â datganiad barddol), gw. GPC 3206.

35 **Gwyndyd gwawd** Ll. ansicr, gw. amrywiadau a gthg. IGE² 260 (ll. 11), *Gwenddydd gwawd*. 'Cân', neu 'gân o foliant', yw ystyr *gwawd* yn ddiau. Y mae'r gair blaenorol, fodd bynnag, yn gryn ddirgelwch. Ceir *Gwenddydd* yn llsgrau. Ki, ac amrywiadau ar *gwn dud* neu *gwn fyd* ym mwyafrif y lleill. Ai *gwynfyd* (= 'paradwys') fyddai ystyr hynny? Neu, a ellir cyfiawnhau gweld yn y ffurfiau hyn gais i gynrychioli *Gwyndyd*, sef e. ar rywun, neu rywrai, o Wynedd (ac weithiau am Wynedd ei hun), gw. GPC 1772? Os felly, byddai *Gwyndyd gwawd* yn golygu '*the man from Gwynedd [famed for] poetry*'. O dderbyn y darlleniad hwn, dichon y cyfeirir at ddarn o farddoniaeth hysbys gan ŵr o Wynedd sy'n datgan bod y byd yn dda (gellir meddwl am y gerdd o waith Siôn ap Robert ap Rhys ap Hywel *Be da fai y byd a fu* yn enghraifft o hyn). Gan i'r awdur hwn gyfeirio at *Emlyn* (ll. 15), [*I*]*lateion Is Conwy* (ll. 57) a [*Ch*]*ymru oll* (ll. 67), efallai nad yw sôn am Wynedd yn amhosibl yma.

38 **ansodd** Ffurf amrywiol ar *ansawdd*, 'ymborth, lluniaeth, saig, danteithfwyd, gwledd', gw. GPC 156.

39 **lwys lysenw** Cf. cywydd cyntaf Dafydd ap Gwilym yn ei ymryson â Gruffudd Gryg, GDG³ 393 (148.49–50) *Nid tra chyfrwys, lwys lysenw / Awenydd clod hynod henw*. Ni ellir bod yn sicr ai *glwys* ynteu *llwys* oedd ffurf gysefin y gair cyntaf, gw. GPC 1413, 2248.

40 **gair fwyn** Fe'i deellir yn a. cyfansawdd llac, 'mwyn [fy] ngair'.
   gwir Fenw Ar *Fenw*, gw. TYP² 457–8.

45 **lledrad dilys** Amrywiad ar *lladrad* yw *lledrad* yma, gw. GPC 2078; y mae'n debyg mai ystyr y cyfuniad yw fod y siaradwr yn cwyno'n goeglyd am annhegwch unrhyw achos yn ei erbyn.

53 **parod** Deellir bod *parod* yma yn a. ac iddo rym e., sef '[fy un] parod'; neu '[yr un sy'n] barod [ar fy nghyfer]'. Yr ystyr yw y bydd y pwrs yn barod ei gymorth i'r bardd, doed a ddelo.

57 **llateion Is Conwy** Efallai nad negeseuon serch yw arwyddocâd *llateion* yma. Yng nghyd-destun ymffrost y siaradwr ynghylch ei gampau carwriaethol, gall mai 'carnbuteiniaid' a olygir, gw. GPC 2099, cf. WS d.g. *llattai*, '*a baude*'. A oedd Is Conwy yn enwog am hynny yn y 15g.?

61 **adanedd** Cynigiodd Ifor Williams, IGE² lxviii, mai 'llewys' yr offeiriad honedig hwn oedd ei *adanedd*, ac os cyfeirir at wisg bob dydd clerigwyr y cyfnod, gall mai dyna ydyw. Ond rhydd GPC 11 d.g. *adain* yr ystyr 'braich' neu 'law' hefyd.

63 **arch erchwyn** Fe'i deellir yn sangiad yn disgrifio'r pwrs: 'cynheiliad cais'. O ddeall *arch* i olygu 'cist, coffr', cf. ll. 2 uchod a gw. GPC 179 d.g. *arch*² a 1229.

72 **arch gan babau** Gw. ll. 63n uchod. Dadleuodd Ifor Williams, IGE² 381, fod *arch* yma yn gyfystyr â 'maddeueb', sef 'gollyngdod ar delerau neilltuol o'r gosb sydd heb ei dioddef am bechod', cf. hefyd GPC 179 d.g. *arch*¹. Fodd bynnag, nid yw'n annichon fod *arch* yn cyfeirio at gais a wnaed gan y 'pabau' eu hunain i wrthrych y gerdd hon (am wahanol ystyron *pab*, a allai olygu'n syml 'rywun uchel ei fri', neu 'glerig', gw. GIBH 101).

73 **A bodd, pob rhyfel, gelyn** Gellid dehongli *gelyn* fel a. yn yr ystyr 'cas, dicllon' (gw. GPC 1389) yn goleddfu *rhyfel* (cf. GGLl 19.19), ond ymddengys fod yr eg. *bodd* (efallai gyda'r ystyr 'ewyllys da', 'ffafr', 'cymeradwyaeth') yn gyfeiriad at y gelyn y ceisir cymodi ag ef ym mha ryfel bynnag a ddaw. Gellid dehongli'r ll., felly, i olygu 'A chymod gan elyn [ar achlysur] pob rhyfel'. Ond os felly, y mae'n rhaid gofyn pwy yw'r 'gelyn' yng ngolwg y bardd? Os Saeson ydynt, a yw'r ll. hon, a hithau'n ergyd olaf y gerdd, yn taflu goleuni newydd ar agwedd y bardd at y clerigwyr hynny yng Nghymru'r 15g. a fodlonodd ar dra-arglwyddiaeth y Sais wedi Gwrthryfel Glyndŵr? Trwy gynorthwyo'r 'gelyn' a chydweithio ag ef, dichon y byddai'r clerigwyr yn gobeithio diogelu eu statws a'u breintiau.

Geirfa

a 2.1n
achul tenau, main 3.53
adain *ll.* **adanedd** At.i.61n
addfain main, lluniaidd 4.14
addwyn addfwyn 5.24n
afanc 4.21n
afrlladen 5.61n
alarch 2.2n, 29n
amler 2.16n, 50, 54
annwfn 4.13n
anodd 4.37n
ansodd At.i.38n
anudon llw celwyddog At.i.50
ar 1.10n; *1 ll.* **arnam** At.i.36
ar Chwegair 3.13n
ar osteg yn gyhoeddus At.i.40
arall 4.24n
arch At.i.63n, 72n
arfer defod, moes At.i.21
arfod At.i.22n
arian 1.8n, 3.25n, 4.7n
arofyn 2.13–14n
art 1.25n
aur 2.30, 53n (gw. hefyd **myrr ...
/ Aur ... a thus**)
bâr llid 1.33
bastardd 1.29n (gw. hefyd
bastart)
bastart 1.30n (gw. hefyd
bastardd, Tomas ... Bastart,
&c.)
bastwn 3.38n
bath 3.25n
bod *3 un.pres.myn.* **mae** 4.37n **yw**
2.29n, 4.19n **ydwyf** 5.5n;
amhrs.pres.myn. **os** 1.27–8n;
3 un.amhff.myn. **oedd** 1.7n,

4.14n; *3 ll.amhff.myn.* **oedden'**
2.51n; *3 un.grff.myn.* **bu** 2.35n,
5.7n, 51; *3 un.amhff.dib.* **bai**
4.6n; *2 un.grch.* **bydd** 4.22n;
3 un.grch. **poed** 5.15
bodd At.i.73n
brawd *ll.* **brodyr** 1.11n **broder**
1.23n
brenin *ll.* **brenhinedd** 2.35n
breuddwyd 2.33n
broder gw. **brawd**
bru bron, mynwes 5.63
brwyn 4.26n
bwa 1.25n
bwrdd 3.26n
bwt 1.5n
bys 4.28n
bywsaeth tanbaid neu lachar ei
saeth 1.35
cae 1.8n
cael *2 un.pres.myn.* **cei** 4.18n;
amhrs.pres.myn. **cair** 1.41, 52n,
3.34; *3 un.grff.myn.* **cas** 1.39;
amhrs.grff.myn. **caid** 3.55
caid gw. **cael**
cair gw. **cael**
call 4.22n
cân 3.3–4n
canu 2.13–14n
caru *2 un.pres.myn.* **ceri** 4.21n; *3
ll.pres.myn.* **caryn'** 2.33n
cas gw. **cael**
ced rhodd, lles, elw, ffafrau serch
At.i.56
ceidwad At.i.3n
celfyddyd gw. **saith gelfyddyd, y**
cenau 2.53n

gair dysgeidiaeth *ll.* **geiriau** 4.31n
gallel 5.13n
gan 4.26n; *3 ll.* **ganthu** 5.21n
gelyn At.i.73n
glwys (neu **llwys**) At.i.39n
godeb 1.17n
goraddien 1.45n
gorddodwyn 3.24n
gorfod buddugoliaeth,
  llwyddiant, rhagoriaeth At.i.22
gorsedd 5.15n
gosteg gw. **ar osteg**
gramersi At.i.8n, 16, 24, 34, 44,
  54, 64, 74
grwn 3.41n
gwaedog 5.18n
gwaith 4.24n
gwaneg 2.23n
gwart 1.6n, 18n, 20
gwawd 2.13–14n, At.i.35n
gwawr 4.18n
gweled 4.37n
gwen[1] merch 4.22n
gwen[2] o'r lliw gwyn, sanctaidd
  5.28n
gwerin mintai, milwyr, byddin
  At.i.21
gwialen 1.33n, 35
gwinwydden 5.24n
gwiwlyn 2.29n
gwiwner arglwydd gwiw neu
  hardd 2.5
gwn 2.8n
gŵn 2.17n
gwneud *1 un.pres.myn.* **gwnaf**
  4.25n; *2 un.grch.* **gwna** 4.24n
gwnïo 4.9n
gŵr 4.29n; *ll.* **gwŷr** 1.12n, 22n,
  3.7n (a gw. **rhif**)
gwrhau *amhrs.pres.myn.* **gwrhëir**
  4.3n
gwst 5.48n
gwydr 1.51n

gwyn 2.26n, 53n
Gwyndyd At.i.35n
gwyrf 5.28n
gyda 3.7n
gyrru *2 un.grff.myn.* **gyrraist** 3.5n
hacnai 2.14n, 17
heb 2.21n, 4.28n
heiniar 3.42n
heinif bywiog, hoyw, egnïol 1.39
heinus 5.53n
henyd 3.42n
hirbarch parch mawr At.i.43
hirwen merch dal, deg 4.21
hoelio *amhrs.grff.myn.* **hoelied**
  5.43
i 2.35n
iad corun 5.37, 58
iâr 3.46n
I **a'r** *N*, **[yr]** 5.58n (gw. hefyd
  llythyren, pedair)
iawn 4.19n
ieuainc 1.21n
imp 1.24n
iôn arglwydd (ac am Dduw) 2.43,
  49, At.i.2n
lamp At.i.20n
llatai *ll.* **llateion** At.i.57n
llaw 4.6n, 14n, 15n, 18n, 28n
llawn 4.2n
lle 4.4n
lledrad At.i.45n
lleian 2.17n, 4.1n
llen 5.17n
llew 2.31n
lliw 1.51n, 2.2n, 21n
llu 2.26n
llusuen 5.29n
llw 4.26n
llwys (neu **glwys**) At.i.39n
llys 1.3n
llysenw At.i.39n
llythyren, pedair 5.54n (gw.
  hefyd *I* **a'r** *N*, **[yr]**)

stad gw. **ystad**
swyn 5.20n
sych 1.38n
syrr gw. **sorri**
tad 2.4n
tâl y fainc 4.11n
talm swm, cyfran 3.6, At.i.17
teirllef 2.25n
tir 1.38n
to 1.51n
traethen 5.60n
traffrwst brys neu ruthr mawr
  5.48
trasyw ysblennydd iawn At.i.13
tref 5.9n
trillu, y 2.25n, 5.13n
trimaib, y 1.43n
trin brwydr At.i.22
triphren 5.48n
tus gw. **myrr ... / Aur ... a thus**
tyngu *3 un.pres.myn.* **twng** At.i.49
un 4.1n, 32n
unawr gw. **ennyd unawr**
uniaith At.i.4n

unllawog ag un llaw 4.1n, 4, 20
unrhawn megis dilledyn o rawn
  ceffyl 2.20
urddol 3.35n
weithian bellach; yn awr 3.47
wrth 4.29n
wy 3.46n
wythliw 4.18n
wythryw wyth math At.i.29
yd 4.25n
y'i 1.52n
ymgystlwng honni perthynas,
  cynghreirio [â], cyfeillachu,
  cydnabod teyrngarwch At.i.25
ymwagelyd 4.40n
ymwan brwydro 2.8
yn[1] 4.4n
yn[2] 4.37n
ynn 5.11n
yr 4.1n
ysbaddaden 5.37
ysgwïer 2.5n
ystad 3.16, 44 **stad** 4.29n
yswigw 3.56n

Enwau personau

Abïas 1.48n
Arthen 5.19n
Arthur 1.29n
Awstin 4.31n
Constans 2.37n
Crist gw. **Iesu Grist**
Dafydd[1] Dafydd Frenin 1.45n
Dafydd[2] [Rhys ap] Dafydd 2.15 (gw. hefyd **Rhys**)
Duw 1.11, 5.32, At.i.70 (gw. hefyd **Mab Duw, Tri Nen**)
Golias 1.46n
Gwyniaw 3.18n
Harri 3.25n
Herbart[1] Wiliam Herbert, iarll cyntaf Penfro 1.19n
Herbart[2] Wiliam Herbert, etifedd iarll cyntaf Penfro 1.21n
Iesu gw. **Iesu Grist**
Iesu Grist 4.38 **Crist** 4.39 **Iesu** 5.4, 8, 12, 16, 17, 18, 19, 20, 22, 23, 25, 29, 34, 35, 47, 49, 51, 56, 57, 59, 60, 61, 62, 63, 64(2) **Mab Duw** 5.10, 41
Ieuan Ieuan Fedyddiwr 5.31
Ifor 2.9n
Mab Duw gw. **Iesu Grist**
Mair 2.43, 5.1, 5, 8, 65 **Mair**

Forwyn 5.24
Menw At.i.40n
Mihangel 2.39–40n
Moesen 1.33–6n, 35, 5.57
Moreiddig 1.42n
Owain ... / **Ab Urien** 2.31–2n
Pedr Ben Ffydd 1.47n **Pedr** 1.49
Pilatus 5.53
Pharaw 1.36
Rhys 2.3, 4, 41, 47, 52 (gw. hefyd **Dafydd**)
Sain Siôr 2.39–40n
Salmon At.i.17n
Sawl 1.46n
Syr Lewys ... **Meudwy** 3.1–2n **Lewys** 3.33
Syr Rhoser Fychan 1.7–8 **Syr Rhoser** 1.10n
Tomas ... **Bastart** ... **fab Syr Rhoser** ... **Fychan** 1.5–8 (5–6n) **Tomas Bastart** 1.18 **Tomas y Bastart** 1.26 **Tomas** 1.31, 50
Tri Nen y Drindod ddiwahân 5.31n (gw. hefyd **Duw**)
Urien gw. **Owain**
Wiliam Wiliam Goncwerwr 1.30n

Enwau lleoedd

Anwerb 1.19n
Aurddonen 5.32n
Blaen Tren 2.45n, 52
Caer Lleawn 2.31n
Cwlen 5.26n
Cymru At.i.67
Emlyn 2.54, At.i.15n
Ffrainc 1.22
Gawnt 1.6n
Gwent 1.24

Hwmfflyd 1.13n, 15, 50
Is Conwy At.i.57n
Mabelfyw 2.10n
Môr Rhudd 1.42n
Nas'reth 5.57
Prydain 1.13
Rhufain 2.38
Rhydyfyrien 5.47n
Tre'rtŵr 1.51n

GWAITH SYR LEWYS MEUDWY

Rhagymadrodd

Y cefndir

Ni wyddys nemor ddim am Syr Lewys Meudwy, ac ni lwyddwyd i ddod o hyd i'w enw yng nghofnodion eglwysig y cyfnod. Er nad cwbl annichon fod yr elfen *Meudwy* wrth ei enw yn cyfeirio at fro neu le genedigol Lewys ei hun,[1] nid yw'n debygol y buasai Phylib wedi ei gyfarch felly.[2] Yr unig feirdd eraill yr ymddengys fod yr elfen honno ynghlwm wrth eu henwau yw rhyw Ieuan (neu 'Ioan') Feudwy, y ceir chwe cherdd wrth ei enw, a Morus ap Llywelyn (*fl. c.* 1540–70), ond rhaid nodi y gelwir ef hefyd yn Forus *Mawddwy* mewn rhai llawysgrifau.[3] Y tebyg yw mai teitl yw'r *Meudwy*[4] hwn wrth enw Lewys, ond rhaid bod yn wyliadwrus ynglŷn â'i union arwyddocâd. Nid yw'n amhosibl, wrth reswm, iddo ar un adeg fod yn feudwy neu'n ancr (S. *anchorite*), ond hawdd credu hefyd fod yr epithet yn awgrymu mai mab neu ddisgynnydd i ryw feudwy oedd Syr Lewys. Byddai hynny yn cyd-fynd â naws ddychanol y cywyddau. Megis yn achos Phylib ei hun, y cyfan y gellir ei gasglu o'r teitl *Syr* yw mai offeiriad heb radd prifysgol oedd Lewys, ond ni ellir dweud mwy na hynny ynglŷn â'i statws canonaidd.[5] Os at blwyf a fu dan ofal Lewys ei hun, yn hytrach nag at un o eiddo Phylib, y cyfeiria'r ymadrodd [*p*]*lwyf Gwyniaw draw* (cerdd 3.18), yna Llanwinio ydoedd, yng nghwmwd Peuliniog, yr hen sir Gaerfyrddin.

---

[1] Cf. *Ynysmeudwy*, Llan-giwg, Cwm Tawe, Morgannwg [SN 7305].

[2] Gw. 3.62 uchod, *Di-fwyd yw dy dŷ, Feudwy*.

[3] Y mae'n bosibl ddarfod cymysgu rhwng Morus a Lewys yng ngholoffon J.R. Hughes 6, 469 *Llwyd calls him S*^{r} *Lewys Mowddwy*. Profir ffurf yr enw, sef 'Lewys', gan gynghanedd y ll. olaf o ateb Phylib a ddyfynnwyd *l.c.* er, wrth gwrs, y tebyg yw mai *Llywelyn* fuasai enw bedydd llawn y bardd, cf. sylwadau Eurys Rowlands ar ffurf yr enw yn GLM xii, a'r dystiolaeth ynghylch enw Lewys Glyn Cothi yntau, gw. GLGC xxii.

[4] Er na chafwyd hyd yma astudiaeth lawn ar ancriaeth a meudwyaeth yng Nghymru'r Oesoedd Canol, gwyddys i sicrwydd eu bod yn gydnabyddedig ac yn gysylltiedig ag eglwysi penodol, a dyna oedd yr arfer yn Lloegr hefyd. Yn 1288 gadawodd Anian II, esgob Llanelwy, gant o fuchod er lles daearol gwahangleifion, mynachlogydd ac *inclusi* sef, y mae'n debyg, 'ancriaid' (gw. *Sede Vacante Wills*, ed. C. Eveleigh Woodruff (Kent Archaeological Society, Records Branch 3 (1949), 116)). Wrth gwrs y mae bodolaeth 'Llyfr yr Ancr' yn ateg i bwysigrwydd ancriaid yng Nghymru. Am astudiaethau cyffredinol ar ancriaeth hyd at y 16g., gw. R.M. Clay, *The Hermits and Anchorites of England* (London, 1914); Ann K. Warren, *Anchorites and their Patrons in Medieval England* (Berkeley; London, 1985); cf. *Monks, Hermits and the Ascetic Tradition: Papers Read at the 1984 Summer Meeting and the 1985 Winter Meeting of the Ecclesiastical History Society*, ed. W.J. Sheils (Studies in Church History 22; Oxford, 1985).

[5] Gw. uchod, tt. 6–7.

Y cerddi

Ni ddiogelwyd yn y llawysgrifau ond dwy gerdd y gellir eu priodoli i Syr Lewys Meudwy, sef cywydd yn dychanu Syr Phylib Emlyn a chyfres o englynion crefyddol, y ceir eu hunig destun yn Pen 99, 618. Er hynny, bu cryn gopïo ar y ddau gywydd rhwng Syr Lewys a Syr Phylib. Wrth drafod cerdd Syr Phylib Emlyn,[6] dangoswyd ei fod wedi aros gyda Lewys Meudwy am gyfnod, a bod traddodiadau ynghylch achlysur canu'r cywyddau hyn wedi goroesi. Fel y dengys sylwadau a geir gan gopïwyr diweddarach, dewisodd rhai ohonynt eu cadw fel enghraifft o ddiffyg buchedd lân offeiriaid cyn y Diwygiad. O gofio'r llinach o feirdd-glerigwyr a ganai yng Nghymru'r Oesoedd Canol, fodd bynnag, tystia'r cerddi hyn i barhad diddordeb y glerigaeth yng nghrefft cerdd dafod. Diddorol odiaeth, o safbwynt cadwraeth y cerddi, yw'r ffaith fod y copïau a wnaed o gywydd Syr Lewys yn rhagori o gryn dipyn ar yr un o waith Syr Phylib, a bod ynddynt lai o amrywiadau iaith a threfn. Y mae hyn yn ategu'r posibilrwydd fod cerdd Lewys wedi ei diogelu mewn gwell cyflwr na cherdd Phylib. Nodweddir techneg y cywydd dychan hwn gan Lewys Meudwy, megis ateb Phylib, gan ffraethineb a gormodiaith goch.

Ar ddiwedd llawysgrif Pen 99 ceir testun o dri englyn unodl union a'r enw *Syr Lewyes* wrthynt, a'r rhain yn amlwg ar destun crefyddol. Y mae'r copi unigryw hwn yn llaw William Salesbury,[7] ac ni chofnodir ganddo pa 'Syr Lewys' a olygir.[8] Sail barnu dros Syr Lewys Meudwy yn y golygiad hwn yw mai ef yw'r unig 'Syr Lewys' a enwir yn Pen 99; ceir ei gywydd i Phylib Emlyn yn gynnar yn y llawysgrif honno. Y mae'r papur wedi treulio yn sylweddol ac nid yw'r llawysgrifen yn hawdd ei darllen yn achos y ddalen benodol hon. Gan nad yw'n debygol (er nad yn amhosibl) fod y tri englyn hyn yn gerdd gyflawn yn wreiddiol, teg yw casglu mai rhan o osteg englynion ydynt a godwyd o ryw awdl grefyddol o waith y bardd-offeiriad hwn. Odid na chofnodwyd hwy ar wahân gan Salesbury oherwydd eu bod o ddiddordeb arbennig iddo, er mai anodd bellach yw dweud beth fuasai eu harwyddocâd iddo. Ond os gellir dod o hyd i ben llinyn yr ateb yng nghorff yr englynion eu hunain, efallai mai yn yr ymadrodd *drych mynych* y'i ceir (gw. 7.5), os amrywiad ar y ffurf luosog *mynaich* yw *mynych*. Ai at ragoriaeth honedig y fuchedd fynachaidd yr apelir yma? Neu, os oedd Syr Lewys

---

[6] Gw. y nodyn ar gefndir cerdd 3.

[7] Er mai un o gynorthwywyr John Davies a fu'n bennaf cyfrifol am lunio Pen 99, yn llaw William Salesbury y cofnodwyd yr englynion hyn, a hynny yn ei orgraff anghyffredin.

[8] Enwir deuddeg o feirdd dan yr enw *Syr Lewis* yn MCF (2001) a MFGLl. Rhestrir yr englynion hyn gyda gwaith dau ohonynt, sef Syr Lewys Meudwy a Syr Lewys o Langyndeyrn, er na ddywedir ar ba sail y gwnaed hyn. Ceir wrth enw Syr Lewys o Langyndeyrn rai englynion, a dywed traddodiad a gofnodwyd yn BL Add 14970, 176ʳ iddo fod yn ail eisteddfod Caerwys (er bod y manylion a roddir ynghylch yr eisteddfod honno yn anghywir) a thra oedd yno, iddo ganu'r gyfres englynion *Bronfraith bêr araith bererin—deilgoed* ac ymryson â *Hittin grydd*. Gwahanol iawn yw arddull y cerddi a geir ar enw Syr Lewys o Langyndeyrn i'r tri englyn a gofnodir yn Pen 99.

ar un adeg yn aelod o sefydliad cymunedol megis tŷ'r Awstiniaid yng Nghaerfyrddin, ai yn drosiadol y defnyddir *mynych*?[9] Ni ellir ond yn betrus ddyfalu beth oedd gwir destun y gerdd wreiddiol, ond nid annichon mai myfyrdod a geid ynddi ar y 'rhyddid' (7.8) a ddaw drwy *conversio morum* y fuchedd fynachaidd: y rhyddid yr ystyrid mai rhodd Duw ydoedd.

---

[9] A oes, e.e., unrhyw arwyddocâd yn yr ymadrodd *gyda gwŷr* (gw. uchod 3.7n)?

6
Dychanu Syr Phylib Emlyn

Clywwch sôn megis cloch Sais:
Mor gynnil y margeiniais!
Addo bwyd, lle'i hyfwyd llyn,
4   Amledd i'r mab o Emlyn
Gwerth ei fwyd, go rwth fu'i wib,
A ffelach fu Syr Phylib.
Brad oedd werthu bord i ŵr
8   A fwyteai fwyd deuwr.

Tybiais, pan ddaeth y tabwrdd
Ataf fi, i'm tŷ a'i fwrdd,
I'm tŷ fod genny' fwyd gŵr
12   A borthai chwech aberthwr.
Ydd oedd ym ym min y ddôr,
Addysg abad, ddwy sgubor,
Ac ydlan gyfan ei gwedd
16   Yn llawn o ŷd erllynedd;
A chist lawn, a chystal oedd
 nawtel blawd, pan ytoedd.
Nid oedd fwyn, ni adodd fo
20   Bil y din o'r blawd yno!
Dwy sguboriaid lathraid lân
A lewas cyn Gŵyl Ieuan,
A'r myllt a gyrchais i'r mod
24   A thri ychen a thyrchod;
Perchyll, mewn cewyll y'u caid,
A rhiol ieir a hwyaid,
A gwyddau aml yn gweiddi,
28   Breision iawn, 'baraswn i.

Da y gŵyr, lle'i digarwyd,
Gneifio'r bwrdd, gynifiwr bwyd!
Ni thrig bwyd i'm parwydydd
32   Is y fainc os ef a fydd.
Ni ad (mi a'i newidiwn)
Gylf rhwth y gŵr gwalfawr hwn
Na chinio—wyf achwynol—
36   Na chwynos nos yn ei ôl.

E fwytâi a gâi o gig,
A briw esgyrn a brasgig,
A chig ych gyda chwe gŵydd,
40   A chwbl o gig buwch chweblwydd,
A rhost, megis gŵr ar hur
A'i saig: ni châi ddim segur.
Gŵr a'i ddwylo'n bodio bord
44   Fal ceinciwr ar foly concord,
A chwannog (o châi ennyd)
Yw hwnnw i gael hynny i gyd.

Pe cawn dair punt yn untal
48   Am ei fwrdd i mi o fâl!
Ni chawn, lle 'r wy'n achwynwr,
Werth ei gawl, mor rhwth yw'r gŵr.
O Fair! Pa gymaint a fydd
52   O Galan Mai i'w gilydd?
Os hir hir yw'r amser hwn,
Annysg oedd ym nas gwyddwn!

Ffynonellau

A—Bangor (Penrhos) 1572, 17 B—Brog (y gyfres gyntaf) 2, 495ʳ C—Card 1.550, 89 D—Card 2.114 [= RWM 7], 415 E—Card 2.619 [= Hafod 5], 44 F—Card 2.630 [= Hafod 20], 74ʳ G—Card 3.2 [= RWM 27], 391 H—Card 5.44, 152ʳ I—CM 12, 341 J—J 101 [= RWM 17], 662 K—J.R. Hughes 6, 469 L—LlGC 719B, 66ʳ M—LlGC 970E [= Merthyr Tudful], 282 N—LlGC 1553A, 178 O—LlGC 3047C [= Mos 144], 448 P—LlGC 3050D [= Mos 147], 497 Q—LlGC 3056D [= Mos 160], 17 R—LlGC 5475A [= Aberdâr 2], 571 S—LlGC 6511B, 117ᵛ T—LlGC 13061B, 121ᵛ U—LlGC 21290E [= Iolo Aneurin Williams 4], 129ᵛ V—LlGC 22832C, 342 W—Llst 6, 129 X—Llst 38, 73 Y—Llst 50, 77 Z—Llst 122, 80 a—Llst 133, 255 b—Llst 134, 292 c—Llst 155, 131 d—Pen 99, 5 e—Pen 152, 316 f—Pen 221, 62 g—Stowe 959 [= RWM 48], 167ʳ

Testun a gopïwyd gan Lywelyn Siôn a geir yn llawysgrifau EFHb. Dilynir nifer o nodweddion y rhain gan K. Nodir yn I mai d oedd ei ffynhonnell; ond ymddengys y dilynir ynddi hefyd nodweddion V. Dylid cysylltu C a P â'i gilydd. Y cwpled cyntaf yn unig a gadwyd yn f, sef mynegai i lawysgrif goll gan John Jones, Gellilyfdy (arni gw. M.T. Burdett-Jones, 'Trydydd llyfr cywyddau John Jones, Gellilyfdy', YB xvi (1990), 138). Dichon y cadwyd gynt yn Brog 1.1 gopi o gywydd Syr Lewys Meudwy a gyfatebai i'r ateb gan Syr Phylib Emlyn a geir bellach yn f. 229, ond os felly, y mae'n debyg ei bod wedi mynd i golli erbyn hyn, gan fod y testun o gerdd Lewys yn eisiau yno. Ymhellach ar y llawysgrifau, gw. isod tt. 157–64.

Amrywiadau

1 *V* clywch y son; *O* kloch y (*gyda'r* y *mewn llaw ddiweddarach*) sais. 3 *A* llei haywyd, *CLPVd* lle ir yfwyd, *X* lle ir hyfwyd, *Y* lle yfwyd; *ORa* (i'r hyfwyd) *Q* llei llanwyd, *c* lle llanwyd. 4 *T* amladd, *Z* amlodd. 5–6 [*Gg*]. 5 *A–DPWXZ* gwerthu i fwrdd, *EFHKNRSTVXb* gwerthu fwrdd; *J* fwrw, *LQVde* fwyd, *O* ffwyd, *RYa* bwyd, *c* i ford; *EFN* gorywch; *BE* fy wib, *KLVWXZ* fu wib, *Y* by wib, *R* fu bib; *HSb* a gwarth vy wib, *c* a gwarth yw fib; *CP* gwerthu ei fwrth fu ei wib. 6 *ADZ* a ffelach oedd, *CNPb* o ffelach i, *EFHKSXY* o ffelach y, *O* a ffelach i, *W* affelach a, *c* er ffelach i. 7 *RXag* werthu bwyd; *D* roi bord; *G* werthu bywyd gwr; *Z* noddi bord; *IV* be da gwerthu bwyd i wr; *A* brid oedd roddi bord i wr. 8 *CJPa* fowyd deuwr; *G* u borthi chwech uberthwr. 9–12 [*Gg*]. 9 *A* im tabwrdd. 10 *ABg* i'r tu; *Y* yr tu attaf fi ay fwrdd. 11 *IOQRVa* yn ty; *O* o fwyd gwr; *Y* fwy y wr; *c* fod gen i fi ginio i wr. 12 *ADZ* naw. 13–14 [*X*]. 13 *BE–KNSWbg* megis y ddor, *D* megis i ior, *AZ* fegus ir ior; *CPc* imi ydoedd am y ddor, *LVde* yma oedd im am y ddor; *OQRa* ydd oedd yn llawn hyd y ddor. 14 *AWc* addysc abl. 15 *K* ar ydlan, *Y* ag hyd lan. 16 *I* dra llawn (*mewn llaw ddiweddar*); *CPc* or ceirch, *K* oi yd, *X* henyd; *DEFHNSb* y llynedd, *G* ū llunedd; *a* yn llawn yd er y llynedd (henyd y llynedd). 18 *BHJ* a nawtel flawd, *D–GKLNOSWXYabg* a nawtel o flawd, *PI* a nowtwn blawd, *R* a naw tel pen, *Z* a nowtel blawd, *c* a nowttalm flawd; *c* ban yttoedd, *W* [pan] ytoedd. 19 *LVXde* nid oedd fwy, *W* nydoedd vodd; *Y* ni dawodd; *OQRa* o doedd fwy ni dawodd (*Ra* adawdd) fo; *c* nid oes fwyd ni dewis fo. 21 *Gg* laraidd. 22 *ADLVcd* lewes, *CP* lewodd, *GYa* lawas, *Qa* lewais, *RX(a)* lewis; *ABDGJLZceg* er gwyl Ieuan. 23 *ABDJZ* y myllt, *OQRXa* a myllt, *g* ar mellt; *c* mi a gyr chais, *g* ū gyrchais; *CLO* er mod, *R* ir nod, *Vcde* o'r mod. 24 *CP* a thri ych mawr, *O* a thri o ychen; *G* a dyr coed. 25 *C* a pherchill; *LVde* dan gewill; *O* pei kaid. 26 *D* rriar, *LVde* rhywiog, *X(a)* aurial, *Zg* a rhi; *d* ar hwyaid; *OQRa* a chowion iair a chwyaid; *O* a chrach hwyaid (*wedi ei ychwanegu uwchlaw'r ll.*). 27 *K* gwayddau yno aml, *WYe* gwydday n aml. 28 *Ac* breisson oll, *X* breisson oedd; *BJQ* a brynaswn, *CILPVXYZdeg* a baraswn, *W* a braswn, *OQ* a brynais, *a* a bryn'swn (oedd a baraswn i). 29–30 [*Gg*]. 29 *CPc* yn lle digarwyd. 30 *BJ* kneifiwr, *LVde* kynnifwr, *Sb* gnivio r, *W* gnifiwr, *X(a)b* gneifwr, *Y* cneifio r; *c* bord; *AO* gynafwr, *BJ* keinhiafwr, *CP* giniafu'r, *D* kynhafwr, *EFHKNRW–Zb* gynhaefwr, *Q* gynhiafwr, *a* gynhafiwr, *LVde* kneifio / r /, *c* ganafur. 31–2 [*OQR*]. 31 *c* nis tric; *EFKNYb* yny prwydydd, *Y* i'w parwydydd. 32 *V* os fe, *W* os efe vydd, *Y* os hwn y fydd, *Z* os y fo fydd. 33 *CEFKLNPQSVde* ni ai newidiwn, *R* im ai newidiwn, *W* mi a newidiwn. 34 *A* gelf, *BJ* gylfin, *CP* gwilff, *L* gylff, *Y* gwlw, *c* gawl; *A* gweflfawr, *CP* gwael ffraeth, *Lc* gwaylfawr, *S* gwawlfawr, *Y* gwaelfar; *Q* ai gavlrhwth y gwaelw hwn, *R* gwlwf rhwth gwalafawr hwn, *X(a)* gylif rhwth y

gwalfawr hwn. 35–6 [*Gg*]. 35 *I* ni chinio; *c* lle ddym; *EFKNSb* yn echwynol, *H* ddwi n achwynol; *Y* na chyn ny bym achwynol. 36 *BDJOQ* na chinos, *CP* na chyfnos, *EFKNb* na chan nos, *W* na chwnos, *X* na chynwys; *AZa* y nos yn ol, *LVd* un nos yn ol, *b* nos yny ol; *Y* ny by nes neb yny ol, *c* inni na sswper yn ol. 37 *AHNX–bg* fo, *EFGKLSVdeg* ve; *Q* bwytai a gai ef, *R* bwytai'n llwys, *c* byttay a gassai. 38 *R* briwio escyrn. 39–42 [*W*]. 39 *Gg* ych gwedy; *EFK* chwech. 41 *Gg* ar rost. 42 *Gg* ar saig, *Y* y saig; *A* ni fydde, *Lce* ni byddai, *OQRa* (ddim) ni chae awr. 43–4 [*Gg*]. 43 *X* gwyr; *LVde* gwr a ffob llaw; *BJ* byrdiaw; *CO–RWYa* (gwyr a'i ddwylaw) *c* ai ddwylaw yn bodiaw bord. 44 *O* fal krank, *QRa* (caincwr ar fol) fal kaink; *C* ar fol, *DZg* y mol, *OQa* ar fola, *c* ar ful; *V* can-cord, *cde* concord (a *wedi ei ychwanegu uwchben yr o gyntaf*), *Y* kainkord; *W* val kigwr ar vola kog vwrdd. 45 *RY* a chwaneg; *AZ* chwanog o chae o enyd, *W* chwanoc jawn ochai enyd. 46 *W* oedd; *A* hwnnw … hyn, *CPWXa* hwn … hyn, *DY* hwnw … hono, *EFHIKLNOQRVY–e* hwn … hynny. 47 *AOQZ* pei, *BHJSb* be, *EFKW* bai, *N* bei, *X* py, *Yg* by; *Ac* gan punt, *Z* bumpunt, *e* deirpunt; *EKORYa* (yn) *bc* ar untal. 48 *e* am ei fwyd; *A* nid oedd ym fal, *F* o vael, *G* o wael, *V* o'i fâl, *Y* nwyr ddyw ym fal, *c* am i ford nid oedd im mor fal. 49 *BCJPWae* lle i rwyf, *DY* i rwyf, *EFKb* lle ddwi / n /. 50 *G* ar gwr, *Vde* y gwr; *c* aruthr iwr gwr. 51 *BJ* ba; *G* gymen. 52 *ACLPVYcde* bwy gilydd, *BDEGJKNRWXb* i gilydd. 53 *R* os her; *Za* ydiw'r; *EKNWb* yr amser. 54 *Ya* (im) am nas.

Teitl

A kowydd gŵr eglwysig oedh i fyrddio at i gydfrawd, *CP* cowydd i ormes oedd yn bwytta r holl fwyd, *D* yma i kewch weled y kywdde afu rrwng Sir Lewys meudwy a Syr Ffylip Emlyn, *EFHMNSTUb* [llyma d]dau gowydd a wnaeth dau offeiried yddy gilydd o blegid (*U* am) y un brynu i vord gan y llall (*T* dau folgi bras o' ffeiriad *wedi ei ychwanegu gan law ddiweddarach*), *IQR* cywydd dychan y naill offeiriad i'r llall, *L* un offeiriad a fwrddiodd y llall, *O* kywydd ymrysson, *Q* y kowydde ymrysson rhwng Sʳ Lewys meudwy a Sʳ Phylip Emlyn, *R* day gδ rhwng s l. m. a s ph. e. ynghylch byrddio, *W* kywydd i ddyn rhwth, *X* cowydd yn dangos fal y kymerth Sʳ Lewys meydwy un Sʳ Phe Emlyn ar fwrdd dros flwyddyn yn r hwn y dangosir pa faeth fwyttawr mawr oedd Sʳ Phe Emlyn: ag yn r ail gowydd atteb Sʳ Phe Emlyn, *Y* kywydde y fy rhwng day effiriad am fwyta, *Z* c. dychan i Sʳ Phylip Emlyn oedd yn byrddio gida'r bardd, am iddo fod yn bwyta gormod, *a* cywydd i un addaeth i fyrddo at wr, *e* dychan rhwng Sʳ Lewys Meudwy a Syr Phylip Emlyn.

Olnod

A–QSUXZbeg Sʳ Lewys Meudwy (*K* Llwyd calls him Sʳ Lewys Mowddwy), *Ra* Syr Lewys Mowddwy, *T* Syr Lewys Maüdw, *Vbc* Syr Lewys Meudwy ai kant (*V* circa) 1460, *W* Syr Lewys Maydwy, *X* Sr Lewys Moydwy, *Y* Syr Lewis Fydwy.

Trefn y llinellau
AB–FH–NPS–VY–f 1–54.
Gg 1–4, [5–6], 7–8, [9–12], 13–28, [29–30], 31–4, [35–6], 37–42, [43–4], 45–54.
OQR 1–30, [31–2], 33–54.
W 1–38, [39–42], 43–54.
X 1–12, [13–14], 15–54.

Englynion crefyddol

Ond amraint, gymaint a gad—o bechod
    Heb ochel un farchnad?
    Ag 'wyllys Duw gwelláu stad,
4   Yn Ei eiste yn wastad.

Rhoed ynn ddrych mynych, o mynnwn—galyn,
    A golau oll fyddwn;
    Rhag eraill y rhagorwn:
8   Rhoddiad Duw yw'r rhyddid hwn!

O bob rhan, anian Ynyd,—a gawsom,
    Agosach fu'n clefyd;
    O'r hen gwrs y rhown i gyd
12   Y fuchedd i fwy iechyd.

Ffynhonnell
Pen 99, 618

Ymhellach ar y llawysgrif, gw. isod td. 164.

Darlleniadau'r llawysgrif
1 ambraint (*gall mai* o *yw'r llafariad cyntaf*). 2 varchnad (*y mae'r* v *yn aneglur iawn*). 3 Deo; gwellaû ystad. 5 Galûn (*gall mai* Galan *ydyw*). 8 Deo. 11 or (*gall mai* n *yw'r ail lythyren*). 12 *gall mai* I *yw'r llythyren gyntaf*.

Nodiadau

6

Ar y gerdd hon, ac ymwneud Syr Lewys Meudwy â Syr Phylib Emlyn, gw. uchod, tt. 58–62 a 96. Ceir testun diplomatig o'r gerdd yn *Llanstephan 6*, ed. E. Stanton Roberts (Cardiff, 1916), 99–100.

1 **clywwch** Ffurf ar 2 ll.grch. *clywed*; ar y ffurf ddeusill hon, gw. WG §185, ii.

cloch Sais Y tebyg yw mai trosiad yw *cloch* yma, yn golygu 'crochfloeddio'; gw. GPC 502.

5 **gwerth ei fwyd** Ystyr hyn yw fod y ddau offeiriad i fod i gyfnewid lletygarwch. Ond, fel yr awgrymir yn llau. 47–50, cwyn Lewys yw na fyddai tair punt, hyd yn oed, yn dâl iawn am yr hyn a roes ef: i'r gwrthwyneb, ni chaiff hyd yn oed ei ad-dalu mewn cawl, er gwaethaf y cigoedd a'r rhostydd a gafodd Phylib.

6 **a ffelach fu** Anodd fu dewis rhwng y gwahanol amrywiadau yma: y mae trwch y llsgrau. o blaid darllen *o ffelach a*, ond dichon mai rhyw amser ar f. a geid yn y ll. yn wreiddiol. Ar *ffel*, 'cyfrwys, ystrywgar; dichellgar', &c., gw. GPC 1281.

7 **bord** Fe'i deellir yma'n gyfystyr â *bwrdd*, sef 'llety', gw. isod ll. 10n.

9 **tabwrdd** O'r S.C. *tabour* (neu o'r H.Ffr.) 'drwm (bychan)', gw. GPC 3404; fe'i defnyddir yma'n ffigurol, o bosibl, i olygu rhywun a chanddo lais uchel (cf. ll. 1n uchod), neu gwynwr, 'swnyn'.

10 **i'm tŷ a'i fwrdd** Cyfeiria'r bardd yma, y mae'n debyg, at ymrwymiad Lewys i fwydo Phylib.

12 **aberthwr** 'Offerennwr', yma, sef un sy'n cynnal Offeren, gw. GPC 3. Nid yw'r term yn gwahaniaethu rhwng gwahanol statws canonaidd offeiriaid a geid yng Nghymru yn y 15g.

14 **addysg abad** Diau mai yn gyffredinol y bwriedir y cyfeiriad hwn gan Lewys: 'yn ôl doethineb [neu drefn] abad'. Byddai abadau yn gofalu bod digon o fwyd wedi ei storio yn eu habatai.

16 **erllynedd** Amrywiad ar *llynedd*, gw. GPC 2274.

18 **nawtel** Cyfuniad o *naw* a *têl*, sef 'mesur sych amrywiol ei faint, llestr yn dal y cyfryw fesur', gw. GPC 3471; cf. y S. *teal*. Dywed John Davies, Mallwyd, mai gair deheuol ydoedd am fesur o ŷd, sef 8 chwart Cymreig

neu 16 Seisnig, gw. D d.g. a gw. ymhellach D. Arthen Evans, 'Geiriau Hynod', *Transactions of the Guild of Graduates, University of Wales*, 1907–8, 111; Alfred Neobard Palmer, 'Ancient Welsh Measures of Capacity', Arch Camb (sixth series) xiii (1913), 238–9.

20 **pil y din** Priod-ddull: '*next to nothing*'; yn llythrennol, 'dillad (?croen) y pen-ôl', cf. GDG³ 287 (108.20). Am enghrau. eraill o'r ymadrodd hwn, gw. GPC 2802 d.g. *pil¹*, *pìl²*.

21 **dwy sguboriaid** Am y defnydd o'r ll. gyda *dau / dwy*, gw. GMW §§22, 33, 51*b*; WG §115; ond gthg. yr un. yn dilyn *dwy* yn ll. 14 uchod.

22 **a lewas** Ceir *a lewas* ym mwyafrif y llsgrau., ond gw. yr amrywiadau. 3 un.grff.myn. *llewa* yw *llewas*, ac fe'i ceir yn yr ystyr 'bwyta neu ddrachtio'n wancus', gw. GPC 2169. Am enghraifft o *llewa* yn yr ystyr syml 'bwyta', '*to consume*', cf. *The Welsh Life of Saint David*, ed. D. Simon Evans (Cardiff, 1988), 2 *Ac ny lewas Dewi vwyt namyn bara a dwfuyr*.

Gŵyl Ieuan Nid yw'n eglur at ba ŵyl y cyfeirir. Cynhelid dwy ŵyl i Ieuan Fedyddiwr, sef Gŵyl Ieuan Hanner (yn yr) Haf (= 'genedigaeth S. Ieuan'), 24 Mehefin; a Gŵyl Ieuan y (neu *o'r*) Coed (= 'Gŵyl Ieuan y Moch' [*decollatio sancti Ioannis*]), 29 Awst. Ceid hefyd ddwy ŵyl i Ieuan Efengylydd, sef Gŵyl Ieuan Borth Lladin (= *ante Portam Latinam*), 6 Mai; a Gŵyl Ieuan yr Apostol, 27 Rhagfyr. Y mae'r bardd yn gweld bod ei bantri yn wag ac y bydd rhaid aros nes y Calan Mai nesaf (ll. 52) cyn ail-stocio; yr ergyd, felly, yw fod cryn ysbaid rhwng yr Ŵyl Ieuan honno a'r Calan Mai nesaf, a diau mai'r ŵyl a gynhelid ym mis Mai sydd ganddo mewn golwg.

23 **mod** Ai 'lle amgaeedig' yw'r ystyr yma? Gall mai amrywiad ydyw ar *bod* (sef 'lle') gyda *b-* ac *m-* yn ymgyfnewid, gw. GPC 2470 lle y rhestrir yr enghraifft hon.

26 **rhiol** Amrywiad ar *reiol*, gw. GPC 2979 d.g. *reiol¹*: 'moethus', '*sumptuous*' sy'n gweddu orau yma.

34 **gwalfawr** 'Gwancus, anniwall, rheibus, boliog', gw. GPC 1566 lle y dyfynnir hon fel yr enghraifft gynharaf sydd ar glawr.

35 **achwynol** Sef 'cwynfanus'. Eto, dyma'r enghraifft gynharaf o'r gair hwn a nodir yn GPC 10.

44 **ar foly concord** Gair unsill yw *boly*. Nid yw ystyr *concord* yn eglur; gall mai offeryn cerdd ydoedd, efallai drwm neu dabwrdd (cf. ll. 9). Am enghraifft o'r gair mewn S.C., gw. MED 488, '*Tymbres, symbelis … symphanes, concordis …*'. Ceir enghraifft arall o'r ffurf *boly* wrth drafod offeryn cerdd yn GDG³ 392 (148.18).

46 Dichon y dylid ceseilio'r ddau ardd. *i* er mwyn hyd y ll.

47 **tair punt** Swm afresymol o fawr yn y 15g.

48 **mâl** Cymerir mai 'aur mâl' yw'r ystyr yma; ond gw. ymhellach GPC 2326 d.g. *mâl¹*, *mâl²*, *mâl³* am wahanol ystyron y gair.

7

Ar yr englynion hyn, gw. y Rhagymadrodd i waith Syr Lewys, tt. 96–7.

1 **ond** Cymerir mai ffurf amrywiol ar y gn. gofynnol 'onid' a fwriedir yma, gw. GPC 2647–8 d.g. *ond²*.

   amraint Llsgr. *ambraint* neu, o bosibl, *ombraint*: nid yw'r llafariad gyntaf yn eglur (orgraff Salesbury, ond odid, a fu'n gyfrifol am y ffurf *ambraint* a geir yn y llsgr.). Arno, gw. GPC 98; fe'i diffinnir yn W. Salesbury: OSP yn '*pop tor deuot*' ac yn D d.g. *seruitudo*. 'Difreiniad', 'gwarth, amarch' yw'r ystyron posibl yma.

3 **ag** 'Trwy, oherwydd' yw ystyron posibl *ag* yma.

   'wyllys Yn dechnegol, gwall yn y gynghanedd oedd colli *e-* neu *a-* ddiacen ar ôl cytsain, gw. J. Morris-Jones: CD 203–4.

   gwelláu Amrywiad ar 'gwellhau', gw. GPC 1631.

4 **eiste** Ffurf amrywiol ar '*eistedd*', gw. GPC 1200. Trafodir sut y bu i rai beirdd yn ail hanner y 15g. golli eu gafael ar grefft cerdd dafod a throi at ffurfiau llafar megis *eiste* yn GSC 17. Dichon mai meddwl am Dduw'n eistedd fel barnwr a wneir yma: h.y., y syniad fod ei gyfiawnder bob amser ar waith.

5 **drych mynych** Er y gall mai a. gyda grym adf. yw *mynych* yma, fe'i deellir yn ffurf l. yr e. *mynach*, er ei bod yn annisgwyl braidd gweld William Salesbury yn codi englynion sy'n canmol mynachaeth. Yr ystyr yn ddiau yw 'patrwm, esiampl'.

   galyn Llsgr. *Galûn* (?*Galan*). Os *calyn* yw ffurf gysefin y gair, yna gellid ei ddeall yn ffurf amrywiol ar *canlyn*; ond ceir G fras amlwg ar ddechrau'r gair, a dylid gofyn ai at y Calan y cyfeirir yn y gerdd, er yr ymddengys hynny'n annhebygol.

7 **rhagorwn** Os awdl neu osteg englynion oedd hon a ganmolai'n wreiddiol fynachiaeth neu ganoniaeth, ai cymharu'r bucheddau hynny â'r bywyd lleyg (neu'r offeiriadaeth esgobaethol) a wneir?

8 **rhoddiad Duw** Am wahanol ystyron *rhoddiad*, gw. GPC 3092 d.g. *rhoddiad¹*. Gall olygu naill ai 'rhodd, gwobr' neu 'cynneddf, dawn gynhenid' yma.

9 **rhan, anian Ynyd** Cymerir mai sangiad yw *anian Ynyd*, yn cyfateb i'r S. '*spirit of penance*'. Deellir mai *O bob rhan ... a gawsom* yw prif rediad

y gystrawen yma, gyda *rhan* yn golygu 'ffawd, tynged', gw. GPC 3035
d.g. *rhan*[1].

10　**agosach**　Annisgwyl yn wir yw gweld y radd gymharol anffurfiol
agosach mewn testun o'r 16g., yn enwedig gan na cheir yn slipiau
Geiriadur Prifysgol Cymru enghraifft gynharach na'r 17g. Ond os copi
yw hwn o englynion o'r 15g., y mae cael y ffurf honno'n rhyfeddach
fyth.

11　**yr hen gwrs**　Gall mai 'ymarweddiad, ffordd o fyw' yw ystyr *cwrs* yma,
gw. GPC 648. Cymerir bod y bardd yn cymharu ei hen ffordd o fyw yn
anffafriol â'r fuchedd grefyddol neu fynachaidd; ategir y dehongliad
hwn os deellir *clefyd* (ll. 10) ac *iechyd* (ll. 12) mewn ystyr drosiadol.

12　Gthg. RWM i, 613–24 *Y vuchedd i vny iechyd*.

Geirfa

abad 6.14n
aberthwr 6.12n
achwynol 6.35n
addysg 6.14n
agos *cmhr.* **agosach** 7.10n
amledd helaethrwydd,
    cyflawnder 6.4
amraint 7.1n
anian 7.9n
annysg anwybodaeth, diffyg dysg
    6.54
bod *3 un.amhff.myn.* **ytoedd** 6.18;
    3 un.grff.myn. **bu** 6.6n
boly 6.44n
bord 6.7n
buchedd bywyd, ffordd o fyw
    7.12
bwrdd llety 6.10n, 48
bwyd 6.5n
calyn gw. **galyn**
cloch 6.1n
clywed *2 ll.grch.* **clywwch** 6.1n
concord 6.44n
cwrs 7.11n
cwynos gwledd neu bryd hwyr
    6.36
cynifiwr rhyfelwr, gormeswr 6.30
deuwr dau ŵr 6.8
digaru troi heibio, casáu
    amhrs.grff.myn. **digarwyd** 6.29
drych 7.5n
dwy 6.21n
eiste 7.4n
erllynedd 6.16n
ewyllys gw. **'wyllys**
ffel cyfrwys, ystrywgar, dichellgar
    cmhr. **ffelach** 6.6n

galyn 7.5n (neu **calyn**)
gwalfawr 6.34n
gwelláu 7.3n
gwerth 6.5n
gwib ymosodiad disymwth 6.5
Gŵyl Ieuan 6.22n
gylf duryn, safn, genau 6.34
hen 7.11n
llewa *3 un.grff.myn.* **llewas** 6.22n
llyn diod 6.3
mâl 6.48n
margeinio amrywiad ar *bargeinio*
    1 un.grff.myn. **margeiniais** 6.2
mod 6.23n
mynach *ll.* **mynych** 7.5n
nawtel 6.18n
o os 6.45 **os** 6.53
ond 7.1n
os gw. **o**
pil y din 6.20n
punt 6.47n
rhagori *1 ll.pres.myn.* **rhagorwn**
    7.7n
rhan 7.9n
rhiol 6.26n
rhoddiad 7.8n
rhoi *amhrs.grff.myn.* **rhoed** 7.5
rhwth gwag; helaeth,
    cynhwysfawr; barus,
    trachwantus 6.5, 34, 50
Sais 6.1n
sgubor 6.14; *ll.* **sguboriaid** 6.21n
tabwrdd 6.9n
tair 6.47n
tŷ 6.10n
'wyllys 7.3n
Ynyd 7.9n

Enwau personau

Duw 7.3, 8
Ieuan gw. **Gŵyl Ieuan**

Mair Mair Forwyn 6.51
Syr Phylib Syr Phylib Emlyn 6.6

Enw lle

Emlyn 6.4

GWAITH MASTR HARRI AP HYWEL

Rhagymadrodd

Y bardd a'i yrfa

Yn ôl y dystiolaeth a nodir yn yr achresi, yr oedd y bardd-offeiriad a elwir yn y llawysgrifau yn *Mastr Harri* (neu *Henry*) yn hanu o deulu ac iddo hynafiaid llewyrchus o'i ddwy ochr. Mab ydoedd i Hywel ap Gwallter,[1] gŵr a drigai yng Nghydweli ac a hanai o linach y gellir ei holrhain trwy Elystan Glodrydd i Gasnar Wledig o Bowys. Gallai gwraig Hywel, sef Elen ferch Einion ap Henry Ddu, ymfalchïo yn ei thras hithau, gan ei bod yn ddisgynnydd trwy Gydifor Fawr i frenhinoedd cynnar Dyfed.[2] Ategir hyn gan y bardd Ieuan Tew Brydydd Hen (a oedd, fe ddichon, yntau'n perthyn i'r teulu hwnnw) mewn cywydd ymryson â Mastr Harri drwy alw hwnnw'n *fab Hywel* a'i gyfarch yn ŵr a ddaeth *o lwyth rheiol iawn*.[3] Erys rhywfaint o wybodaeth yn y dogfennau eglwysig cyfoes ynghylch bywyd a gyrfa Harri ap Hywel, er bod yr holl gyfeiriadau yn ymwneud â'r cyfnod rhwng 1488 a'i farwolaeth yn 1509. Gellir casglu oddi wrth y teitl *Mastr* neu *Meistr* a geir wrth ei enw yn rhai o'r copïau a gadwyd o'i gerddi mai offeiriad ydoedd a adwaenid yn ei ddydd fel *magister artium*. Ni ellir profi hyn i sicrwydd gan na cheir ei enw ymhlith rhestrau myfyrwyr Rhydychen na Chaer-grawnt.[4] Ond gwyddys yn sgil cyfeiriad penodol at Harri mewn llythyr a gedwir yn *Regesta Lateranensia* 871, 164[r]–165[r] (ar gyfer 10 Ionawr 1489) fod ganddo radd baglor yn y gyfraith ganon, a diau mai ar sail y radd honno yr arferid cyfeirio ato wedyn fel *Mastr*.[5]

---

[1] Gw. P.C. Bartrum: WG1 'Elystan Glodrydd' 56.

[2] *Ib.* 'Cydifor Fawr' 3. Cadwyd yn yr achresi hefyd enwau brodyr a chwaer Harri, sef Ieuan, Dafydd, Rhys a Gwenllïan. Am arwyddocâd yr enwau hyn yng ngherdd ymryson Ieuan Tew ynghylch talu'r degwm, gw. sylwadau rhagarweiniol cerdd 8.

[3] Golygir gwaith Ieuan Tew Brydydd Hen yng Nghyfres Beirdd yr Uchelwyr (i ymddangos). Am drafodaeth ar y cerddi ymryson rhwng Mastr Harri ac Ieuan Tew Brydydd Hen, gw. y nodiadu ar gefndir cerddi 8 a 9 isod.

[4] Ond geilw Ieuan Tew Brydydd ef yn *baisler*, sef Baglor yn y Celfyddydau, yn ei gerdd ateb i Harri ap Hywel ynghylch talu'r degwm.

[5] Gw. *Calendar of Papal Letters relating to Great Britain and Ireland, XV: Innocent VIII 1484– 1492*, ed. Michael J. Haren (Dublin, 1978), 165. Enw ar gyfraith ganon yr Eglwys yn y 15g. oedd *Corpus Iuris Canonici*. Corff cyfreithiol oedd y *Corpus*, a drefnwyd yn gyfrwng i reoli bywyd ac arferion yr Eglwys oll. Yr oedd y ffurf arni yn ail hanner y 15g. wedi ei hasio ynghyd o chwe ffynhonnell wahanol: (i) y *Decretum Gratiani*, sef casgliad o ganonau a dynnwyd o wahanol gynghorau'r Eglwys ac a luniwyd tua chanol y 12g.; (ii) *Decreta* y Pab Grigori IX, a gasglwyd gan y diwynydd Raymond o Peñafort yn 1234 yn atodiad i'r *Decretum Gratiani*; (iii) y *Sextus*, sef chweched llyfr a atodwyd at *Decreta* Grigori gan Boniffas VIII yn 1298; (iv) y *Clementina*, sef casgliad pellach o gyfreithiau a luniwyd gan Clemens V ac a gyhoeddwyd gan Ioan XXII yn 1317; (v) yr *Extravagantes*, sef archddyfarniadau Ioan XXII ei hun, a

Enwir Harri ap Hywel droeon yng nghofnodion esgobaeth Tyddewi. Ar 17 Mai 1488 nodir fel y comisiynwyd y Meistri Tomas ap Hywel a Richard Geffray i gynnal ymchwiliad ynghylch hawl nawdd eglwys plwyf Trefdreyr (Troed-yr-aur) yn archddiaconiaeth Aberteifi, yn sgil marwolaeth Mastr Adam, rheithor y plwyf hwnnw. Dywedir ymhellach fod Mastr Harri ap Hywel wedi ei gyflwyno ar gyfer nawddogaeth y plwyf, ac y gwnaed hyn *sub sigillo* siawnsri Caerfyrddin gan y canghellor yno.[6] Erbyn 5 Tachwedd yr un flwyddyn, ym mhriordy Caerfyrddin, fe'i sefydlwyd yn ficer Llangeler, sef plwyf arall yn archddiaconiaeth Aberteifi a adawyd yn wag wedi marw'r rheithor ar y pryd, Syr Howel. Y tro hwn, cyflwynwyd Mastr Harri i'r ofalaeth drwy lythyrau gan Syr Rhys ap Thomas, noddwr yr eglwys honno.[7] Ddeuddydd yn ddiweddarach, comisiynwyd Harri, Mastr Guy Howell a Syr John, deon Gŵyr, i wneud ymchwiliadau ynghylch coladu eglwys Llanmadog (penrhyn Gŵyr) i ofal offeiriad o'r enw Maurice ap David.

At hynny, ymddengys fod Harri ap Hywel yn meddu ar ofalaeth plwyf Llandyfaelog (sir Gaerfyrddin) tua'r un adeg, oherwydd sefydlwyd offeiriad o'r enw Syr David ap Howell yn olynydd iddo yn yr eglwys honno erbyn 6 Tachwedd 1489.[8] Gan mai at Harri fel *ficar Llan ... / Tyfaelog* y cyfeiria Ieuan Tew ar gywydd, y tebyg yw mai'r flwyddyn honno yw *terminus ad quem* canu'r cerddi ymryson a fu rhyngddynt ynghylch talu'r degwm, er na ellir bod yn sicr ynglŷn â hyn.[9] Y mae'n ddiddorol hefyd fod Ieuan yn

gyhoeddwyd yn 1317; a (vi) yr *Extravagantes Communes*, sef archddyfarniadau amryfal babau rhwng 1261–1484. Argraffwyd y rhain gyntaf yn un gyfrol yn 1499. Am hanes datblygiad y corff hwn o gyfreithiau, gw. *Corpus Iuris Canonici*, ed. E. Friedburg (2 vols., Leipzig, 1879–81); P. Torquebiau & G. Mollat, 'Corpus Iuris Canonici', *Dictionnaire de Droit Canonique*, ed. R. Naz *et alia* (7 vols., Paris, 1935–65), iv, cols. 610–64.

[6] *The Episcopal Registers of the Diocese of St. David's 1397–1518*, ii, ed. R.F. Isaacson (Cymmrodorion Record Series no. 6, London, 1917), 526–7. Dywedir ymhellach fod Harri ap Hywel wedi ei gyflwyno gan y brenin (*Henricu[s] [rex] Angli[a]e*), ac na wnaed dim yn sgil yr ymchwiliad hwn.

[7] *Ib.* 548–9. Am restr o'r eglwysi yr oedd gan Syr Rhys ap Thomas hawl nawdd arnynt, gw. R.A. Griffiths, *Sir Rhys ap Thomas and his Family* (Cardiff, 1993), 61–2.

[8] R.F. Isaacson, *op.cit.* 574–7. Y mae'n ddiddorol nodi y ceir enw Dafydd ap Hywel ymhlith brodyr Mastr Harri (gw. P.C. Bartrum: WG1 'Elystan Glodrydd' 56), er nad oes modd gwybod ai brawd Harri oedd y *d[ominu]s David ap Howell* y cyfeirir ato yn y ddogfen hon. Gall y teitl *dominus* olygu mai mynach ydoedd.

[9] Ar y cefndir i'r cywyddau dychan hyn, gw. sylwadau rhagarweiniol cerdd 8. Ymddengys mai ateb oedd y llythyr y cyfeiriwyd ato uchod o'r *Regesta Lateranensia*, y ceir ei destun yn Michael J. Haren, *l.c.* (gw. troednodyn 5), i gais gan Harri ap Hywel i gael bywiolaethau eraill, a hynny tra oedd yn parhau i fod yn ficer Llandyfaelog, 'Henry Aphowell, perpetual vicar of the parish church of Llantevaelog, at his request, to receive and retain for life, together with the above [sef, fe ymddengys, Llandyfaelog], one other [= benefice].' Nid yw'r ymadrodd *vicar perpetual* yn golygu bod Ficer yn cael cadw nawdd eglwys benodol wedi iddo ymadael â hi, ond yn hytrach mai ef ei hun a ddewisai pryd y byddai'n gadael y fywoliaeth arbennig honno. Ond gan mai dwy fywoliaeth yn unig a ganiateid (yn swyddogol, o leiaf) yn ôl cyfraith yr Eglwys, buasai disgwyl i Harri ymddiswyddo o un ohonynt os oedd am gael un arall. Am dystiolaeth

cyfeirio at Harri fel 'deon' ar y pryd, er nad yw union arwyddocâd hynny'n eglur a gall mai defod farddol sy'n gyfrifol am arfer y teitl gan Ieuan Tew. Ymddengys fod Harri wedi ymddiswyddo o ofal bugeiliol plwyf Llandyfaelog er mwyn iddo gael ei benodi'n rheithor eglwys Llanbedr Felffre, sir Benfro, wedi ymddiswyddiad y periglor, Syr Tomas Dewi. Eglwys arall a oedd yn rhodd Syr Rhys ap Tomas oedd Llanbedr Felffre, a sefydlwyd Mastr Harri yno'n ganonaidd ar 12 Tachwedd 1489.[10]

Y mae rhyw led-awgrym i Harri gael ei geryddu gan awdurdodau'r Eglwys oherwydd iddo geisio dal mwy o fywiolaethau nag a ganiateid yn ôl y gyfraith ganon gyfoes. Ceir yn *Rubicellae Registrae Lateranensiae* gyfeiriad at lythyr (a aeth ar goll erbyn hyn) a anfonwyd at offeiriad yn esgobaeth Tyddewi a elwir yn *Henricus Aph*[ ] ynghylch *dispensatio incompatibilia* ('dispensation for plurality'). Er na wyddys union gynnwys y ddogfen hon, nid yw'n amhosibl mai Harri ap Hywel oedd *Henricus Aph*[ ], yr offeiriad hwn.[11] Ond hyd yn oed os aeth i drafferthion oherwydd amlblwyfaeth, bychan os dim fu effaith hynny ar ei yrfa eglwysig. Ergyd y llythyr canonaidd hwn yw fod Harri wedi derbyn gollyngiad swyddogol, ac ymddengys ddarfod coladu iddo archddiaconiaeth Caerfyrddin tua'r union adeg, sef 13 Chwefror 1494.[12] Yn sgil yr apwyntiad hwnnw, cafodd Harri ganoniaeth yn eglwys gadeiriol Tyddewi, a'i benodi hefyd yn brebend yno. Ceir ei enw'n dyst i ddwy ddogfen gyfreithiol (Llad. *instrumenta*) a ddyddiwyd 15 a 16 Ebrill 1501.[13] Pan fu farw John Morgan (*alias* Young), esgob Tyddewi, rywdro cyn 19 Mai 1504,[14] cludwyd ei weddillion o briordy Caerfyrddin i gadeirlan Tyddewi, a theg yw casglu i'r Mastr Harri gymryd rhan yn y defodau hyn yn rhinwedd ei statws fel archddiacon.[15] Yr oedd yn sicr yn bresennol pan ddaeth archesgob Caer-gaint i briordy Caerfyrddin ar

sy'n awgrymu bod Harri wedi mynd i drafferthion oherwydd amlblwyfaeth, gw. isod troednodyn 11.

[10] Gw. R.F. Isaacson, *op.cit.* 576–7.

[11] Gw. *Calendar of Papal Letters relating to Great Britain and Ireland, XVI, Alexander VI (1493–1503) 1492–8*, ed. Anne P. Fuller (Dublin, 1986), 630n1060. Fe'i hanfonwyd at yr *Henricus Aph*[ ] hwn rywdro yn ystod y flwyddyn rhwng 26 Awst 1493 a 25 Awst 1494. Er na chadwyd yn nhestun y llythyr ffurf lawn enw'r derbynnydd, y mae'n rhesymol ei gymharu â'r *Henry Aphowell* a nodwyd uchod, gw. troednodyn 9.

[12] Rhoddir 1494 yn R.F. Isaacson, *op.cit.* 676–7, sic J. Le Neve, *Fasti Ecclesiae Anglicanae 1300–1541: XI The Welsh Dioceses*, compiled by B. Jones (London, 1965), 65; ond gthg. *Menevia Sacra by Edward Yardley, S.T.B., Archdeacon of Cardigan, 1739–1770*, ed. Francis Green (London, 1927), 209, lle y dywedir mai 1493 ydoedd.

[13] Neu efallai yn 1502: ymddengys, fel y gwelir o'r troednodyn blaenorol, na ofalwyd yn nhestun golygedig *Menevia Sacra* am ddangos troad y flwyddyn yn y dogfennau hynny a luniwyd cyn diddymu'r hen galendr, gw. *ib.* 209

[14] Gw. *Handbook of British Chronology*, ed. E.B. Fryde *et al.* (third ed., Cambridge, 1986), 298.

[15] Oherwydd cysylltiad priordy Caerfyrddin â'r Canoniaid Awstinaidd (gw. *Medieval Religious Houses: England and Wales*, ed. David Knowles and R. Neville Hadcock (London, 1953), 132), rhaid ystyried y posibilrwydd fod Harri ap Hywel ei hun yn un ohonynt, er mai teg yw ychwanegu nad yw hyn yn dilyn o reidrwydd.

8 Gorffennaf 1504, yn ystod ei ofwy esgobaethol, yn sgil marwolaeth yr esgob Morgan.[16] Er na wyddys union ddyddiad marw Harri ap Hywel, y mae'n rhaid ei fod cyn 28 Mai 1509.[17] Cofnodir gan Edward Yardley, archddiacon Caerfyrddin yn y ddeunawfed ganrif, draddodiad ynghylch claddu Mastr Harri, 'He is thought to have died in 1509 & to lie buried in ye north transept of this Cathedral.'[18] Gellir casglu, felly, fod Mastr Harri ap Hywel yn ŵr eglwysig o gryn bwys o fewn terfynau esgobaeth Tyddewi yn ail hanner y bymthegfed ganrif a dechrau'r unfed ganrif ar bymtheg, a'i fod wedi mwynhau nawdd un o uchelwyr pwysicaf a mwyaf dylanwadol y dydd ym mherson Syr Rhys ap Tomas.

Ei waith

Yn ogystal â bod yn swyddog eglwysig, dengys y cerddi a ddiogelwyd o'i waith fod Mastr Harri ap Hywel yntau'n ymddiddori yn niwylliant brodorol ei wlad, a'i fod yn fardd a oedd yn ymhél â cherdd dafod. Fel y nodwyd uchod, gellir casglu bod perthynas waed rhyngddo ac Ieuan Tew Brydydd (Hen), gŵr y cyfeiriodd Mastr Harri ato deirgwaith drwy ei alw'n *ewyrth*,[19] ond, fel y gwelir yn y sylwadau ar gerdd 8, gall mai teitl o barch wrth gyfarch hynafgwr oedd hwn. Ni lwyddwyd i wirio'r gosodiadau hyn wrth yr achresi a gofnodwyd gan P.C. Bartrum, a hynny'n bennaf oherwydd natur anghyflawn y ffynonellau craidd. Fodd bynnag, y mae'r ffaith fod Hywel ap Gwallter (sef tad Harri) ac Ieuan Tew ill dau'n gysylltiedig â Chydweli yn cryfhau'r ddadl dros berthynas deuluol bosibl y ddau fardd,[20] ac nid annichon mai Ieuan Tew ei hun a fu'n gyfrifol am ddysgu rheolau cerdd dafod i Harri ap Hywel.[21]

---

[16] Nodir y manylion yn *Menevia Sacra*, gw. Francis Green, *op.cit.* 209, 383.

[17] J. Le Neve, *op.cit. l.c.*

[18] Francis Green, *op.cit.* 209, 383.

[19] Gw. 8.12, 64, 9.27.

[20] Ceir ach (anghyflawn) Ieuan Tew Brydydd yn P.C. Bartrum: WG1 'Einion ap Llywarch' 10 (ni ellir derbyn y *floruit* a gynigir yno). Gan nad ymddengys fod perthynas deuluol rhwng Hywel ap Gwallter na'i wraig Elen ac Ieuan Tew, y tebyg yw mai drwy briodas nas nodir yn yr achau y daeth y berthynas rhwng y ddau fardd i fod. Serch hynny, dylid cofio bod *nai* yn derm ystwyth ei ddefnydd, a gallai gyfeirio at dras gyffredin yn ogystal â pherthynas uniongyrchol, gw. GPC 2549.

[21] A geir ateg i hyn yn 8.54, lle y dywed Harri mai *f'athro oedd* Ieuan Tew? Honnodd William Owen[-Pughe] yn *The Heroic Elegies and Other Pieces of Llywarç Hen, Prince of the Cumbrian Britons; with a literal translation* (London, 1792), lxiii, a hynny ar sail rhestr a luniwyd gan Siôn Bradford (*ob.* 1780), fod rhyw 'Harri Hir' yn un o 'awenyddion' Gorsedd Morgannwg, ynghyd â Iorwerth Fynglwyd a Lewys Morgannwg. Yn awr, y mae 'Harri Hir' yn un o'r enwau a geir wrth gopïau o'i gerddi mewn rhai llsgrau. (gw. isod troednodyn 22), ond gellir synhwyro rywsut law Iolo Morganwg yn y mater, ac er nad yw'n amhosibl fod Harri ap Hywel yn troi ymhlith beirdd ei oes a'i ardal, fe ddichon hefyd nad oes llawer o goel ar restr Siôn Bradford.

Ceir pedair cerdd ddilys ar enw Harri ap Hywel[22] a gwelir mai cywyddau deuair hirion ydynt oll: ni ddiogelwyd yr un awdl o'i waith. Ceir ganddo ddau gywydd ymryson ag Ieuan Tew Brydydd, y naill ynghylch talu'r degwm,[23] a'r llall yn rhybuddio'r Prydydd Hen rhag priodi â merch ifanc.[24] Atebwyd y cerddi gan Ieuan,[25] gan ychwanegu cywydd arall i'r ferch yr honnir iddo ymserchu ynddi, ac y mae'n ddiddorol nodi fel y bu cryn gopïo ar y cywyddau hyn. Ceir gan Mastr Harri hefyd gywydd i Fair sy'n ddiddorol ar gyfrif ei gydbwysedd a'i bwyslais diwinyddol,[26] a chywydd serch y ceir yr unig gopi ohono mewn llawysgrif fylchog;[27] serch hynny, ni welwyd unrhyw reswm dros amau nad gwaith dilys Mastr Harri ydyw.

Erys peth amheuaeth ynghylch y tair cerdd ddestlus a diddorol a briodol-ir i ryw *Mr Hywel Hir*, sef y cywydd serch *Hwyl anniben fargen faith*;[28] cywydd ar destun pum oes y byd, *Llawer gwaith y darlleais* (er bod y priodoliad hwnnw yn debygol o fod yn annilys);[29] a chywydd i'r ceiliog *unswydd wyf i ansawdd fad*.[30] Y mae'r teitl *Mr* yn awgrymu mai clerig ydoedd; ac os felly, ceir tebygrwydd, yn sicr, rhwng enwau'r beirdd hyn, ond afraid dweud nad yr un gŵr yw *Mr Harri ap Hywel* (*Hir*)[31] a *Mr Hywel Hir*.[32] Tueddir i gredu mai bardd o'r Gogledd, o Fôn, efallai, oedd Mastr Hywel, ond yn niffyg corff helaethach o waith gan y ddau fardd, nid oes modd dod i gasgliad sicrach ar hyn o bryd.

Cerddi annilys

Y mae dwy gerdd ansicr eu hawduriaeth y dylid rhoi cyfrif amdanynt. Y mae'n weddol eglur mai i'r cylch o gerddi a gysylltir â Syr Dafydd Trefor y perthyn y cywydd dychan *Gŵr claf yw Syr Dafydd*,[33] ond nid hawdd yw pen-derfynu ynghylch awduriaeth cywydd serch arall a geir ar enw Mastr Harri, *Dydd da yd, riain feinwen*, sef ymddiddan rhwng y bardd a'i gariad. O'r beirdd a enwir yn y ffynonellau yn awdur y gerdd, gwrthodwyd y priodol-

---

[22] Ceir sawl ffurf ar ei enw yn y llsgrau., cf. *Harri Howel*; *Henri ap Hywel*; *Mastr Harri*; *Harri Hir*; *Mr Harri offeiriad*; *Mr Harri Powel o Gydweli*; *Person Llandyfrïog*.

[23] Gw. isod cerdd 8.

[24] Gw. isod cerdd 9.

[25] Atebir cerdd 9 gan *Y meistr nis amau estrawn* (neu *Mastr Harri, dyly pob dawn*) a cherdd 10 gan *Y fun deuliw'r* (*eiliw'r*) *ôd ar faes*. Canodd Ieuan Tew gywydd arall, i'w gariad, ar yr un testun, *Mae Meistr Harri yn mwstraw*.

[26] Gw. isod cerdd 11.

[27] Gw. isod cerdd 10.

[28] Ceir y testun yn BL Add 14991, 299ᵛ a LlGC 675A, 2.

[29] Priodolir y cywydd hwn hefyd mewn nifer o lsgrau. i Siôn Cent, ond fe ddichon mai gan Lywelyn ap Gwilym Lygliw y canwyd y gerdd hon ar destun gweledigaeth Pawl yn Uffern, gw. ymhellach GGLl cerdd 2 a tt. 35–6.

[30] Ceir y testun yn BL Add 15029, 157ʳ, BL Add 14991, 300ʳ a LlGC 675A, 3.

[31] Yn y cywydd serch *Y fun ail liw'r ôd ar faes*, gelwir Harri ap Hywel yn *mab hir* gan Ieuan Tew Brydydd.

[32] Ymhellach ar Hywel Hir, gw. GGLl 35–6 a ByCy 383

[33] Ceir testun y cywydd a thrafodaeth arno yn Dafydd Trefor: Gw 128.

iad i Ddafydd ap Gwilym ar dir diogel gan Thomas Parry a dybiai, ar sail ei arddull yn bennaf, mai cywydd o'r bymthegfed ganrif ydoedd.[34] Yr un modd, prin mai Wiliam Llŷn a'i canodd, gan na welir yn ei waith ef y math o lacrwydd a geir yn y cywydd hwn. Ni dderbyniwyd ef gan P.J. Donovan yn CSTB yn gerdd ddilys o waith Bedo Brwynllys, er bod rhywfaint o sail lawysgrifol dros y priodoliad hwnnw. Enwir dau fardd arall yn y llawysgrifau, sef Dafydd Gowper a Harri ap Hywel, a theg yw nodi nad oes modd, ar hyn o bryd, ddewis yn derfynol rhyngddynt. Er gwaethaf ei gywydd yntau i wallt merch, nes daw tystiolaeth amgenach bydd rhaid gwrthod awduriaeth Harri ap Hywel ar sail mynegiant y gerdd, tystiolaeth y llawysgrifau o blaid Dafydd Gowper, ac adleisiau tebyg iddi a geir yng ngherddi dilys y bardd serch hwnnw. Nid annichon mai oherwydd ei enw, a'r ffaith mai cywydd serch ydyw, y tadogwyd cerdd Dafydd Gowper ar Ddafydd ap Gwilym.

---

[34] Gw. GDG clxxvi.

8
Ymryson ag Ieuan Tew Brydydd Hen o Gydweli
ynghylch talu'r degwm

Y gŵr oediog a gredir
Ni mynnai gynt namyn gwir:
Ieuan, ŵr hen iawn yrhawg,
4   Tew, o lwythau taleithiawg;
Or henwir ffordd yr henyw,
Ni ellir un well ei ryw.
Melysach bellach o bill
8   Y cân Ieuan no'r cnewill;
Digabl fydd pob parabl pêr
O'i ben ef, heb un ofer.
Cywir gynt, meddynt, ym oedd,
12   A thradoeth, f'ewythr ydoedd;
Os hwn, o'r lliw y sy'n llwyd,
Fu ŵr abl, fo a reibiwyd.
Cwympwyd wyth o'r campau da,
16   Do, ar Ifan o drefa;
Camp oedd yn cwympo iddaw
A'u llwgwr oll ger y llaw.

    Gŵr a fu gywir yw fo,
20   A gŵr oedd a gair iddo;
Gair heddiw o'i gyrhaeddyd,
Gwae fy nghâr a fai ynghyd!
Mi a'i gwn am y gwenith
24   A'r haidd: gwae a fai'n fy rhith!
Ef âi hwn yn fwy'i heinar
O'r ŷd a fai 'nghyd, fy nghâr;
Degwm fy nghymydogaeth
28   I'r gŵr tew ar ei gart aeth;
Yn drwm ei frig o'r Digoed
Y dôi'r ceirch o Dor-y-coed.
Ni chefais ran dra chyfiawn;
32   Ni cheir un anach o'r iawn
Eithr y dyn wrth ddrudaniaeth,
Ieuan, â'r ddwyran ydd aeth.

Gyrrodd a llidiodd fi'n llwm
36   Am a ddug ym o ddegwm.
Tra fûm i yn cwmpnïo
Yng Nghaer y bu faer efô,
Aeth y gŵr â'r ceirch gẁraidd,
40   Aeth â'r holl wenith a'r haidd.
O'r wyth das, myn Siohasym,
Ni 'dewis ef un das ym
(Onid o'r manyd i'r meirch)
44   Heb roi ysgub o'r brasgeirch.
Naw dais a rifais 'n ei ran:
Nid oes baich i'm das bychan.

Y bardd oedd yn bwrw ei ddaint
48   A wnâi hyn yn ei henaint
Pan deimler penyd amlwg
Trwm am y degwm y dwg.
Truan oedd i ŵr trahael
52   O'i oedran ef, droi yn wael;
Truanach, ŵr prif achoedd,
Na thrôi i'r iawn, f'athro oedd.
Ni fyn lleidr a fo'n llwydwallt
56   Droi i'r iawn mwy no'r dŵr i'r allt.
Felly mae yntau, Ieuan,
Ni fyn ŵr tew ofni'r tân.

Y tew oediog, on'd doedyd
60   Y daw'r ŵyl i wadu'r ŷd?
Nid rhaid mwy elw ym beidiaw
Sôn ddim os Ieuan a ddaw.
Aeth y tâl ar war Harri,
64   Aeth yr ŷd i'm hewythr i.
Er hyn, oni ry hwnnw
Iawn neu dâl ym, ond ei lw?
Maddeuaint, myn Sant Antwn,
68   Mi a'i rhof cyn marw o hwn.
A gludodd, bid geladwy:
Nac aed i mi ag ŷd mwy!

Ffynonellau
A—Bangor 704, 113 B—BL Add 31056, 83ᵛ C—Bodley Welsh f 4, 166
D—Brog (y gyfres gyntaf) 2, 497 E—Card 2.630 [= Hafod 20], 103ʳ F—
Card 5.44, 154ᵛ G—CM 200, 113 H—Gwyn 1, 124 I—J 101 [= RWM

17], 664 J—J.R. Hughes 5, 263 K—LlGC 970E [= Merthyr Tudful], 290
L—LlGC 3046D [= Mos 143], 190 M—LlGC 3050D [= Mos 147], 252
N—LlGC 3056D [= Mos 160], 31 O—LlGC 3057D [= Mos 161], 412 P—
LlGC 6511B, 150 Q—LlGC 8497B, 177^r R—LlGC 9048E [= copi
ffotostat o Rydychen, Coleg Balliol 353], 29^r S—LlGC 13061B, 290^v T—
LlGC 16964A, 86^r U—LlGC 21290E [= Iolo Aneurin Williams 4], 322
V—LlGC 21293B [= Iolo Aneurin Williams 7], 9 W—Llst 6, 117 X—Llst
123, 385 Y—Llst 134, 315 Z—Stowe 959 [= RWM 48], 165^r (*llau.* 52–4,
59–60, 63–70 *yn unig*)

Y mae llawysgrifau D ac H yn yr un llaw; ymddengys mai D yw cynsail AI
a dilynir hwythau yn weddol agos gan N. Gellir cysylltu llawysgrifau CM
â'i gilydd hefyd, a'r fersiwn y gwyddai Llywelyn Siôn amdano a geir yn
EFJKPSUY. Darnau yn unig o'r gerdd a geir yn llawysgrif Z. Ymhellach
ar y llawysgrifau, gw. isod tt. 157–64.

Amrywiadau
1–51 [Z]. 1 *T* oedec. 2 *ADHIN* namyn y gwir, *BCM* namn / y / gwir,
EFJKLOPSUXY amau gwir, *V* y mangwir. 3 *L* oedd wr hen, *R* wr hen yw, *T*
[hen]; *CM* ynn y rhawg, *V* ef ar hawg; *O* Ivan ar yrann yrrawc, *W* hayan wr
hen yr hawc, *X* Ieuan ar y rhan y rhawg. 5 *CLM* o, *OX* yr; *B* hen wir,
ADHINW hen wyr, *EFJKOPSUYX* henwr, *HN* hen wiwffordd, *QR* henwyr; *M*
i; *A* hanyw. 6 *W* y^n well. 7 *ADHINQRVW* oy, *CM* ai, *OX* yw; *X* byll. 8
EFJKPSTUY nar; *L* kniwyll, *X* cnywyll. 9 *OX* a digabl; *CLT* [fydd], *MRVW*
yw. 10 *W* yn ofer. 11–12 [*O*]. 12 *CM* athrodwr, *R* a thradoedd; *L* fewyrth. 13
G os i hwn; *ADGHINOQTWX* y lliw, *CM* o liw, *L* ar lliw, *R* ywr lliw, *V* ay liw;
CM [y], *G* sy'n, *V* y sy; *CMV* lwydd, *EFJKPSUY* wr llwyd. 14 *OX* a fu, *G* fry; *C*
ef, *L* efo, *R* ve, *X* o; *EFJKPQRSUW* [a]. 16 *L* Jeuann, *MV* Jefan; *ADI* ar drefa,
B a dyrfa, *COQTX* y drefa, *EFKPSUY* y drova, *GHN* or drefa, *J* y dref,
LMRV a drefa. 17 *T* kwymp yddaw, *V* y kwympo. 18 *CM* yw llwgr, *G*
llwgrau oll; *A* gar i law, *DHI* gar i law, *ER* gyr y llaw, *FJKPSUY* geyr i llaw,
GT gair i law, *M* garr a llaw, *O* gar i law, *Q* gair a llaw, *VW* gair y llaw, *X* gar
ei llaw; *N* ai llwgr bid oll gar i law. 19–20 [*CMW*], 19–22 [*R*]. 20 *L* a gwir
oedd. 21 *A* a gair, *BCDGHILMNRV* a gyrhaeddyd, *V* y gayr; *OTX* ar
gyrheuddyd, *T* i gyrheuddyd, *W* o gyrhayddyd. 22 *CEFJKLNUY* gwae a fai
ynghar; *ADHIN* ag ef fai ynghyd, *B* efan nghyd, *CEFJKLMNPRSUY* ac ef
ynghyd, *GV* ac ef ai ynghyd, *OX* ac ef a vai ynghyd, *Q* ac a vu 'nghyd, *T* ac e
vai 'nghyd, *W* y fai ynghyd. 23 *T* mi a gwn, *X* mi ai gwna; *T* am i gwenith.
24 *G* rhyg; *CM* fyfi or rhith, *V* y rhith, *EFJKPSUWY* ny rith. 25–6
[*ABDHILNR*]. 25 *GMT* ef a, *OX* fo ai, *Y* y fay; *W* hyn; *EFJKPSUW* [ei]. 26
MOW ar yd; *CM* a fo, *GT* gwae fai, *QX* a fu, *V* y fay, *W* yfai. 27 *B* y degwm;
ADHIN im cymydogaeth, *B* holl gymdogaeth, *GT* y gymydogaeth, *M* or
gymydogaeth, *QV* om cymydogaeth. 28 *B* (*annarllenadwy*); *LQV* y gwr tew;

ADHIN y gair ytt aeth, *CM* ar gerti, *GR* y geirt, *X* i gert. 29–30 [*R*]. 29 *LW* drigoed, *OX* dugoed. 30 *ADHIN* i du, *BLW* y daw; *ADHIN* keir, *V* kyrch; *ABDHINW* i dor y coed, *X* o dorri y coed. 32 *ABDGHILNOQRTX* ac ni cheir, *M* ni chrîr, *V* ag ni chaf, *W* anychaf; *ABDGHILNOQRTVX* [un]; *N* amgenach, *OQWX* hauach; *CM* ar iawn, *W* o iawn. 33–6 [*R*]. 33 *L* ythyr; *CMT* [y]. 34 *BM* Ifan, *CM* Jefan; *W* ar ddwyr ran; *ABDILQTVW* y raeth, *MX* y ddaeth. 35 *EFJKLPUY* durrodd, *S* dyrroedd, *W* gyroedd; *QX* lluddiodd, *S* llidioedd, *W* llidioed. 36 *CM* yma o. 37–8 [*O*]. 38 *R* yn y gaer; *B* fy aur yfo, *EFGKPSUY* e vy daer e vo. 38 *ADHI* aeth gwr, *B* aeth yfo; *ADHI* or gwraidd. 41–2 [*VW*]. 42 *EFJKPSU* adwys. 43 *C* o dyd, *L* mynyd; *B* ymân yd. 45–6 [*R*]. 45 *ABD(G)HIN* deng nais, *GT* deg dais, *Q* dygais; *T* ar rryfais; *GHNOX* yw ran, *M* o ran, *Q* fy rhan, *V* yn rhan. 46 *T* yn das, *V* or das. 53–4 [*CMQW*]. 53 *L* trymach; *LZ* ywr; *LR* or; *Z* priffachoedd. 54 *L* ynn iawn; *X* [fy]; *BCEFJKLO– SUVY* ewythr. 55–8 [*Z*]. 55 *ADHI* ni myn, *B* ni mynne; *V* [a]; *ADHI* y mon, *B* yma, *GN* ymôn, *OVX* yn vonllwydwallt. 56 *ADILNOQWX* droi / r / iawn, *R* yr iawn; *MQVX* no dwr; *V* yr allt. 57 *B* ifan, *C* Iefan. 58 *B* ofn y tan. 60 *Q* y doe'r wyl, *Z* ve ddawr wyl; *O* i wadu yd. 61–2 [*Z*]. 61 *EFJKPUY* nid rhaid mwy les, *OX* nid rhaid gore; *V* yn beidiaw, *W* ymbaidia[ ]; *ADHI(N)* os felly mwy elw ym beidiaw, *B* os am wyl mwy [ ]lw ym beidiaw, *E N* ofer ym rhaid yw paidiaw. 62 *WX* son dim; *ADI* os Ifan, *CM* os hynny; *EFJKPSUY* ny ddaw, *WX* y daw. 63 *EFJKPQSUVWY* vaeth, *OX* fo aeth; *V* [y], *Z* ū; *R* yngwarr, *W* am war. 64 *EFJKPQSUVWY* vaeth, *OX* fo aeth; *EFJKPSU* gan fewythr. 65–6 [*RVW*]. 65 *ABDGHINTZ* oni chaf i gan hwnnw, *EFJKPSUY* yn hyn ony wna hwnnw, *LQ* am hynn oni wna hwnnw. 66 *GTZ* [ym]; *ADHIN* oedi i lw; *GLTZ* onid i lw; *B* [ ] i lw; *X* dâl ym nag ymendio ei lw. 67 *A* ni addeuant; *CHMOTW* saint. 68 *BLZ* mi rof; *BDFHIN* cyn bo; *BDFHIN* marw hwn, *CMOX* marw i hwn, *LW* marw y hwn, *V* marw r hwn. 69 *EFJKPSU* y glud oedd, *LZ* a goludodd, *R* kael ydo, *VW* angel ydoedd; *R* bid keliadwy, *V* yn goeladwy; *CM* ei wad nid yw safadwy, *EFJKPSU* bai güladwy. 70 *CM* ag yd imi nag aed mwy.

Teitl

A cywydd i Ieuan Tew Brydydd Hên yn haeru iddo attal degwm o waith y masdr Harri, *B* Llyma gowydday ymryson a fu rhwng gwi[ ]m tew a s[r] harri peryglor [ ], *CM* Cowydd i haūrū ar Jeuan tew brydydd fynd a llawer mwy noi rann or ŷd degwm oedd ynghyd rhyngtho a m[r] Harri powel i nai, *EFSUY* llyma ddau gywydd a vü rhwng m[r] harri a Ieññ tew brydydd am y degwm, *H* ymryson rhwng Ieuan Tew a m[r] Harri Hir, *L* m[r] harri y Ien' tew am yr yd, *N* y ddau gowydd ymryson am y degwm rhwng y m[r] harri ag Jenn tew brydydd hen, *O* Kowydd i Jeññ tew brydydd, *R* kywyδeu ymrysson rhwng mastyr Harri ag Ieuan dew brydydd, *W* kywyddau ym[ ]ysson, *X* Cyw: dychan Ieuan Tew Brydydd ynghylch ŷd degwm.

Olnod
B harri ap rūs, *CM* mʳ harri powel 1400, *DI* mʳ harri ai kant, *EFS* meistr Harri len ai kant, *G* mʳ Harri ap hoel ai Cant, *H* mʳ hari ai kant, *LVWY* Maystr Hari ai kant, *N* mʳ Harri ai kant, *O* meistʳ harri kydweli ai kant, *Q* mastr Hari, *R* Meistyr Harri kydweli archiagon kaerv[ ]rddin, *T* y mastr Harri ap howel ai kant, *X* Meistr Harri Cydweli ai cant ficar llan[   ], *Z* meistir Harri ap howel.

Trefn y llinellau
ABDHILN 1–24, [25–6], 27–70.
CM 1–18, [19–20], 21–52, [53–4], 55–70.
EGJT 1–70.
FKPSUY 1–24, 27–30, 25–6, 31–70.
O 1–10, [11–12], 13–32, 45–6, 33–6, [37–8], 39–44, 47–8, 55–6, 49–54, 65–6, 59–64, 67–70.
Q 1–52, [53–4], 55–70.
R 1–18, [19–22], 23–4, [25–6], 27–8, [29–30], 31–2, [33–6], 37–44, [45–6], 47–64, [65–6], 67–70.
V 1–40, [41–2], 43–64, [65–6], 67–70.
W 1–18, [19–20], 21–40, [41–2], 43–52, [53–4], 55–64, [65–6], 67–70.
X 1–32, 45–6, 33–44, 47–8, 55–8, 49–54, 65–6, 59–64, 67–70.
Z [1–51], 52–4, [55–8], 59–60, [61–2], 63–70.

Cynghori Ieuan Tew i beidio â charu merch ifanc

           Ieuan, fawl winllan wynllwyd,
           Tew, gŵr bonheddig, teg wyd,
           Da aml a roed yd yma,
4   Y bywyd hir a'r byd da.
           Ti a gefaist dy gyfarch
           Â phob llawenydd a pharch,
           Ac urddas nis câi gerddawr,
8   Ac aur a medd a gair mawr,
           A chariad gan ferch hirwen
           Serchog, a gwraig wriog wen;
           A heddiw, ni'th wahoddir,
12   Yn anfad dyn yn y tir.
           O cedwir y mae'r cudyn
           Ar y gwâr fal eira gwyn,
           A'r iad fal lleuad ei lliw,
16   A'r wenllwyd farf o'r unlliw,
           Gŵr llwyd, oediog wyd a gwan;
           Er Duw, edrych ar d'oedran!
           Dywaid (dy dad enaid wyf),
20   Ym faneg am a fynnwyf:
           Ai gwir, osog goreuserch,
           Dy fod yn cynnig da i ferch,
           A'th fod yn prydu iaith fawl
24   O'th hen fin i'th ddyn fanawl?

           Os gwir (mawr yw eisiau gwaith
           Arnad), gwn air nad gweniaith.
           Wyth, fy ewythr, a'th feiyn',
28   Ieuan, gad ei hunan hyn!
           Ni'th fyn lliw'r ewyn a'r ôd,
           Ni phaid, ŵr, â'i ffawd erod.
           Rhy hen wyd i'r ddyn lwyd lain,
32   A rhy ieuanc yw'r rhiain.
           Ni cheir hi, ac ni châr hon,
           Oni châr un o'ch wyrion.
           Ba ryw ddyn er barddoneg
36   A'th fynnai di, ddoethfain deg?

Nid oes i'th ên o henaint,
Er eich tra dwrdd, uwch tri daint.
Pand truan, peintiwr awen,
40   Na weli di liw dy ên
Ac na weli'n gynheiloed
Mai'r ffon fydd y trydydd troed?
Pe cai wen yr aur gennyd
44   A chaniatáu dy chwant yd,
Ni ellyd, rhag trymfyd tranc,
Ddinwyfo y ddyn ifanc.
Pe delai 'i hun, fun, i'r fan
48   Ni cheisyd ond ei chusan.
Wrth fardd, am waith cotarddi
Llwydwyn hen, llidio 'wnâi hi;
Yn y wisg wych, onis câi,
52   At ŵr ieuanc y troai.

     Y Tew moel, er na'm coelir,
Hen ei siòl, hyn y sy wir;
Achos hyn, na chais annerch
56   Na gair mwy o garu merch.
Mwy elw yty, moel ytwyd,
Beidio, myn Llŷr, bedman llwyd.
Gogryg fardd, ni wna gwraig fwyn
60   Ddim erot, ni ddaw morwyn.
Cymer i'th law baderau,
Bywyd da yd yw, betaed iau.
Cân dair llaswyr Fair ar frys
64   A gwella'r drwg ewyllys,
Ac arch i'r Wyrf Fair, o gŵl,
A Duw faddau dy feddwl!

Ffynonellau
A—Bangor 13512, 44 B—Bangor 15599, 154 C—BL Add 10314, 128
D—BL Add 12230 [= RWM 52], 112 E—BL Add 14866 [= RWM 29],
139ʳ F—BL Add 14880 [= RWM 36], 13ʳ G—BL Add 14882 [= RWM
31], 91ᵛ H—BL Add 14965, 190ᵛ I¹—BL Add 14969, 204 I²—BL Add
14969, 207 J—BL Add 31056, 71ʳ K—BL Add 31083, 6ᵛ L¹—Bodley
Welsh e 8, 30ᵛ L²—Bodley Welsh e 8, 34ᵛ M—Brog (y gyfres gyntaf) 1,
312 N—Card 2.114 [= RWM 7], 163 O—Card 2.202 [= RWM 66], 326
P—Card 2.616, 310 Q—Card 3. 68, 143 R—Card 5.44, 169ʳ S—CM 200,
113 T—LlGC 428C, 102 U—LlGC 552B, 44ᵛ V—LlGC 566B, 80ᵛ W—
LlGC 643B, 126ᵛ X—LlGC 970E [= Merthyr Tudful], 312 Y—LlGC

3046D [= Mos 143], 185 Z—LlGC 3057D [= Mos 161], 395 a—LlGC
5265B, 11ᵛ b—LlGC 5269B, 133ᵛ c—LlGC 5272C, 78 d—LlGC 5474A [=
Aberdâr 1], 236 e—LlGC 6681B, 188 f—LlGC 6706B, 155 g—LlGC
11816B, 30ʳ h—LlGC 16964A, 84ʳ i—LlGC 17114B [= Gwysanau 25], 58
j—LlGC 21290E [= Iolo Aneurin Williams 4], 492 (*dwy l. yn unig*) k—
LlGC Mân Adnau 1206B [= Tanybwlch 1], 289 l—Llst 6, 125 m—Llst 47,
437 n—Llst 55, 129 (*rhai ymadroddion yn unig*) o—Llst 123, 377 p—Llst
133, 899 q—Llst 134, 491 r—Pen 66, 99 s—Pen 112, 312 t—Pen 152, 304
u—Pen 221, 5 (*dwy l. yn unig*)

Er gwaethaf y copïo a fu ar y cywyddau ymryson rhwng Mastr Harri ap
Hywel ac Ieuan Tew Brydydd, dengys nifer o'r llawysgrifau berthynas agos
â'i gilydd. Copi o I² yw I¹ gyda rhai mân wahaniaethau, a diau y gellir
cysylltu'r ddau gopi hyn hefyd â H. Y mae'n debygol fod BQ, Tt a Zo yn
tarddu o'r un gynsail, a llaw Llywelyn Siôn a geir yn RXjmq. Ymhellach ar
y llawysgrifau, gw. isod tt. 157–64.

Amrywiadau

1–11 [*I²*] (*dalen ar goll*); 1–52 [*L²*] (*dalen ar goll*); 1–64 [*j*] (*dalen ar goll*). 1 *A*
Ifan, *FHL¹s* Iefan, *O* Evan; *GHL¹QSZdehopu* mawl, *R* mal, *V* fanwyl, *W* fel, *n*
lliw'r, *r* or; *A* wenllan, *Haeiu* gwinllan, *J* wiwlan, *O* gwinlan, *W* ewin llu;
FPSghnor wnllwyd, *HOu* gwnllwyd, *J* wywlwyd, *Q* gwanllwyd, *V*
winenlwyd, *W* wn llwyd, *YZdp* wenllwyd, *ae* gwenllwyd, *i* gwynllwyd. 2 *Q* y
tew, *Rmq* teg; *U* [teg]. 3–66 [*u*]. 3 *BQ* tai, *FHORWXZaehilmoq* day; *dp* n aml;
F ay roed; *F* [yd] *G* hyd; *J* dy gost agwyl agest yma, *V* da ar gost aml a gest
yma, *Y* day gost attal a gest yma, *r* ar gost aml a gest yma. 4
ACEGJKL¹MPSTbd–gkprst a bywyd, *F* y bwyd, *B* ar bywyd, *W* [y] bywyd; *B*
teg, *Q* tug; *ACEGJKMPSTWZbd–hkoprst* a byd. 5 *ABCPRTbgikmqrtx* di; *S*
gefais; *O* yt. 6 *B* cymmeriaeth, *Q* cymyreth. 7 *B* na chae, *FRXMdpq* nas cae,
GJ a gae, *s* in kae. 8 *RXmq* o gwrw; *WZo* gwin; *BQ* meirch; *FZo* ac aur
mawr. 9 *G* ar ferch; *J* ir wen. 10 *D* gwridog; *BQ* a serchog wraig rywiog
wen, *F* a gwriog yw wen. 11 *G* och, *L¹Yhr* oth, *W* ni. 12
ACDEI¹I²KNPTUbcegst un llwyd a hen wyd yn wir, *BQ* llwyd a hen wyd ti
yn wir, *F* ynynad tyn yn ytir, *GL¹L²OW* llwyd a hen wyd yn wir, *Hai* llwyd a
hen iawn wyd yn wir, *JMVYr* llwyd a gwan wyd yn lle gwir, *RXmq* llwyd a
hen wyd llyna wir, *S* yn anad tyn yn y tir, *Zdop* llwyd a hen wyd ie yn wir, *fk*
yn llwyd a hen wyd yn wir, *h* llwyd a hen ie yn wir. 13 *FL¹MRSXcdhlmqr* or;
CGJNPUVgs credir, *Ofk* codir; *L¹* [y]. 14 *JV* y gwr, *L¹* ar war, *Q* ar y war;
HL¹OSlah mal, *BC* fel; *ADGL¹MRXbhmq* yr eiry. 15 *HSahi* mal; *Di* leuad. 16
G ar farf wen llwyd; *BQp* yn unlliw. 17 *BQ* wyd oediog, *C* ac oediog, *Y*
oedrannog wyd, *e* wenllorf wyd; *JZ* egwan, *M* llwydwan; *G* gwr oediawc
llwyd wyd a gwan. 19 *L¹* a dywaid; *M* [dy]. 20 *DMOSt* a ofynnwyf,
GI¹I²RXYZcdhlmpqr ofynwyf. 21 *ACFGI¹I²RYlr* oysog; *HJOa* oreuserch, *BQ* y

saig oreuserch, *Q* gore i serch, *W* o fall goreuserch. 22 *s* [dy]; *N* wr. 23–6 [*F*]. 23 *n* a thabhod; *HI¹I²O* prydyddiaeth. 24 *BHI¹I²L¹OQSYade* (oth) *fhikpr* ath; *BQ* fun; *RXmq* y thyn, *Z* nithy yn, *i* eithin, *o* ni thy; *BHQW* fainawl, *I¹I²ce* faenawl, *V* ddehunfawl; *J* eneth ddwyfawl; *M* iaith llyn fanawl. 25 *C* os y gwir, *O* ag os gwir; *NPQUWYgs* [yw], *d* ywr; *B* mawr eisiau y gwaith. 26 *dp* gwan air; *ACDEHJKNOPRUVYZabefgops* nid; *L¹N* gweiniaith; *BQ* ar dy fin er dy fwyniaith. 27–8 [*BGQfkp*]; 27–66 [*Tt*]. 27 *FSe* (wyth) wrth, *W* chwithau, *l* wythr; *U* [fy]; *W* a, *C* ath, *b* at; *C* frethyn; *JVYr* drwg oedd yr hen fargen fu, *M* drwg oedd i hen fargen fu. 28 *ACHSW* Ifan, *L¹* Jefan, *O* evan; *U* [gad] *RXmq* dy hunan; *JMVYr* hynny. 29 *Joprs* lliw['r], *RXlmq* liw. 30 *P* lliw; *C* ynod. 31–4 [*G*]. 31 *HOci* [i'r], *h* i['r]; *BJQ* fun; *DU* llwyd lain, *F* lwydwen, *Hai* llwyd llain, *JVWdhpr* lwyd fain, *M* llwyd fain, *L¹* lawen wen, *N* (lwyd lain) loywfain, *Q* lwydlain, *RSXYZlmoq* lwydfain. 32 *ACN* (ieuanc) *brs* ifanc, *HL¹* iefank; *BCEKMOPRUXYfgikmq* yw['r]; *QZo* fy; *FL¹* rienn. 33 *A–DI¹I²JL¹ NPQSUVWYZbdfghkoprs* char, *M* chai; *A–DFI¹I²JL¹MNPQSUVWYZbdfghko prs* chair. 34 *Cg* chair. 35–6 [*Zo*]. 35 *BMi* brythoneg, *C* bryddaneg, *EHKNOPaes* bryddoneg, *F* byr ddoneg, *P* prythoneg, *U* brithoneg, *Vhn* byrddoneg, *W* brei ddoneg, *f* bruddoneg, *g* bryddaneg, *k* briddoneg; *J* pur [ ]. 36 *n* yth; *N* fynnu; *BQ* a fyni di; *BQ* fenyw deg, *dn* doethfain deg. 37 *ACEKNPUb*(*e*)*fgks* yn dy en, *BQ* ith ben, *JY* ich gên, *L¹W* yn yr en, *RXhlmq* nyr en; *ADGb* gan. 38 *F* erch, *I¹I²MSWYdp* er dy, *RXmq* er i, *U* er y; *AEKNU*(*e*)*s* truth, *FL¹h* twrdd, *G* dwrd, *I¹I²MRSWXYdmpq* dwrdd; *G* ywch law; *MW* ond; *A* och daint, *D* othaint, *EFKL¹NU*(*e*)*hs* o ddaint, *MRXmq* or daint, *b* oth ddaint, *c* tri daint, *dp* dri o ddaint; *B* taer wyd wr oddieithr tri daint; *HOaei* un tro dioer ond tridaint; *Q* taur wut wr either tri daint; *r* [ ] ond tri daint. 39 *ARXamq* pond, *CJNOP* pan, *Q* paid, *W* poen, *Y* ponid; *BMQdpr* rhyfedd, *G* ryvydd, *RXmq* rywedd; *F* ybeinttiwr, *HI¹I²O* pwyntiwr, *L¹* y beintiwr, *l* panitiwr; *r* gwynt ywr awen. 40–52 [*F*]. 40 *C* ni weli. 41 *M* wel hi; *S* mae'n; *ACDEJKPQVbfgks* [yn]; *ABDEGJKL¹NOPUWb*(*e*)*fgks* gyniloed, *Cd* gynhiloed, *HI²a* ganiloed, *I¹* geiniloed, *Mp* gynheilioed, *r* ytteilioed, *Q* gynhiloed, *RXmq* kynhailioed, *V* gynilod, *e* ganeiloed. 42 *BHI¹OQUa* mai['r]; *ABDNQRUXVbjmqrs* a fydd, *L¹SWdh* y sydd; *ABDNQRUXjmpqr* [y]; *Q* trydd, *SWhp* drydydd. 43 *M* bei, *RXmq* be, *Yr* pei, *l* bai; *Sh* a phe; *JMVYr* mynnai wen; *Zo* fyng wen; *ei* o; *SWYdhlo* [yr]; *J* da, *MVr* dda; *L¹* ass kae o aur genyd. 44 *O* ni. 45 *L¹* yny; *Q* ellit, *S* ellid, *V* allit, *Ya* allyd, *e* allud; *A* tymfyd, *EGI¹I²Kdeps* trymfryd, *M* trymyd, *L¹RSWXYhlmqr* trymryd, *fk* trwmfyd. 46 *Q* mo; *C* ddi wyfo, *G* ddienewo, *Hai* diynwyfo, *I¹O* dianwyfo, *I²e* di ynwyfo, *JV* ddiwenwyfo, *Mdp* ddiwyno, *L¹* ddy nwyo, *RXmoq* ddienwyo, *S* difenywo, *W* di enwyfo, *h* ddienywor, *l* ddienywio; *Jei* [y]; *Q* mo; *M* ar; *HI¹I²Waei* dyn, *Q* fyn; *DL¹NYacs* iefanc, *i* iyvank. 47–8 [*BGHI¹I²OQXace*]. 47 *ACDENPUbfgks* ni ffery fyth, *L¹* ny fyrhai fyth, *RXdmpq* ny pharhaud fyth, *S* ni phyrae fyth, *W* ni fferhaud fyth, *h* ni phyrhai fyth, *o* ni fferhaid fyth, *l* ny ffyrhayd fyth; *A* ffei or rhan,

CDNPQgs a ffei ran, *E* nwffer wan, *L*¹ a ffai ran, *r* y fun fan, *RXhmq* a phai ran, *S* ophai (*gall mai* aphai *ydyw*) ran, *W* yn rhan, *b* ffei ran, *dp* o bae ran, *fk* na ffei rhan, *o* hoffi i rhan, *l* affairan. 48 *L*¹*RXZdhmopq* eithr. 49–50 [*ACDEKNUbfgks*]. 49 *G* ffarwell am war; *BQRSXZhmopq* am werth, *L*¹ am waeth, *i* dy waith; *d* wrth; *BQ* cod Harri, *G* katardi, *o* catarfi; *JMVY* cyn son am i bodloni, *r* a chyn son am ddigoni, *W* rhag byrred ywch ced harri. 50 *RXmq* llwydwen, *r* llwydwan; *BHJMQ* wna. 51 *r* ni wisg, *Z* ynnwisc, *o* ymysc; *BEHI*¹*I*²*JKMOQSVWYZacde* (wych) *hilopr* hen; *JVr* lle nis cai, *L*¹ ay yskai; *N* yny wisg (wych) hi hen (onis) kai; *U* ni wisg hi wych hen onis cai. 52 *BQWZo* trawai; *J* ir anturiai, *L*¹ troya hi. 53–4 [*BQ*]. 53 *J* y gwr, *V* eto / *r* l; *HVae* (er nam) *il* onym; *A* credir, *L*¹*L*² goelir. 54 *ACDFGL*¹*L*²*NPSUZbfgko* hynny; *HJRWXaceimqrs* hyn [y]. 55–6 [*HI*¹*I*²*Oce*]. 55 *L*¹*L*²*QVZdp* o achos. 56 *M* am garu. 57–8 [*BQ*]. 57 *RWXmpq* yd, *l* yti; *L*¹*L*² moel llwyd; *RWXmpq* ydwyd. 58 *l* baidi; *JMVr* mal llyr; *AJ* bidmon, *Zo* y bedmon. 59–60 [*BGJMVZor*]. 60 *C* dim erot ti, *ENPU* ddim mwy erod, *Flh* y mwy erod, *HI*¹*I*²*KOQSYacei* na mwy erod, *L*¹*L*² ymwy erod, *RWXdmpq* mwy erod ti, *fgks* ddim erot ti; *CDHI*¹*I*²*KL*¹*L*²*N–SUWXYac–hklmpq* na morwyn, *i* no morwyn. 61–2 [*JV*]. 61 *AZr* bederau. 62 *L*¹*L*²*p* a bowyd da; *l* tayd; *ABDEFKGL*¹*L*²*NQRXmoqs* [yw]; *h* [pe]; *BDEFKORUWXamqs* be baut, *Gl* betaid, *HI*¹*I*²*acei* bed faud, *S* o bai yt. 63 *F* llasor, *l* sallwyr, *b* llyswyr; *B* cân di air hyfryd-air ar frys; *Q* can dy air llysgair ar frys. 64 *I*¹*I*² gwella['r], *d* gwellath; *EFGHJKL*¹*L*²*MNOSUVWYaefikp* dy ddrwg wllys; *B* gwell it na'r drwg ewyllys. 65–6 [*F*] (*oherwydd niwed i'r llawysgrif*). 65 *ACDEKNfgkrs* i['r]; *BOQZfko* wir; *JVY* i fair gair, *r* i fair wyri; *BL*¹*L*²*MQSYh* heb gwl, *EK* ddi gwl, *Fcdp* gwl, *HI*¹*I*²*Oaei* eb wl, *W* ddibwl. 66 *l* ady fadday.

Teitl

A Atteb i Ifan y Tew, *BQ* Cowydd athrod rhwng Ieuan Tew ai gariad o waith Mr Hari Cydweli, *C* Dychan i Ieuan Tew Brydydd, *D* Atteb ir Cywydd uchod, *H* Cowydd i edliw ir henwr 'i smalhawrwydd yn karu, *I*¹*c* Cowydd i edliw ir henwr or blaen i smalhawrwydd yn karu, *J* Cywydde ymrysson rhwng hari ap hoel ag Iūān tew hen, *K* Atteb ir cowydd o'r blaen, *NU* llyma atteb iddo, *O* Cowydd i edliw ir henŵr i ysmaldod yn caru, *P* Dau gowydd a fu rhwng m^r harri ac Ifan Tew brydydd, *S* Atteb, *V* Cowydd yw atteb, *W* Syr Harry yn i atteb, *Y* m^r harri ethrod, *Z* k: i ddangos fynd Jeuann Dew brydydd yn hen ag na fynn llankes mono ef, *a* kowydd o waith gwas jevank o offeiriad nai ir dywededig Jevan tew i edliw iw ewythr y gerdd ar gwagedd a wnaethai ef ir ferch yroedd ef yw charu : drwy foddion i athrod rhyngthyn: ag yw chael iddo ehun, *bi* k: atteb, *d* Atteb i Gywydd Ieuan Tew Henaf, *f* kowydd o waith m^r hari i Jfan tew brydydd, *g* Kowydd i jevan tew brydydd, *k* Dychan i Ifan Tew brydydd, *n* meistr harri, *o* Cyw: dychan i Ieuan Tew brydydd am fod yn caru pan oedd yn hen, *s* cowydd i atteb y cowydd uchod, *t* Atteb ir *C* : uchod.

Olnod
ANPabgips masdr harri ai cant, *B* mr Henry Kadweli ai Cant, *C* Mr Harri,
DRWXejmq Mr Harri ai cant, *EKf* mastr harri, *G* [ ]^r harri ap howell ai k[ ],
H M$^{r:}$ Harri Offeiriad, *I^{1}I^{2}O* M^r harri offeiriad ai cant, *JM* harri ap rhys ai
kant, *L^{1}L^2* ssir hari howel ay kant, *Q* Mr Harri Kadweli ai cant, *S* Harri ap
Hoel ai cant, *U* Master Parry ai cant, *V* Sr Hary ap Rh ai k, *Z* Syr harri ai
kant, *c* Mastr harri offeiriad ai cant, *d* (a) Mastr Harri (b) Syr Harri Howel
Person Llandyfaelog (*mewn llaw ddiweddarach*), *h* y mastr harri ap hoel ai
kant, *j* mastr harri ai cant (*mewn llaw ddiweddarach* 1400), *o* (a) syr harri ai
cant (b) mr Harri ap Howel (*mewn llaw ddiweddarach*), *r* master hari
Kydweli ai kant.

Trefn y llinellau
ADEKNUbgs 1–48, [49–50], 51–66.
BQ 1–26, [27–8], 29–46, [47–8], 49–52, [53–4], 55–6, [57–60], 61–6.
C 1–6, 8, 7, 9–48, [49–50], 51–66.
F 1–22, [23–6], 27–39, [40–52], 53–8 + i, 59–64, [65–6].
G 1–16, 39–42, 37–8, 19–26, [27–8], 17–18, 43–6, [47–8], 29–30, [31–4], 35–6,
    49–52, 57–8, [59–60], 53–6, 61–6.
HI^{1}Oce 1–46, [47–8], 49–54, [55–6], 57–66.
I^2 [1–11], 12–46, [47–8], 49–54, [55–6], 57–66.
J 1–18, 20, 19, 21–58, [59–62], 63–6.
L^{1}S 1–58, + i, 59–66.
L^2 [1–52], 53–66.
M 1–58, [59–62], 63–6.
PRWhimq 1–66.
Tt 1–26, [27–66].
V 1–58, [59–62], 63–6.
Xa 1–46, [47–8], 49–66.
Y 1–56, 59–60, 57–8, 61–6.
Zo 1–34, [35–6], 43–52, 39–40, 37–8, 41–2, 53–8, [59–60], 61–6.
d 1–56, + i, 57–66.
fk 1–26, [27–8], 29–48, [49–50], 51–66.
j [1–64], 65–6.
p 1–26, [27–8], 29–56, + i, 57–66.
r 1–58, [59–60], 61–6.
u 1–2, [3–66].

i
o bwriaist serch heb erchi
ar ferch wen ofer ychwi

10
Gwallt aur merch

Y fun hoywddoeth fonheddig
Â'r wybyr aur ar ei brig,
Tebig, dan gerrig araul,
4   I Eigr yw hon, ac i'r haul.
Un rhiain yw'n yr heol
A lloer haf oll ar ei hôl;
Un dyn megys y blysiant
8   Mewn ffair aeth â'r gair ar gant.
Ni ddug merch wen, ers ennyd,
Draw yn Ffrainc draean ei phryd.
Prydu, dan gamp y rhodiwyf,
12   Ei cherdd wen, a'i charu 'r wyf;
Gwan wyf gan rwyf, gwn, i'r ais,
Gwen a bair gwayw'n y byrrais.
Gweddus a hoenus yw hi:
16   Gweddeiddais gywydd iddi.
Gwneuthum, tra fûm mewn tref fawr,
Lythyr iddi, lathreiddwawr.
Ac yn hwnnw gan hannerch
20   A chomisiwn sesiwn serch.
Cerais wen mewn cwrs anhun:
Cariad fyth nis cred y fun.

    Aur yr un ferch anerchaf
24   Ymlaen neb, a'i mawl a wnaf.
Seren wen is aur newydd,
Wythliw'r sêr o'i thâl y sydd.
Iesu Grist, o'i asgre wen,
28   A roes aur ar y seren;
Rhoes gras ac urddas heb gawdd
Trwy natur aur trinawtawdd.
Y mwdwl gwallt am dâl gwyn
32   Is y foled sy felyn,
Yn walc aur, annwyl y caid,
Yn goron, yn gae euraid,
Yn oldwir ar feinir fwyn,
36   Yn ddwyraff yn ei ddirwyn,

Yn llwyn o gŵyr, yn llen gêl,
Yn ysgáing, yn wisg angel.

     Pob gwerth gan y Pab a gaid,
40   Pei wrth ddôr y porth euraid,
     Pe bai aur y Pab a wn
     Oll i minnau lle mynnwn,
     Rhown i'm rhiain, addfain oedd,
44   Benfelen, bunnau filioedd.
     Ym y gyrroedd am gariad
     Lyweth o aur, lwyth ei hiad.
     Caf freicheidiaw gerllaw'r llan,
48   Ddyw Sul, fy newis wylan;
     Caf weled acw y filiwn
     O aur i gyd ar ei gŵn;
     Caf orddiwes y bresen,
52   Caf bob nwyf pan welwyf wen;
     Caf reso, caf air isel,
     Caf win ar ei min a mêl;
     Caf ddwyn ym lwyn melynaur,
56   Cael ym berchen coel o aur.

Ffynhonnell
Stowe 959 [= RWM 48], 33ᵛ

Ymhellach ar y llawysgrif, gw. isod td. 164.

Darlleniadau'r llawysgrif
1 y vyn. 2 ar wybyr aʸr; y brig. 3 eigir; yr. 7 megis; ū blissiant. 9 essennyd.
14 y bair. 17 tryvym. 18 lyt[ ]r yddi lathraith vawr. 19 [ ]hwnw gann
ha(?i)nerch. 20 [ ]chymisiwn siesswn. 21 annyn. 22. ū vyn. 23 ū nerchaf. 28
ū seren. 29 ro(?e)[ ]. 30 t[ ]atur. 31 y [ ]wl. 32 is [ ]led. 35 ū vainir. 36 y
ddirwyn. 40 pai; ū porth. 41 ū wn. 42 yminay. 46 ū iad. 47 gair llawr. 50
ygwn. 52 pyn.

Teitl
Merch.

Olnod
Master harri ai kant.

I Fair Forwyn

Gwawr dda i blaid gwir Dduw a'i blant,
Gu gannaid y gogoniant;
Nid haul deg araul y dydd
4   Yw'r gannaid wiw ar gynnydd:
Y gannaid o'r gogonair,
Gwinwaed ferch, y gannaid Fair,
Merch Sïacym, doethrym da,
8   Mawr ei chynnydd, merch Anna.
O werthau ne' eu ffrwyth a wnaid,
Fenyw deg, yn fendigaid.
Hi 'ddug Iesu, dda gysur,
12   I dynnu pawb o dân pur:
Mab Mair ar groes, rhoes hwy'n rhydd
O chredant, iach Waredydd.

Nef a wnaeth hi'n fyw yn ôl,
16   Aur winwydden rinweddol.
Dwyn ei mab, Dawn y meibion,
A dwyn ei Thad a wnaeth hon;
Merch orau, mawr ei chariad,
20   Mamaeth oedd, a mam ei Thad:
Ei hoff urddas a'i phurDduw,
A'i henaid oedd, a'i hOen Duw.
Dull coel, nis deall calon
24   O ddawn a hap oedd yn hon:
Dewis lestr, duwies lwysdeg,
Dewis dyn Duw Iesu deg.
Da oedd, iawn ydyw addef,
28   Os da neb is Duw o nef
Un nid oes onid Iesu;
A ddoeda' i fyth, ddaed a fu
Mair burgred fendigedig;
32   Mair uwch saint ei braint a'i brig;
Mair gywirair, ddiweirddoeth;
Mair ragorol, dduwiol, ddoeth;
Mair, hael yw hi, mam yr hedd;
36   Mair enwog, mwya'i rhinwedd;

Mair uchel rym yr iechyd;
Mair ne'n ben morynion byd;
Morwyn cyn dwyn Oen Duw oedd,
40   Morwyn wedi dwyn ydoedd;
Trwy Fair, Gair trofawr gariad:
Trugaredd, anrhydedd, rhad.

Da nod ar bob dawn ydoedd,
44   A Duw a'i dug, rhag daed oedd:
Yn gorffol waedol wedy
Yn fyw yr aeth i nef fry—
Fun dragwyddol, llwyddol, lles,
48   Fron hynod—yn frenhines.
Êl â ninnau, lân unair,
Iôr hael, Amen, ar ôl Mair.

Ffynhonnell
Card 2.617 [= Hafod 3], 178ᵛ

Ymhellach ar y llawysgrif, gw. isod td. 159.

Darlleniadau'r llawysgrif
3 hael (*gydag* u *wedi ei hychwanegu uwchben* e). 5 gog*a*nair (*y mae'r* a *yn aneglur*). 6 ganad. 10 faniw. 15 ni fyw / n / ol. 17 [ ]eibion. 19 merch o / ran. 20 mameth. 22 oen. 30 ddoedai. 33 dduweirddeth. 41 troefawr. 42 a[ ]rhydedd. 43 da / n / od. 45 wᵃedol.

Teitl
Kowydd j Fair.

Olnod
Harri howel.

Nodiadau

8

Cadwyd testunau o ddau ymryson a fu rhwng Mastr Harri ap Hywel ac Ieuan Tew Brydydd o Gydweli, bardd a lysenwir yn y llawysgrifau fel 'y Prydydd Hen' neu 'Ieuan Tew Hynaf'; a chan Ddafydd Benwyn, yn Card 2.1, 75, yn 'Ieuan Tew gwas-y-bwch'.[1] Dywed Mastr Harri fod Ieuan Tew yn ewythr iddo; ac er y gall ei alw felly fod yn ddefod farddol neu'n ffordd barchus o gyfeirio at unrhyw berthynas hŷn, diddorol yw'r dystiolaeth sydd ar glawr fod Ieuan Tew a Hywel ap Gwallter (sef tad Harri) ill dau yn hanu o Gydweli, ac mai oddi yno, o bosibl, yr hanai Harri ap Hywel ei hun.[2] Ysywaeth, y mae'r wybodaeth a gadwyd ynghylch teulu a cheraint Ieuan Tew yn brin iawn. Er na chofnodwyd enwau ei fam na'i wraig, yn ôl tystiolaeth yr achresi, gwyddys bod Ieuan yn fab i Wilym ab Ieuan ap Gruffudd Fychan o linach Rhys o'r Dymheru ap Gronwy.[3] Enwir plant Ieuan hefyd, sef Gwerful (a briododd â Thomas Button o Gaerdydd); Gruffudd, na wyddys enw ei wraig, ond y priododd ei fab, Ieuan, â merch (ddienw) Hywel ap Ieuan; a Mabli, a briododd â Nicolas ap Rhys.[4] Yr oedd llinach draddodiadol Ieuan Tew Brydydd—y gellid ei holrhain trwy Gronwy ab Einion i Basgen ab Urien Rheged—yn un ddigon llewyrchus. Ceir carn yn achres Ieuan Tew, felly, i honiad Mastr Harri mai un *o lwythau taleithiawg* oedd y bardd hŷn.[5] Ar sail y dystiolaeth a roddir gan P.C. Bartrum, yr unig gysylltiad y llwyddwyd i'w olrhain hyd yn hyn yn ateg i berthynas Mastr Harri ac Ieuan Tew Brydydd yw fod Gwenllïan ferch Gruffudd (sef gwraig Gwallter ap Gruffudd, taid Harri[6]) yn wyres i Wenllïan ferch Ieuan Goch. Tad Ieuan oedd Rhys o'r Dymheru ap Gronwy, yr hanai teulu Ieuan Tew Brydydd ohono.[7] Un o frodyr Rhys oedd Hywel, a'i wraig yntau oedd Nest Ddu; gorhendaid Nest oedd Morus

---

[1] Gw. y nodyn arno yn CLC[2]. Dylid nodi bod yr wybodaeth a roir yn ByCy 390 yn anghywir, ac mai cymysgu manylion y Tew Hen a'r Tew Ieuanc a wnaed yno, gthg. DWB 413. Ni chafwyd hyd yma astudiaeth o waith Ieuan Tew Brydydd, ond fe'i golygir gan Owen Thomas yng Nghyfres Beirdd yr Uchelwyr (i ymddangos).

[2] Am Hywel ap Gwallter, gw. P.C. Bartrum: WG1 'Elystan Glodrydd' 56. Cyfeirir at Mastr Harri mewn rhai llsgrau. fel Harri ap Hywel 'o Gydweli'.

[3] Ceir ach Ieuan Tew yn P.C. Bartrum: WG1 'Einion ap Llywarch' 10.

[4] Gw. P.C. Bartrum: WG1 'Einion ap Llywarch' 10; P.C. Bartrum: WG2 'Einion ap Llywarch' 10 (A); *ib*. 'Grant' 5.

[5] Gw. 8.4.

[6] Gw. P.C. Bartrum: WG1 'Elystan Glodrydd' 56, 57.

[7] Gw. *ib*. 'Einion ap Llywarch' 10, 11.

ab Elidir, yr hanai teulu Mastr Harri ohono. Afraid ychwanegu bod y
cysylltiad achyddol hwn rhwng y ddau fardd braidd yn ddyfeisgar: diau y
ceid ymhlith perthnasau Hywel a'i wraig, Elen ferch Einion ap Henry Ddu,
un a oedd yn ddolen gyswllt uniongyrchol rhwng gwahanol ganghennau'r
teuluoedd hyn.[8]

Testun yr ymryson hwn oedd talu'r degwm.[9] Erbyn ail hanner y
bymthegfed ganrif yr oedd cryn wrthwynebiad i'r dreth hon,[10] a daeth
achosion talu neu wrthod talu'r degwm yn destun nifer o gerddi.[11] Yr arfer
yn Lloegr oedd cyhoeddi melltithion ac esgymuniadau cyhoeddus yn eglwys
y plwyf yn erbyn y sawl a wrthodai dalu'r degwm, a hynny gynifer â
phedair gwaith y flwyddyn; teg yw casglu bod arfer o'r fath yn bodoli yng
Nghymru hefyd.[12] Ond er bod y degwm ei hun yn amlwg yn bwnc llosg yn y
cyfnod, y mae'n anodd peidio ag ymglywed â naws gellweirus yn y ddwy
gerdd hyn o waith Mastr Harri ap Hywel ac Ieuan Tew. Mastr Harri biau'r
cywydd cyntaf, ac wedi canmol tras a doniau barddol Ieuan Tew, cyhuddir
y Prydydd Hen ganddo o fod yn lleidr (a hynny mewn iaith nid annhebyg
i'r cywyddau ymryson rhwng Syr Phylib Emlyn a Syr Lewys Meudwy), ac
o beidio â chyfrannu'r hyn oedd yn ddyledus yn ddegwm, gan adael y 'tâl'
ar war Harri[13] ei hun.

Etyb Ieuan Tew y cyhuddiadau hyn yn ei gywydd *Y Meistr nis amau
estrawn* drwy foli'n ddefodol ach Mastr Harri, a'i alw yn un *o lwyth rheiol
iawn*[14] a 'tharian' ei deulu. Er hynny, maentumia'r Prydydd Hen fod Harri,
ac yntau'n *feistr y pum festri* (sef, y mae'n debyg, Llandyfaelog), yn euog o
enllib, ac felly'n gyffelyb i neb llai na Pheilat ei hun! Honnir yn y lle cyntaf
nad camp fechan fyddai denu'r offeiriad o'r *gaer wen dref* (Caerfyrddin?)
a'r *gwin draw*. Edrydd Ieuan helyntion casglu'r ŷd degwm, a'r anffawd a
arweiniodd at eu colli. Sonia'r bardd am gant o eifr yn eu cnoi, gan

---

[8]   Ceir ach Elen ferch Einion yn P.C. Bartrum: WG1 'Cydifor Fawr' 3.

[9]   Am grynodeb o hanes lle'r degwm yn yr Eglwys ganoloesol, gw. ODCC[3] d.g. 'Tithes';
WCCR[2] (mynegai) d.g., yn enwedig tt. 273–4, 280, 286–8.

[10]   Trafodir hyn yn WCCR[2] 206, 209, 552–3; ar gyfer y sefyllfa yn Lloegr, gw. Giles Constable,
'Resistance to Tithes in the Middle Ages', *Journal of Ecclesiastical History*, xiii (1962), 172–85.

[11]   Ceir cyfeiriadau at y degwm yng ngherddi dilys (ac apocryffaidd) Siôn Cent, er mai anodd
ar hyn o bryd yw gwybod a ydynt yn cynrychioli propaganda eglwysig neu safbwynt bardd
penodol, cf. IGE[2] 274 (llau. 19–22) *Awn bob ddau, nid gau gennad, / I eglwys Duw, gloyw ei stad,
/ A thalwn (pam na thelir?) / Offrwm a degwm o dir.*

[12]   Ceir testun Saesneg o'r 'Greater Excommunication' (a adwaenid hefyd fel 'General
Sentence') yn *Monumenta Rituale Ecclesiae Anglicanae*, ed. W. Maskell (London, 1847), ii, 286–
301.

[13]   Ni ellir bod yn sicr ai'r bardd (Mastr Harri) ynteu'r brenin Harri ei hun a olygir gan yr
ymadrodd hwn, gw. ll. 63n.

[14]   Gw. y Rhagymadrodd uchod, td. 113. Gan y cyhoeddir golygiad o holl gerddi Ieuan Tew
Brydydd Hen yng Nghyfres Beirdd yr Uchelwyr (i ymddangos), nid aethpwyd ati i sefydlu
testun safonol o'r cerddi hynny gan Ieuan Tew sy'n ymwneud â Harri ap Hywel. Dylid
pwysleisio, felly, mai darlleniadau dros dro a gynigir yma, ac y gall mai casgliadau gwahanol a
geir yn y golygiad gorffenedig o waith Ieuan.

ychwanegu bod pethau'n mynd o ddrwg i waeth pan ddaeth hychod 'Dafydd', gwartheg 'Siôn Parc', a moch 'Gwallter Cochyn' i ddwyn bron y cyfan o'r ŷd a oedd yn weddill. Y mae'r enwau a grybwyllir gan Ieuan Tew yn ddiddorol, ac efallai'n arwyddocaol: yn ôl tystiolaeth yr achresi, Dafydd ac Ieuan oedd enwau dau o frodyr Harri ap Hywel, a Gwallter oedd enw ei daid. Er y gall mai cyd-ddigwyddiad yw'r enwau hyn yng nghywydd Ieuan Tew, ychwanegir at hwyl yr ymryson drwy honni rhoi'r bai ar aelodau o'i deulu, a mynnu y dylai Mastr Harri ddial arnynt hwy ac ar eu hanifeiliaid. Serch hynny, gorffen Ieuan ei gerdd drwy addo na fyddai ef ei hun yn dial ar Harri (yn ôl rhai testunau, dywed Ieuan hefyd mai gan Dduw ei hun y caiff ef 'iawn'), ac y deuai *nos Nadolig nesaf*, gan mai 'gwas dewr' ydyw, i gymodi â Harri—er y costiai hynny 'aur' iddo!

Ceir testun diplomatig o'r gerdd yn *Llanstephan 6*, ed. E. Stanton Roberts (Cardiff, 1916), 89–91.

3 **gŵr hen** Cf. ll. 13n isod. Geilw Ieuan Tew ei hun yn *ŵr rhy hen* yn ei gywydd ateb, er na ellir dod i gasgliad diogel ar hyn o bryd ynghylch oedran Ieuan erbyn *terminus ante quem* wythdegau'r 15g. Hefyd, yr oedd yn arfer gan y beirdd ddychanu ei gilydd drwy honni eu bod yn hen, gw. GSCyf 12.33n, GIBH 2.3n a YEPWC cxviii am enghreifftiau tebyg.

4 **taleithiawg** 'Yn gwisgo diadem' neu 'goronog' yw'r ystyr yma, ond cymharer y ll. hon â'r un gyfatebol a geir mewn cywydd mawl i'r marchog Syr Gruffudd Fychan o Bowys a briodolwyd yn betrus i Rys Goch Eryri yn IGE—ond y mae'n fwy tebygol mai Hywel Cilan a'i canodd—*Urddol, rhwydd arddelw yrhawg / Wyt o lwythau taleithiawg* (IGE² 318 (llau. 29–30) a td. xliii–xliv; cf. GHC 48 (XXVII.29–30) a tt. xxii–xxiii; a gw. hefyd GSCyf 88). A wyddai Mastr Harri am y cywydd hwn?

5 **or henwir** Cymerir mai ffurf amhrs.pres.myn. y f. (*h*)*enwi* sydd yma, gydag *h-* anorganig. Ar *or*, gw. ymhellach 4.21n.

8 **cnewill** Ceir *cniwill* a *cnewyll* yn ogystal â *cnewill* yn yr amrywiadau, ac y mae *cnewyll* yn hysbys yn yr ystyr 'bywyn cneuen'. Er bod y gair yn cael ei restru dan y ffurf *cnewyll* yn GPC 519, y mae Mr Gareth Bevan, cyd-olygydd Geiriadur Prifysgol Cymru, o'r farn y gall y ffurf â'r terfyniad *-ill* fod yn amrywiad. Y mae'r ddelwedd yn ymddangos yn annisgwyl braidd, am fod Mastr Harri yn dyfalu melystra canu Ieuan Tew wrth synnwyr blas yn hytrach na'r clyw, ond cf. y ddihareb 'cyn iached â'r gneuen'.

12 **f'ewythr** Cyfeiria Mastr Harri at Ieuan Tew fel *fy ewyrth* hefyd yn 9.27. Fel y nodwyd yn y sylwadau rhagarweiniol uchod, y mae'n bosibl mai at berthynas deuluol y cyfeiria Mastr Harri, er na ellir profi'r

berthynas drwy dystiolaeth yr achresi ar hyn o bryd. Nodir yn GPC 1266 y gallai *ewythr* gael ei ddefnyddio fel teitl o barch wrth gyfarch hynafgwr, ac y mae'n ddigon posibl mai dyna'r ystyr yma, os Ieuan a ddysgodd grefft cerdd dafod i'r dyn iau ac o gofio hefyd fod y ddau yn hanu o Gydweli yn wreiddiol.

13 **llwyd** Cf. ll. 3n uchod. [*B*]*ardd gwyn ei ben* yw disgrifiad Ieuan Tew ohono'i hun yn ei gywydd ateb.

15 **wyth o'r campau da** Rhestrir y Pedair Camp ar Hugain (y 'gwrol-gampau', y 'mabolgampau', a'r 'gogampau') yn IGE² 387, sy'n dibynnu ar y rhestr a geir yn D; dichon y cyfeirir at wyth o'r campau hyn yma, er nad yw'n amlwg at ba rai y cyfeirir. Ceid yn eu plith saith gamp a oedd yn ymwneud â'r grefft farddol, ond nid yw union arwyddocâd yr ymadrodd *wyth o'r campau da* yn eglur, oni bai fod Mastr Harri yn goganu Ieuan Tew drwy honni nad oedd ganddo'r cyraeddiadau traddodiadol disgwyliedig. Fodd bynnag, gall fod a wnelo rhif traddodiadol y Campau â *trefa*, isod ll. 16n.

16 **trefa** Amrywiad ar *drefa* (ar *dr-/tr-*, cf. y ffurfiau cyfochrog *dreml/trem*, &c.). Yn ôl GPC 1082 ystyr *drefa* yw 'pedair ysgub ar hugain, dau stwc o ŷd; y rhif pedwar ar hugain; nifer mawr'.

18 **llwgwr** Ll. ansicr, gw. yr amrywiadau. O blaid gweld yn y ll. hon ffurf lafar *llwgr*, cf. *wybyr*, 10.2n isod. Y mae'n bosibl y dylid cymryd bod *llwgwr* yn cyfeirio at ddifrod a wnaed ar gnwd o ŷd yma, ond dichon mai cyfeirio a wna, yn hytrach, at ddinistr pob un o'r pedair camp ar hugain. Ar *llwg(w)r*, gw. GPC 2235.

25 **heinar** Gw. uchod 3.42n ar *heiniar*.

29 **[y] Digoed** Ceid yn wreiddiol le o'r enw'r *Digoed* ger Pentre-poeth yn ardal Llandyfaelog (dichon mai *Dugoed* oedd y ffurf yn wreiddiol ond bod angen y ffurf *Digoed* ar gyfer y gynghanedd). Fel yn achos *Tor-y-coed* (ll. 30n isod) ac *Antwn* (ll. 67n isod), gall mai cyfeiriad at enw o fewn cylch neu ardal ddegwm Ieuan Tew yw hwn.

30 **Tor-y-coed** Ceir rhai enwau lleoedd yn sir Gaerfyrddin sy'n cyfateb i'r enw hwn, e.e. *Torcoed Uchaf* a *Torcoed Fawr* (SN 4814, 4914), sef lleoedd i'r gogledd o Bontyberem ac i'r de o Landdarog. Ceir hefyd *Tor-y-coed* ger Llangyndeyrn (gw. WATU 204), a chan fod y lle hwnnw yn agos i'r *Digoed* (ll. 29n uchod) a (?phont) *Antwn* (ll. 67n isod), y mae'n rhesymol casglu bod Mastr Harri yn cyfeirio at ardal y degwm a oedd yn ddyledus.

32 **anach** Y mae nifer o'r llsgrau. o blaid darllen *Ac ni cheir anach o'r iawn*, gan roi felly *c* heb ei hateb ar ddechrau'r ll. Os dyna oedd y darlleniad gwreiddiol, a ddylid ei ddeall yn enghraifft o'r gynghanedd groes wreiddgoll a drafodir yn J. Morris-Jones: CD 185? Rhaid ystyried

y posibilrwydd mai ymgais gan gopïwyr diweddarach i 'gywiro' cynghanedd y ll. hon a fu'n gyfrifol am yr amrywiadau a geir iddi. Ond ceir hefyd nifer o enghreifftiau o gynganeddion anarferol yng ngwaith beirdd ail hanner y 15g., cf., e.e., GDLl 38 (8.53), 76 (29.30, 43), 77 (29.68), 95 (40.33); GTP 3.26; 9.18; 13.21; 20.46, 79; 29.66; 34.49. Nid yw arwyddocâd *anach* yn eglur. Os e. ydyw, gall mai 'anhawster, rhwystr, anfantais' yw'r ystyr (fe'i ceir yn ddiweddarach yn yr ystyr 'rhybudd' hefyd), neu hyd yn oed 'rhwystr cyfreithiol rhag priodi', er bod hynny'n llai tebygol yma (ond gw. cerdd 9 isod), gw. GPC 104; os a. ydyw, gallai olygu 'anfonheddig, gwael', GPC *l.c.*, a gw. ymhellach yr enghreifftiau a'r cyfeiriadau a roddir yn G 26 a GPC *l.c.* Tybed a fagodd *anach* ystyr megis 'rhywbeth diwerth', gyda'r bardd yma'n gofyn 'y dim lleiaf'.

38 **Caer** Dichon mai Caerfyrddin a olygir yma, gw. G 95 ac A. Parry Owen, 'Englynion Dafydd Llwyd ap Gwilym Gam i'r Grog o Gaer', YB xxi (1996), 15–16. Cyfeiria Ieuan Tew yntau at *y gaer* yn ei gywydd ateb. Y tebyg yw fod *maer* yma i'w ddehongli'n gyfeiriad at 'swyddog prysur ac awdurdodol'.

41 **Siohasym** Sef ffurf ar yr e. a roes traddodiad ar dad Mair. Cyfeirir ato gyntaf yn Llad. *Ioachim* (gthg. *Sïacym*, 11.7n isod). Dethlid gŵyl geni Mair ar 8 Mai, a cheir yn y *Protevangelion* hanfod y traddodiadau ynghylch Anna ac Ioachim, hanes geni Mair iddynt a'i blynyddoedd bore. Helaethwyd ar y rhain yn y 'Legenda Aurea', gw. Jacobus de Voragine, *The Golden Legend*, trans. William Granger Ryan (Princeton, 1993), ii, 151–2, a dyna, yn ddiau, ffynhonnell yr wybodaeth a oedd yn hysbys i'r beirdd. Y mae enwi Ioachim yn ddiddorol, o gofio mai'r cyfnod hwn a welodd dwf mewn defosiwn iddo ef ac i Anna: awdurdodwyd gŵyl iddynt gan y Pab Julius II (1503–15).

42 **'dewis** Ffurf gywasgedig ar *adewis*, sef 3 un.grff.myn.y f. *adaw* 'gadael'.

45 Yr awgrym yma yw fod Ieuan wedi cymryd naw o deisi gan adael dim ond un (fechan) i Harri.

54 **f'athro** Dewiswyd y darlleniad hwn ar draul *f'ewythr* a geir mewn nifer arwyddocaol o lsgrau. Cyfeiria Harri at Ieuan fel *ewythr* hefyd yn ll. 64, ac y mae cyfeirio at Ieuan fel *athro* nid yn unig yn *lectio difficilior*, ond yn awgrymog hefyd, efallai, os bu ef yn athro barddol i Harri ap Hywel.

60 **[yr] ŵyl** Sonnir am y Nadolig yng nghywydd ateb Ieuan Tew, er nad yw'n sicr mai dyna'r *ŵyl* y cyfeirir ati yma.

63 **Harri** Nid yw'n eglur pa 'Harri' a olygir yma, ai'r brenin ai'r bardd Harri ap Hywel ei hun; ond y mae'n rhesymol casglu mai'r ail ydyw.

67 **Sant Antwn** Gall hwn fod yn gyfeiriad cynnil arall at le yn ardal Mastr
Harri ap Hywel: ceir *Pontantwn* heb fod nepell o Landyfaelog. Ond nid
yw'n annichon, ychwaith, fod arwyddocâd arbennig i'r ddelwedd. Yr
oedd Antwn, yr abad o'r Aifft (*c.* 251–356), yn ffigur tra phoblogaidd
yn yr Oesoedd Canol, ac yn ogystal â'i ystyried yn iachawr pobl ac
anifeiliaid, fe'i cyfrifid hefyd yn noddwr anifeiliaid amaethyddol megis
gwartheg, a moch yn enwedig (yn S., ceir yr e. *tantony* o hyd ar fochyn
lleiaf torllwyth ac ar gloch leiaf rhes o glychau eglwys). Am drafodaeth
ar le sant Antwn mewn defosiwn canoloesol yn Lloegr, gw. R. Graham,
'The Order of Saint-Antoine de Viennois and its English Command-
ery', *Archaeological Journal*, lxxiv (1927), 341–406. A ellir cysylltu'r
ddelwedd hon â'r sôn a geir yng nghywydd ateb Ieuan Tew am y moch
a fu'n difa'r ŷd degwm?

9

Testun yr ail gywydd ymryson rhwng Harri ap Hywel ac Ieuan Tew
Brydydd oedd rhybudd Mastr Harri a'i gyngor i Ieuan Tew beidio â
phriodi merch ifanc. Er bod Ieuan bellach yn hen ŵr parchus, medd Harri,
a chanddo urddas ac enw da (yn ogystal â gwraig hardd), eto y mae'n dewis
canlyn merch ifanc, a hynny er mawr gywilydd iddo. Fe'i hatgoffir gan
Harri pa mor hen ydyw (ll. 18 *Er Duw, edrych ar d'oedran!*) a bod hynny
sydd ar ôl o'i wallt a'i farf yn wyn. Dywed nad oes gan Ieuan ddannedd
bellach; y mae'n cerdded â ffon; a mwy na hynny, nid oes ganddo obaith
fyth o ennill y ferch. Y mae hi'n rhy ifanc, a bydd yn siŵr o droi at ŵr iau
nag Ieuan mewn byr o dro: *Ni cheir hi, ac ni châr hon, / Oni châr un o'ch
wyrion* (llau. 33–4). Am fod Harri yn *dad enaid* (sef offeiriad ac arweinydd
ysbrydol) iddo, ei gyngor yw ei bod hi'n hen bryd i Ieuan droi at weddi yn
hytrach nag erlid breuddwydion ffôl.

Y mae gan Ieuan Tew Brydydd Hen gynifer â phedair cerdd sy'n
ymwneud â'r achlysur hwn, sef *Y Meistr nis amau estrawn* (*Meistr Harri dyly
pob dawn*), ei gywydd ateb i Harri; a thair cerdd lle y mae Ieuan Tew yn
cyfarch y ferch ei hun, sef *Lloer wen lliw eira unnos*; *Y fun ail liw'r ôd ar faes*
ac *Ergydiais eiriau gwiwdeg*. Digwydd yr olaf mewn testun cymharol hen, a
cheir wrtho ddarn honedig o'r hanes, *kowydd arall a wnai'r un Ie[uan] tew
bryd[ydd] yw gariad i vanegi iddi'r modd yr oedd i nai M͏ͬ harri ef drwy
athrodion a cherddwriaeth yn annoc keissio i hudo hi oddiwrtho ef gan i
gassau i ewythr yn hollawl o gariad ar i ferch ag i ddamuno er duw arni
drugarhau wrtho er mefl ir m͏ͬ harry uchod.*[1] Er y gall, wrth reswm, mai ffug
yw'r cyfan, hwyl farddonol ac achos testunio fel a geir ar brydiau gan y
beirdd,[2] y mae yna ryw dinc personol i gerddi serch Ieuan i'r ferch na ddylid

---

[1] LlGC 5265B 13ͮ.
[2] Cf. sylwadau Thomas Roberts ynghylch 'coeg neithiorau' yn GTP 131.

ei anwybyddu. Serch hynny, ceir cerddi eraill lle yr honnir rhybuddio yn erbyn priodas rhwng hen ŵr a merch ifanc, megis *Y rhiain, pan wrhao* gan Hywel Rheinallt[3] ac *Y fun wiwdeg fwyn odiaeth* gan William Fychan o Gorsygedol, a gall fod y cerddi rhwng Harri ap Hywel ac Ieuan Tew yn perthyn i'r *genre* hwn.

Yn y cywydd hwn y mae Mastr Harri yn cymryd arno rybuddio Ieuan Tew fel pe bai yn null gweithred sagrafennol y gyffes; fe'i ceir yn holi'r bardd hŷn ynghylch ei garwriaeth; yn rhoi cyngor iddo; ac yn cynnig penyd ar ddiwedd y gerdd.

Bu cryn gopïo ar y cerddi hyn rhwng Harri ap Hywel ac Ieuan Tew, ac y mae hynny, o bosibl, yn dyst i'w poblogrwydd. Ceir testun diplomatig o'r gerdd yn *Llanstephan 6*, ed. E. Stanton Roberts (Cardiff, 1916), 95–7.

1 **mawl winllan** Diau y bwriedir *gwinllan* yn drosiadol yma, yn gyfeiriad at ffrwythlondeb neu wychder awen Ieuan Tew; ond gan fod Ieuan yn dychanu Mastr Harri oherwydd ei duedd i yfed (gw. sylwadau rhagarweiniol cerdd 8), gall mai ymgais gan Harri i dalu'r pwyth yn ôl a geir yma.

3 **da aml** Honna Mastr Harri fod Ieuan Tew wedi mwynhau bywyd hir a breintiau lawer.

7 **cerddawr** Er y gall yn syml mai 'bardd' a olygir, â cherddoriaeth y mae a wnelo gwahanol ystyron y gair gan mwyaf, gw. GPC 466 d.g. *cerddor*.

9–10 **merch ... / ... a gwraig** Er y gall mai at un o ferched Ieuan ei hun (sef Gwerful a Mabli) y cyfeirir yma, cyplysir cariad at wragedd a merched gan Ddafydd ap Gwilym yntau, cf. GDG[3] 363 (137.40, 48).

13 **o cedwir** Ar gadw cysefin bf. ar ôl y cys. *o*, gw. Treigladau 374–5, gthg. isod 11.14.

15 **lleuad** Defnyddid *lleuad* yn drosiadol am ferch hardd ei lliw, a hawdd y gall mai'n gellweirus y'i harferir yma gan Mastr Harri; ond dichon mai lliw gwelw'r lleuad yw'r prif bwynt yma, er y gall fod ergyd arall i'r ddelwedd, o ddeall *lleuad* fel symbol o anwadalwch neu gyfnewidioldeb, cf. GPC 2166.

19 **tad enaid** Defnyddid y term *tad enaid* gynt i olygu 'tad gyffeswr', 'tad ysbrydol'. Yn Henry Lewis, 'Darn o'r Ffestival (Liber Ffestivalis) ...', THSC, 1923–4 (Atodiad), 19 (td. 82), cyfieithir yr ymadrodd S.C. *schryft-fadyr* (a *schryft* yn yr ystyr 'confession') gan *dad enaid*. Honna Mastr Harri—yn goeglyd, efallai—fod ganddo awdurdod ysbrydol dros Ieuan Tew, ac y mae'n cymryd arno ei holi yn null cyffes, cf. isod llau. 61–6.

---

[3] Gw. Hywel Rheinallt: Gw 98.

19–20 Ystyr yr ymadrodd yw 'Dywed yn blaen ynghylch yr hyn yr wyf yn mynnu ei wybod.'

21 gosog Anodd yw dewis rhwng *gosog* yn yr ystyr 'gŵr bonheddig' ac *oesog*, sef dyn oedrannus, gan fod tystiolaeth y llsgrau. yn weddol gyfartal. Y mae Harri yn sicr yn tynnu sylw at oedran Ieuan trwy gydol y gerdd, ond efallai fod *gosog* yn fwy trawiadol yma, yn enwedig os caniatâi ynganiad naturiol sir Gaerfyrddin i'r bardd chwarae ar sain y ddau air. Sylwer fod -*g g*- yn y ll. hon heb galedu.

22 da Os gellir deall *da* yn yr ystyr 'elw' neu 'rodd' (gw. GIBH 108n71), efallai fod i'r a. hwn islais rhywiol.

24 i'th ddyn Gan mai *ythyn* a geir yn amrywiad mewn rhai llsgrau., nid yw'n hawdd penderfynu beth yw'r ystyr. Y mae'n fwyaf tebygol mai *i'th ddyn fanawl* (sef 'prydferth, cywrain') yw'r darlleniad cywir, ond gellid *ei thŷ'n* neu hyd yn oed *ei thin* ohono, ac nid amhosibl, wrth reswm, fod yr ynganiad eto yn fwriadol amwys.

25 gwaith Anodd yw penderfynu pa un o wahanol ystyron *gwaith* y dylid ei ddeall yma, gw. GPC 1563–4 d.g. *gwaith*[1], *gwaith*[2]. Gall mai 'cymorth' a olygir, o gymryd bod Mastr Harri yn cynnig yn goeglyd yn y gerdd ei gyngor ysbrydol i Ieuan Tew.

27 wyth Rhif symbolaidd yn golygu 'llawer'.

29 lliw'r ewyn ... ôd Hen drawiad yng ngwaith y Cywyddwyr oedd cymharu lliw a phryd y gariadferch ag ewyn ac eira, gw. GPC 1265, 2616 d.g.

31 dyn lwyd lain Dichon mai *glain* yw ffurf gysefin y gair olaf, ond sylwer mai hon yw'r enghraifft gynharaf o'r a. yn yr ystyr 'claer, gloyw, glân', gw. GPC 1399, er y gellid ei ddeall hefyd fel e., sef 'anwylyd', '[merch] a fawr brisir'. Posibilrwydd arall yw mai ffurf dreigledig *llain* ydyw—yr ymddengys ei gynrychioli gan amrywiadau'r testun hwn—yn drosiadol am 'oleuni', gw. GPC 2090.

35 barddoneg Hon yw'r enghraifft gynharaf y cyfeirir ati yn GPC 258 d.g.; yr ystyr yw 'barddoniaeth', 'barddas', ond gw. yr amrywiadau: ai 'Brythoneg' a geir y tu ôl i'r gair?

39 peintiwr awen Yn llsgrau. HI[1]I[2]O ceir yr amrywiad *pwyntiwr awen*, ac y mae'r ddelwedd honno i'w chael gan feirdd eraill mewn perthynas â barddoniaeth, cf. Rhys Goch Eryri, *Pwyllfab Moel, berw ferw fawredd, / Pwyntiwr mawl, Pantri y medd* (gw. IGE[2] 163 (llau. 5–6)). Ond y mae *peintiwr* hefyd yn ddelwedd drawiadol, ac y mae trwch y llsgrau. o blaid y darlleniad hwn. Tyn John Morris-Jones sylw at y ll. hon wrth sôn am y termau a arferid am fardd, gw. J. Morris-Jones: CD 2.

Proest i'r odl, y gellid ei oresgyn drwy ddewis *rhyfedd* neu *rhywedd*, gw. yr amrywiadau, ond y mae'n bosibl mai ceisio 'gwella' ar y testun gwreiddiol a barodd i rai copïwyr fabwysiadu'r a. hwnnw.

41 **cynheiloed** Er na restrir enghraifft o'r cyfuniad hwn yn GPC, cynigir yn betrus '[rhywbeth i] gynnal [dyn yn ei] henaint' yn drosiad am 'ffon'.

46 **dinwyfo** Y mae'n ymddangos bod y ll. hon wedi peri trafferth i'r copïwyr. Er y byddai darllen *dieniwo* / *dienwiwo* yn rhoi ystyr, sef 'gwneud iawn i [rywun]', 'digolledu', 'diogelu' (gw. GPC 974 lle y cyfeirir at yr enghraifft hon), cymerir yma mai *di* a *nwyfo* ('bod yn anllad', 'mynd yn drythyll', gw. GPC 2600, neu efallai, 'bodloni'n rhywiol') sy'n gweddu orau i ergyd dychan Mastr Harri.

51 **gwisg wych** Y mae'r llsgrau. o blaid darllen *hen*, ond dengys cywydd Ieuan Tew iddo gynnig aur a gwisg newydd i'r ferch; felly, cynigir yn betrus fod Mastr Harri yn rhybuddio Ieuan ei fod yn ofni na fyddai hyd yn oed wisgoedd gwych newydd yn bodloni ei gariad ifanc.

58 **Llŷr** Nid yw ergyd y sangiad hwn yn eglur, am na ellir bod yn sicr pwy yw'r Llŷr y cyfeirir ato. A bwrw bod arwyddocâd mewn enwi rhyw 'Lŷr' arbennig yng nghyd-destun y cywydd hwn, nid hawdd yw dewis rhwng y gwahanol bersonau o'r un enw a restrir yn WCD 421–2. Yr oedd y cymeriad chwedlonol Llŷr Llediaith yn sicr yn un o ffefrynnau'r beirdd, gw. TYP[2] 429; ond mewn cerdd serch goeglyd fel hon, efallai fod Llŷr Forwyn, y santes (neu'r sant?) y cysylltir ei henw â lleiandy Llan-llŷr, yn fwy tebygol, gw. J. Cartwright: ForF 135; cf. LBS i, 74, iii, 386.

bedman O'r S.C. *beodeman*, *bedeman* yn yr ystyr 'gweddïwr dros enaid rhywun arall'. Dyma'r enghraifft gynharaf a gofnodir o'r gair yn GPC 266.

63 **tair llaswyr Fair** Ystyr *llaswyr Fair* oedd S. '*rosary*'. Y mae Mastr Harri yn cymryd arno osod penyd ar Ieuan Tew.

65 **o gŵl** Oherwydd pechod (sef eiddo Ieuan Tew). Dichon mai'r cyd-destun am ddibechedd Mair Forwyn a fu'n gyfrifol am yr amrywiadau niferus a geir i'r ll. hon.

10

Un testun yn unig o'r cywydd serch hwn a ddiogelwyd, sef Stowe 959 [= RWM 48], 33[v]. Er bod hon yn llawysgrif weddol gynnar, y mae'n nodedig o wallus, a'i horgraff yn amwys ar brydiau, yn enwedig mewn perthynas â dehongli'r llythyren *ū* a arferir gan y copïydd.[1]

---

[1] Am sylwadau ar arwyddocâd y llythyren arbennig hon, gw. y nodiadau i gerdd 2 uchod.

Cerdd serch led gonfensiynol ei chyfeiriadaeth ydyw, ac un o gryn nifer o gerddi'r beirdd sy'n trafod gwallt merched;[2] y mae dyled y bardd i ddelweddau cywydd adnabyddus Dafydd ap Gwilym, 'Gwallt Morfudd', yn eithaf amlwg.[3] Er hynny, y mae darnau darllenadwy y cywydd hwn yn dangos bod gan y bardd hwn yntau feistrolaeth ar ei destun, er gwaethaf ambell linell lac. Ceir cryn ganu gan glerigwyr i ferched, ac er nad oes modd llwyr ddeall confensiynau'r canu hwn, yr oedd y cerddi hyn yn amlwg o ddiddordeb i'r copïwyr a'u diogelodd. Er y gall, yn naturiol, mai mynegiant o deimladau personol ydynt, nid yw hynny'n dilyn o reidrwydd. Yn sicr, y mae'n arwyddocaol ddarfod diogelu cerdd serch dan enw clerigwr o statws Mastr Harri.[4] O feddwl bod gordderchaeth yn rhemp yn y bymthegfed ganrif, y mae posibilrwydd naill ai fod Harri, ac yntau â gradd yng nghyfraith yr Eglwys, yn esgeulus o safbwynt swyddogol yr Eglwys ynghylch dibriodrwydd y glerigaeth,[5] neu mai confensiwn yw'r cyfan, a bod y gerdd wedi ei chanu ar gyfer rhyw achlysur ffurfiol i anrhydeddu gwraig neu ferch noddwr, neu'r ferch ei hun, os hi oedd y noddwraig; y mae hefyd yn ddichonadwy fod Mastr Harri wedi canu'r gerdd hon dros rywun arall. Erys posibilrwydd arall. O ystyried y cyfeiriadau at *gŵyr* a *llen gêl* (ll. 37) a [*g*]*wisg angel* (ll. 38), teg yw gofyn ai perthyn i'r corff o gerddi a genid am leianod y mae'r cywydd hwn?[6] Efallai y byddai cerdd i leian gan y clerigwr adnabyddus hwn wedi ysgogi diddordeb y copïydd.

2   **wybyr** Byddai adfer y ffurf safonol *wybr* i'r testun yn peri bod y ll. yn fyr o sillaf. Dichon fod y bardd yn arfer y ffurf lafar *wybyr* yma, er y gellid goresgyn hyn drwy ddiwygio'r ll. a darllen *wybr o aur*, cf. y diwygiad testunol a geir isod llau. 3–4n. Am enghraifft arall o ffurf lafar gair, gw 8.18n uchod.

3–4   **Tebig ... / I Eigr** Llsgr. *tebig ... eigir.* Cymerir bod yr ardd. rhed. *i* yn dilyn *tebig* wedi ei golli yn y copi gwreiddiol. Posibilrwydd arall yw dehongli *tebig eigir* y llsgr. ar lun GLlLl 23.202 *Wyf tebic Eliffant* (cf. GPC 3459 d.g. *tebyg*[1] ar ei ddefnydd fel e.), gan gymryd bod Eigyr yn ddeusill er mwyn hyd y ll. Am y cwpled, gellid darllen *Tebig ... / Eigyr*

---

[2] Cf. hefyd gywyddau gan Ieuan ap Rhydderch (IGE² 224 (LXXV)); gan Ddafydd Nanmor i wallt Llio (DN 82 (XXIX)); a chan Ddafydd ab Edmwnd (DE 24 (XIV)).

[3] Cf. GDG³ 199–200 (cerdd 73); gyda llau. 33–5 *Yn walc aur... / Yn goron ... euraid; / Yn oldwir ...*, cf. GDG³ 199 (llau. 17–18) *Yn grwn walc, yn goron wiw / Wyldlos, blethedig oldliw.*

[4] Gan gofio nad oes modd gwybod i ba gyfnod ym mywyd Mastr Harri y mae'r gerdd benodol hon yn perthyn.

[5] Deddfwyd ynghylch dibriodrwydd y glerigaeth droeon yn hanes Eglwys y Gorllewin. Daeth y rheolau'n gaethach fyth drwy ddiwygiadau'r 12g., gw. yn enwedig seithfed canon Ail Gyngor y Lateran (1139). Ceir crynodeb o hanes y ddeddfwriaeth yn NCE 3, 369–74.

[6] Gw. ymhellach Helen Fulton, 'Medieval Welsh Poems to Nuns', CMCS xxi (Summer 1991), 87–112; Jane Cartwright, 'The Desire to Corrupt: Convent and Community in Medieval Wales', *Medieval Women in their Communities*, ed. Diane Watt (Cardiff, 1997), 21–48; J. Cartwright: ForF 148–58.

yw hon, ac yr haul. Yn ôl traddodiad, Eigr ferch Amlawdd Wledig (*Ygerna* Sieffre o Fynwy) oedd mam Arthur, ac ystyrid hi yn batrwm o harddwch gan y beirdd, gw. ymhellach G 456, TYP² 366n3, WCD 228–9.

3 **cerrig araul** Nid yw GPC yn cofnodi *cerrig* yn yr ystyr 'gem' neu 'maen gwerthfawr', ond efallai fod y defnydd cynnar o *maen* yn yr ystyr 'carreg werthfawr' (gw. GPC 2307 d.g. *maen¹*) o blaid y dehongliad hwnnw. Os cyfeiria'r sangiad ymlaen at Eigr, ai 'coron' a olygir, cf. ll. 34 *Yn goron, yn gae euraid*? Ond y mae hefyd yn bosibl y dylid diwygio'r gair a darllen *urael* yn yr ystyr 'gwych, rhagorol', gw. GDG³ 457 d.g. *urael*. Os felly, diau fod y ddau air, *urael* a *haul*, yn odli i glust y deheuwr. (Diolchaf i Dr Cynfael Lake am yr awgrym hwn.)

7 **blysiant** Dichon nad yr eg. yn golygu 'trachwant, awydd cryf' y cofnodir yr enghraifft gynharaf yn y 18g. yn ôl GPC 291; ond yn hytrach 3 ll.pres.myn. y f. *blysio*, y ceir enghreifftiau ohoni o'r 16g. gyda'r ystyr 'chwantio, chwennych yn eiddgar, … dyheu am', gw. *ib.l.c.* Diau mai at y 'cant' (ll. 8) y cyfeiria'r f.

9 **ers ennyd** S. *'some time since, a while ago'*, gw. GPC 1228.

13 **gan rwyf** Ystyr *gan* yw 'oherwydd, oblegid', gw. GPC 1379. Deellir *rhwyf* yma'n drosiadol am waniad serch yn *ais* y bardd, cf. ll. 14 *gwayw'n y byrrais*. Ymhellach ar *rwyf* a'i amrywiol ystyron, gw. GPC 3114 d.g. *rhwyf¹⁻³*; fe'i ceir hefyd yn yr ystyron amrywiol 'pennaeth, arweinydd'; 'rhwysg, rhodres, balchder, rhyfyg, uchelgais; gormodedd, ?digonedd'. Gall fod y bardd hefyd yn cyfeirio at wrthrych ei serch fel 'un arglwyddesaidd' neu 'un falch' yma. Sylwer ymhellach fel y defnyddir *rhwyf* yng nghanu serch Dafydd ap Gwilym, gw. GDG³ 508 lle y dangosir y gall *rhwyf Wenhwyfar* ddisgrifio merch ac iddi falchder Gwenhwyfar.

16 **gweddeiddais gywydd** Gall *gweddeiddio* olygu 'rhoi mewn trefn' neu 'harddu, addurno', gw. GPC 1611. Gan fod Mastr Harri yn sôn yn llau. 17–18 am wneud llythyr, tybed a oes awgrym mai ar ffurf llythyr yr anfonwyd y cywydd at y ferch?

19–20 Difethwyd y testun yn y llau. hyn gan dwll yn y llsgr., gw. hefyd lau. 29–32 isod.

19 **gan hannerch** Ymddengys mai *hannerch* yw darlleniad y llsgr., ond ceir dot eglur uwchben yr *n* gyntaf, fel nad yw'n glir a geisiodd y copïydd newid y testun. Cymerir mai [*c*]*an hannerch* a olygir, ond gellid hefyd ysgyried gair cyfansawdd o *hain* (sef amrywiad ar 'haint', gw. GPC 1814 d.g. *hain¹*) + *erch* 'erchyll', 'arswydus', 'digysur'.

20 **comisiwn** Benthyciad o'r S. *commission* ac amrywiad ar *comisiwn*, gw. GPC 548 am wahanol ystyron y gair. Y mae dechrau'r ll. wedi ei

difetha, ond y mae'n dra thebygol mai'r cys. *a* a gollwyd. Yng nghyd-destun cyfeiriad y bardd yn ll. 18 at ryw lythyr a wnaeth i'r ferch (a cf. y ll. flaenorol), teg yw casglu mai dyma'r *comisiwn* y mae'n sôn amdano, efallai yn yr ystyr 'dogfen yn trosglwyddo awdurdod' neu 'swydd a gyfrennir trwy ddogfen o'r fath', ac mai hwn yw ffrwyth y *sesiwn serch*, gw. GPC 3234 d.g. *sesiwn*.

21 **cwrs** O'r amryfal ystyron posibl, gall *cwrs* olygu 'helynt, helbul' neu 'ysbaid, cyfnod' yma, gw. GPC 648.

23 **aur** Gwallt euraid y ferch a gyferchir gan Mastr Harri.

25 **seren wen** Trosiad am ferch hardd, cf. GDG³ 254 (93.17) *Symudaist fi, som ydyw, / Seren oleuwen o liw.* Ond fe'i ceir weithiau gan y Cywyddwyr yn drosiad am lygad, megis mewn cerdd gan Ieuan Llwyd Brydydd: *Sorrais wrth y ddwy seren! / Soniaf am haint sy'n fy mhen. / Meirw yw yntwy dan ddwyael ...* (gw. LlGC 552B, 105ʳ a LlGC 644B, 50 (wedi eu golygu)). Gw. hefyd isod ll. 28.

27 **asgre wen** Mynwes neu galon sanctaidd Crist yw arwyddocâd *asgre wen* yma. Gellir olrhain y defosiwn poblogaidd hwn yn ôl i'r Oesoedd Canol. Ymddengys fod iddo ei wreiddiau yng nghwlt clwyf ystlys Crist, a ddaeth wedyn yn drawsenwad am y lloches neu'r noddfa a geir yng Nghrist. Am grynodeb o dwf y defosiwn, gw. ODCC³ 1437.

29–32 Difethwyd y testun yn raddol yn y llau. hyn gan dwll yn y llsgr., cf. uchod llau. 19–20. Diolchir i'r Athro Emeritws R. Geraint Gruffydd am ei awgrymiadau gwerthfawr ynglŷn â'r darlleniadau.

30 **trinawtawdd** Sef '*thrice-nine-times refined*': trosiad arall am wallt euraid y ferch.

32 **is y foled** Llsgr. *is* [   ]*led*. Ar *moled* 'penlliain merch', &c., gw. GPC 2480 d.g. *moled*¹.

34 **cae euraid** Am drafodaeth ar *cae* yn yr ystyr 'gwäeg, modrwy', S. '*clasp*' neu 'wregys', gw. GGrG 67–8. Y mae'r trawiad hwn eto'n gyffredin yng nghanu serch y Cywyddwyr.

35 **goldwir** Addurnid gwallt merch ag edau euraid yn y 15g., gw. GPC 1448. Y mae'r ll. hon yn hir o sillaf o dderbyn y fannod a geir yn y llsgr. yn rhagflaenu *feinir*; posibilrwydd arall fyddai cadw'r fannod a chywasgu dechrau'r ll., '*N oldwir*, ond byddai hynny'n torri ar y cymeriad geiriol a gynhelir o l. 33–8.

37 **llwyn o gŵyr** Ceir *llwyn* yn drosiadol am wallt merch yn aml yn y canu serch, gw. yr enghreifftiau a roddir yn GPC 2244 d.g. *llwyn*¹. Fel yr awgrymwyd yn sylwadau rhagarweiniol y gerdd hon, nid yw'n amhosibl y gall *cwyr*, yma, fod yn gyfeiriad cynnil at y ddefod gynnau canhwyllau. Os felly, disgleirdeb lliw y canhwyllau a gynheuid gan addolwyr, fe ddichon, sydd y tu cefn i'r ddelwedd. Ond mwy tebygol,

fel y dengys Gilbert E. Ruddock, yw mai dilyn confensiwn canu serch y 15g. y mae Mastr Harri, drwy gyfeirio at wallt cwyr, gw. ei erthygl 'Rhai Agweddau ar Gywyddau Serch y Bymthegfed Ganrif' yn *Dafydd ap Gwilym a Chanu Serch yr Oesoedd Canol*, gol. John Rowlands (Caerdydd, 1975), 100 a cf. DN 87 (XXXI 5–6) *A'i lliw val kanwyll awyr, / A lliw i gwalld oll o gŵyr.*

llen gêl Nid yw ergyd y ddelwedd yn eglur, ond os lleian oedd gwrthrych y cywydd, efallai mai cyfeirio'n gynnil at ei buchedd grefyddol a wna'r bardd drwy sôn am ei habid wen, y cuddir ei harddwch odani.

38 **ysgáing** Amrywiad ar *ysgainc*, sef 'cangen' neu 'edafedd'; byddai'r ail ystyr yn gweddu i weddill y delweddau a geir yn yr adran hon o'r cywydd. Daw'r acen ar y sillaf olaf er mwyn y gynghanedd.

40 **y porth euraid** Gall mai cyfeiriad yw hwn at byrth y nefoedd, ond dylid cofio am y chwedl boblogaidd ynghylch cyfarfod rhieni'r Forwyn Fair wrth y porth i ddinas Jerwsalem a adwaenid yn yr Oesoedd Canol fel 'porth aur' (gw. 11.7n). Y mae'n bosibl mai ffrwyth cymysgu *Porta Sancta* Rhufain a *Porta Aurea* Jerwsalem a fu'n gyfrifol am dwf y ddelwedd. Ceir nifer o gerfiadau a lluniadau o'r 15g. yn cofnodi'r stori apocryffaidd hon.

45–6 **Ym y gyrroedd … / Lyweth o aur** Defod oedd i'r ferch anfon llyweth o'i gwallt at ei chariad, ond efallai fod hyn yn awgrymog hefyd, os cyfeirio at yr arfer o dorri gwallt lleian a wneir yma.

48 **gwylan** O ystyried yr adleisiau eraill a geir yn y gerdd hon at ganu serch Dafydd ap Gwilym, y mae'n anodd peidio â gweld yma gyfeiriad at ei gywydd adnabyddus i'r wylan, gw. GDG³ 313 (118).

51 **Caf orddiwes y bresen** Ymadrodd braidd yn annisgwyl. Y mae sawl ystyr i'r be. *gorddiwes*, gw. GPC 1427 (yn amrywiad ar *goddiwes*), ond os yw *presen* yn gyfystyr â 'byd' fel y'i harferir yn y canu serch yn yr ystyr 'anwylyd' neu 'drysor' (cf. GDG³ 122 (45.58)), tybed a yw'r bardd yn mynegi'r gobaith, neu ei ddymuniad, y caiff y ferch yn y diwedd; neu, efallai fod y bardd yn ceisio cyfleu bod cariad y ferch yn arlwyo iddo holl fendithion y byd hwn.

53 **greso** Ffurf amrywiol ar *groeso* 'croeso', gw. GPC 1529.

55 **llwyn** Gall mai ystyr mwys, efallai ag islais awgrymog, a geid i *llwyn* yn y canu serch, gw. GPC 2073 d.g. *lwyn*; cf. *ib.* 2244–5 d.g. *llwyn*.

56 **coel o aur** Ffurf amrywiol ar *cofl* yw *coel* yma yn yr ystyr 'yr hyn a gofleidir', 'anwylyd', gw. GPC 537.

11

Am arolwg o'r traddodiad o ddefosiwn i Fair yng Nghymru, dylid troi at astudiaeth Gymraeg arloesol J. Cartwright: ForF 15–75 *et passim*.[1] Ceir digon o sôn am y Forwyn yn y cerddi crefyddol cynnar ac yng ngherddi Beirdd y Tywysogion hwythau,[2] ond y mae'n bosibl mai'r ddwy gyfres englynion i'r Forwyn a ganodd Casnodyn[3] a'r ddau englyn dienw iddi a olygwyd yn GLlBH[4] yw'r cerddi cynharaf i Fair sydd ar glawr yng Nghymru. Erbyn oes y Cywyddwyr, ar y llaw arall, ceir cryn ganu iddi. Y mae cynnwys a safon y cerddi hyn yn amrywiol iawn, ond dadleuodd Gilbert Ruddock yn dra argyhoeddiadol fod y canu Cymraeg i'r Forwyn wedi dylanwadu ar y canu serch yn hytrach nag fel arall.[5] O ystyried y diffyg cydbwysedd diwinyddol a welir yn aml yn y canu canoloesol i Fair, diddorol yw nodi'r pwyslais a rydd Mastr Harri a'i fynegiant gofalus o wir safbwynt y ddysgeidiaeth gyfoes amdani. Er moli Mair a chydnabod ei blaenoriaeth ymhlith y saint, *Os da neb is Duw o nef / Un nid oes onid Iesu* (llau. 28–9).

Fel yn achos cerdd 10, un copi yn unig a ddiogelwyd o'r cywydd hwn, ac ni ellir, wrth reswm, gynnig nac amser nac achlysur ar gyfer canu cerdd grefyddol o'r fath. Ond fel y nodwyd eisoes, archddiacon Caerfyrddin oedd Mastr Harri ap Hywel, ac os perthyn y cywydd hwn i'r cyfnod hwnnw yn ei fywyd, yna diddorol yw nodi'r cysylltiad posibl â chapel a godwyd ychydig islaw sgwâr y farchnad yng Nghaerfyrddin, ac a gysegrwyd i'r Forwyn Fair ei hun.[6]

1 **gwawr** Sef Mair ei hun. Ceid *gwawr* yn derm o foliant i arglwyddes yn ogystal ag i uchelwr, gw. GPC 1605, ond fe'i cyfochrir yn gelfydd yma gyda *haul* yn ll. 3.

2 **cannaid** Cf. hefyd lau. 3–5. Gall mai '[yr un] wen, anwylyd' yw ystyr *gu gannaid* yma, fel a. i *gwawr* uchod, ll. 1. Defnyddid *cannaid* yn e. trosiadol am ferch hardd, ddisglair, cf. GDG³ 199 (73.27), 230 (84.27). Diddorol hefyd yw sylwi mai term am y lleuad oedd *cannaid* gynt yn sir Gaerfyrddin (gw. GPC 413), a chofir bod y gair *lleuad* (neu *lloer*)

---

¹ Trafodir y cefndir hefyd yn WCCR² 479–85; D. Simon Evans, *Medieval Religious Literature* (Cardiff, 1986), 16–17, 37–40, 70–3.

² Gw. Bl BGCC 114; Ann Parry Owen, 'Mynegai i Enwau Priod ym Marddoniaeth Beirdd y Tywysogion', LlCy xx (1997), 34, d.g. *Mair*.

³ GC cerddi 9 a 10; gw. hefyd y sylwadau rhagarweiniol i'r cerddi hyn.

⁴ Gw. GLlBH cerdd 11.

⁵ Gw. sylwadau Gilbert Ruddock, 'Rhai agweddau ar gywyddau serch y bymthegfed ganrif', *Dafydd ap Gwilym a Chanu Serch yr Oesoedd Canol*, gol. John Rowlands (Caerdydd, 1975), 97–102. Trafodir y cerddi hyn yn J. Cartwright: ForF 23, 24, 30, 51, 58–9, 63, 65, 70–1 a gw. y mynegai dan enw'r beirdd unigol.

⁶ Gw. Terrence James, *Carmarthen: An Archaeological and Topographical Survey* (Carmarthen, 1980), 27–8, 36–7 a RCAHM (Carmarthenshire) 252–3.

yntau'n drosiad cyffredin yn y canu serch am ferch nodedig o hardd, gw. GPC 2198 d.g. *lloer*.

3 **haul** Y mae i *haul*, yng nghyd-destun cerdd am Fair, ystyr letach na'r defnydd a wneir ohono mewn perthynas â'r canu serch yn gyffredinol (am enghreifftiau o *haul* yn ddelwedd am ferch hardd, gw. GPC 1826). Hen drawiad mewn cerddi crefyddol canoloesol i Fair oedd cymharu ymgnawdoliad Crist i dywyniad yr haul trwy ffenestr. Delwedd oedd hon yn dyfalu'r gred mai beichiogi'n wyrthiol a wnaeth Mair, gw. Andrew Breeze, 'The Virgin Mary, daughter of her son', Études xxvii (1990), 267–83; GSRh 187; J. Cartwright: ForF 51–3, 70, 75n47, 111.

5 **gogonair** Er nas rhestrir yn GPC, dichon mai cyfuniad o'r a. *gogawn* a'r eg. *gair* a geir yma, a'r elfen gyntaf yn cyfleu'r ystyr 'gogoniant', 'llawenydd', 'disgleirdeb', gw. G 548, GPC 1435 d.g. *gogawn*. Gan mai chwarae â'r berthynas rhwng Mair a'i Chreawdwr a geir yn y topos y cyfeiriwyd ato yn ll. 3, nid yw'n eglur ai yn syml 'gair Duw', efallai fel cyfeiriad at y Cyfarchiad i Fair, a geir yma, ai ynteu'r teitl Cristolegol 'y Gair' ydyw.

6 **gwinwaed** Y mae'r enghraifft hon o'r a. *gwinwaed* yn yr ystyr '[un o] linach ardderchog' yn gynharach na'r dyfyniad o waith Huw Arwystli y cyfeirir ato yn GPC 1665.

7 **Sïacym** Sef ffurf ar yr e. a roes traddodiad ar dad Mair. Cyfeirir ato gyntaf yn Llad. (*Ioachim*). Cedwir y darlleniad a roddir yn y llsgr., er mai *Siohasym* yw'r ffurf a arferir gan Harri ap Hywel uchod, 8.41. Dethlid gŵyl geni Mair ar 8 Mai, a cheir yn y *Protevangelion* hanfod y traddodiadau ynghylch Anna ac Ioachim, hanes geni Mair iddynt a'i blynyddoedd bore. Helaethwyd ar y rhain yn y 'Legenda Aurea', gw. Jacobus de Voragine, *The Golden Legend*, trans. William Granger Ryan (Princeton, 1993), ii, 151–2.

10 **bendigaid** Apelir at y ddysgeidiaeth, a oedd yn gyffredin erbyn ail hanner y 15g., fod Mair yn ddibechod o'i chenhedlu yng nghroth ei mam, gw. hefyd isod llau. 44–6n.

12 **o dân pur** Credid bod yr hyn a elwid gan y beirdd Cym. yn 'bumoes' (sef, yn fras, yr oesoedd a rychwantai hanes y ddynoliaeth dan yr Hen Oruchwyliaeth) yn aros mewn math o ragystafell i uffern cyn dyfodiad Crist i anrheithio uffern. Gall fod yma gyfeiriad at y purdan; am drafodaeth bellach, gw. GIBH 138–9.

16 **aur winwydden** Sef, y mae'n debyg, Mair ei hun, er y gall mai at Grist (*vitis vera*) y cyfeirir; gw. ymhellach 5.24n.

19 **gorau** Diwygiad (llsgr. *o / ran*). Cymerir mai gwall copïo a fu'n gyfrifol am y darlleniad a geir yn y llsgr. O ran ystyr a chynghanedd, ymddengys *gorau* yn fwy synhwyrol yma. Tueddid mewn datganiadau

diwinyddol a defosiynol i briodoli i Fair holl rinweddau'r dosbarth y cymherid hi ag ef: yr orau o wragedd; y sancteiddiaf o'r saint, &c. Gelwid hyn gan ddiwinyddion y cyfnod yn *regula convenientiae*, cf. Baldwin o Gaer-gaint, *Tractatus VII de Salutatione Angelica* (PL 204.472) *omnibus pulchrior, omnibus amabilior, superspeciosa, super-gratiosa, supergloriosa*; Richard o S. Victor, *Sermones Centum* 47, 55 (PL 177.1029, 1061); Bernard o Clairvaux, *Laudes Virginis* 2.3; cf. y gweddïau a briodolir i Ieuan ap Rhydderch ac a gofnodir yn Pen 67 138–48, *Santeidd vair santeiddiaf vrenhinnes ... ti a ddewisswyt yn ordeiniad y byt oll ar holl saint ... ath wasanaethant ... ar Merthyrri ar konffyssoryaid ar gweryddon a hobiant ytt.* Am gyfeiriadau pellach, gw. M.P. Bryant-Quinn, 'Archaf Weddi: Rhai Sylwadau ar Farwysgafn Meilyr Brydydd', LlCy xx (1997), 22.

20 **mamaeth** Gw. 5.28n.

mam ei Thad Yr oedd y *leitmotiv* paradocsaidd hwn mor gyffredin mewn llenyddiaeth ganoloesol nes mynd ohono'n drawiad. Am grynodeb o dwf ac arwyddocâd y thema hon, gw. Andrew Breeze, *art.cit.* Fodd bynnag, cyfeirid yn aml mewn barddoniaeth Gym. at Grist fel *Tad*, cf. GBF 32.10 *Kyuoethaϭc tlaϭt, a'n Tat a'n Braϭt, audur brodyeu* (Madog ap Gwallter), ac *ib.*n a'r cyfeiriadau.

22 **Oen Duw** Cynsail feiblaidd sydd i'r teitl Cristolegol *agnus Dei* yn wreiddiol (gw. Io i.29, cf. delwedd yr oen a laddwyd yn Dat v.6, 12, xiii.8), ond ceir hefyd, ar sail y cyfeiriadau beiblaidd hyn, yr ymadrodd litwrgïol *Agnus Dei, qui tollis peccata mundi, miserere nobis* ('Oen Duw, sy'n dwyn ymaith bechodau'r byd, trugarha wrthym'), sef gweddi a adroddid yn ystod yr Offeren cyn gweini'r cymun. Yr oedd, felly, yn dra hysbys i gynulleidfaoedd yr Oesoedd Canol.

23 **dull coel** Dichon mai ergyd llau. 23–4 yw 'Er inni dderbyn hyn yn fater o ffydd, eto ni all calon neb ddeall maint y gras a'r ffyniant a oedd yn hon.' Deellir *nis* yn broleptig, yn cyfeirio ymlaen at l. 24 *O ddawn a hap oedd yn hon.*

deall Dyma'r darlleniad a geir yn y llsgr. Y mae'n debygol, serch hynny, mai *dyeill* oedd 3 un.pres.myn. y f. *deall* yn y 15g.

25 **llestr** Gelwid Mair yn *llestr* oherwydd (i) geni Crist ohoni; a (ii) y gred mai hi oedd y 'gyflawn o ras' (Llad. *gratia plena*).

duwies Ni chredid mai 'duwies' yn ystyr lythrennol y gair oedd Mair (gw. isod llau. 27–31n): e. ydoedd a arferid yn aml yn y canu serch am ferch a edmygid, sef un nodedig ei harddwch neu ei thras (gw. GPC 1102). *Dwywes* a geir yn yr enghreifftiau a roddir o'r 15g. yn GPC *l.c.*

27–31 Yn y llau. hyn y mae'r bardd yn gofalu cadw'r cydbwysedd diwin-yddol rhwng Mair a'i dwyfol Fab. Er datgan yr hyn a gredid, sef os oes rhywun cynhenid dda *is Duw o nef*, Iesu yn unig ydyw, â rhagddo i bwysleisio mor dda (*ddaed*) oedd Mair ei hun.

39–40 **Morwyn cyn dwyn Oen Duw / … wedi dwyn** Credid bod Mair yn forwyn *ante partum, in partu, post partum* ('cyn esgor, wrth esgor, wedi esgor'). Am drafodaeth ar dwf y gred ym morwyndod parhaus Mair, gw. *Fundamentals of Catholic Dogma*, ed. Ludwig Ott, trans. Patrick Lynch (Rockford, Illinois, 1960), 203–7.

41–2 Deellir *Gair trofawr gariad* yn sangiad yma.

44–6 **Duw a'i dug … / Yn gorffol … / … i nef fry** Ceir gwahanol draddodiadau cymysg yn y llenyddiaethau diwinyddol a chwedlonol ynghylch dyrchafael Mair i'r nef. Er ei chael mor gynnar â'r 4g. mewn rhai gweithiau apocryffaidd, a'i diffinio'n swyddogol yn y Gorllewin gan Grigori o Tours yn y 5g., ni cheir cysondeb ynghylch manylion y gred. Ai gwir ddarfod i Fair farw cyn ei dyrchafael, neu ai 'cysgu' a wnaeth (Gr. κοιμησις), fel y credid yn y Dwyrain? Mewn homili a dadogwyd ar Timotheus o Gaersalem (*c.* 4–5g.), mynegir yn glir fod y Forwyn wedi esgyn i'r nef gorff ac enaid, a hithau eto'n fyw. Yn sgil hyn oll y ceir y ddysgeidiaeth mai cosb am bechod oedd marwolaeth. Ond oherwydd y pwyslais cyfoes ar ddibechedd Mair, dyfeisiwyd fformwlâu i osgoi credu iddi orfod derbyn y gosb honno, ac mai ymostwng a wnaeth i farwolaeth drwy ostyngeiddrwydd. Adlewyrchir y gwahanol safbwyntiau hyn yn Jacobus de Voragine, *op.cit.* 89–97. Ymddengys fod Mastr Harri, felly, yn nes at y traddodiad a fynegwyd yn wreiddiol gan Timotheus.

45 **corffol** Llsgr. *corfforawl*. Diwygir er mwyn hyd y ll.; ar *corffol*, gw. GPC 559 d.g. *corffog, -ol*.

48 **brenhines** Un o deitlau canoloesol mwyaf poblogaidd Mair oedd *Regina* a geir o hyd mewn emynau a litanïau, cf. yr emyn hwyrol *Regina caeli laetare*.

Geirfa

adaw *3 un.grff.myn.* 'dewis 8.42n
addfain main, lluniaidd 10.43
ais yn drosiadol am fynwes 10.13
aml 9.3n
anach 8.32n
anhun diffyg cwsg 10.21
annerch 10.19n
araul hyfryd, hardd, mwyn
  10.3n, 11.3
asgre 10.27n
athro 8.54n
aur 10.2, 23n, 25, 28, 30, 33, 41,
  45–6n, 50, 56n, 11.16n (am Fair
  Forwyn)
awen 9.39n
barddoneg 9.35n
bedman 9.58n
bendigaid 11.10n
blysio *3 ll.pres.myn.* blysiant
  10.7n
brasgeirch ceirch bras 8.44
breicheidiaw cofleidio, mynwesu
  10.47
brenhines 11.48n
bun merch 9.47, 10.22, 11.47
byrrais asennau byrion 10.14
cadw *amhrs.pres.myn.* cedwir
  9.13n
cae 10.34n
cael *1 un.pres.myn.* caf 10.51n
camp *ll.* campau 8.15n
cannaid 11.2n, 4, 5, 6
carreg *ll.* cerrig 10.3n
cawdd llid, gofid, trallod 10.29
cêl 10.37n
cerddawr 9.7n
cnewill 8.8n

coel[1] 10.56n
coel[2] 11.23n
comisiwn 10.20n
corffol 11.45n
cotarddi S.C. *coat-hardie*, gwisg
  dyn ac iddi lewys 9.49
cŵl 9.65n
cwrs 10.21n
cwyr 10.37n
cymydogaeth cymdogaeth, plwyf
  8.27
cynheiloed 9.41n
cyrhaeddyd cyrraedd 8.21
cywirair geirwir 11.33
da[1] 9.3n; *cfrt.* daed 11.30, 44; *eith.*
  gorau 11.19n
da[2] 9.22n
Dawn arglwydd, pennaeth 11.17
deall 11.23n
'dewis gw. adaw
dewis gwerthfawr 11.25
digabl di-nam, perffaith 8.9
dinwyfo 9.46n
diweirddoeth un ddoeth a diwair
  11.33
doedyd dweud 8.59; *1
  un.pres.myn.* doedaf 11.30;
  2 un.grch. dywaid 9.19
doethfain doeth a gosgeiddig 9.36
doethrym un grymus ei
  ddoethineb neu ei ddysg 11.7
drudaniaeth cyfnod o brinder,
  prinder bwyd, newyn 8.33
dull 11.23n
duwies 11.25n
dwrdd twrw mawr 9.38
dwyn *3 un.grff.myn.* dug 11.44–6n

mynegi *2. un.grch.* **maneg** 9.20
nef 11.44–6n
no 8.56
o os 9.13n, 11.14; **or** 8.5n
ôd 9.29n
oediog hen, oedrannus 8.1, 59,
   9.17
ond onid, hyd yn oed 8.66
or gw. **o**
pader *ll.* **paderau** 9.61
pand onid 9.39
peintiwr 9.39n
pill cân, darn o farddoniaeth 8.7
porth euraid, y 10.40n
presen 10.51n
prydu cyfansoddi neu ganu cerdd
   9.23
purgred cywir a phur ei ffydd
   11.31
rhwyf 10.13n
seren 10.25n

tad enaid 9.19n
tair 9.63n
taleithiawg 8.4n
tân pur 11.12n
tebig 10.3–4n
tradoeth doeth iawn 8.12
trahael hael iawn 8.51
trefa 8.16n
trinawtawdd 10.30n
trymfyd dioddefaint trwm 9.45
wedy wedyn 11.45
wybyr 10.2n
wyth 9.27n
wythliw wythgwaith yn fwy
   llathraid ei liw 10.26
yd i ti 9.3, 44, 62
ym i mi 8.11, 61, 66, 9.20, 10.45
ysgáing 10.38n
ytwyd ydwyd 9.57
yty iti 9.57

Enwau personau

Anna 11.8
Antwn, Sant 8.67n
Duw 9.18, 11.1, 28, 44 (gw. hefyd
  purDduw)
Duw Iesu 11.26 (gw. hefyd **Iesu**)
Eigr 10.3–4n
Harri 8.63n
Iesu 11.11 **Iesu Grist** 10.27,
  11.27–31n (gw. hefyd **Duw Iesu,
  Mab Mair, Oen Duw**)
Ieuan Tew Brydydd Hen 8.8, 34,
  57, 62, 9.28 **Ieuan ... Tew** 8.3–4,
  9.1–2 **Ifan** 8.16 **Tew, y** 9.53
Llŷr 9.58n
Mab Mair 11.13 (gw. hefyd **Iesu**)
Mair 9.63, 11.6, 31, 32, 33, 34,

35, 36, 37, 38, 41, 50 **y Wyrf
Fair** 9.65 (gw. hefyd **Mab Mair,
mam ei Thad, morwyn cyn
dwyn ... / ... wedi dwyn**)
mam ei Thad 11.20n (gw. hefyd
Mair)
**morwyn cyn dwyn ... / ... wedi
dwyn** 11.39–40n (gw. hefyd
Mair)
Oen Duw 11.22n, 39–40n (gw.
hefyd **Iesu**)
purDduw 11.21 (gw. hefyd **Duw**)
Sïacym 11.7n (gw. hefyd
Siohasym)
Siohasym 8.41n (gw. hefyd
Sïacym)

Enwau lleoedd

Caer 8.38n
Digoed 8.29n

Ffrainc 10.10
Tor-y-Coed 8.30n

Llawysgrifau

Cynnwys nifer o'r llawysgrifau a restrir waith sawl copïydd. Ceisir dyddio'r rhannau hynny y mae gwaith Phylib Emlyn, Lewys Meudwy a Harri ap Hywel yn digwydd ynddynt yn unig. Cydnabyddir yn ddiolchgar gymorth Mr Daniel Huws ynglŷn ag unrhyw ddyddiadau neu wybodaeth nas crybwyllir yn y ffynonellau printiedig a nodir.

Llawysgrifau yng nghasgliad Prifysgol Cymru Bangor

Bangor 704: Richard Williams, Machynlleth (1747–1811), diwedd y 18g., gw. 'Catalogue of Bangor MSS. General Collection' 1–1216 (cyfrol anghyhoeddedig, Prifysgol Cymru Bangor), dan rif y llawysgrif.

Bangor 13512: llaw anh., hanner cyntaf y 18g., gw. *ib.* 13473–16978 (cyfrol anghyhoeddedig, Bangor), dan rif y llawysgrif.

Bangor 15599: Siôn Powel, Llansannan, 1760–4, gw. *ib.*

Bangor (Penrhos) 1572: Thomas Davies, *c.* 1596, gw. 'A Catalogue of the Penrhos Papers' (cyfrol anghyhoeddedig, Prifysgol Cymru Bangor), dan rif y llawysgrif.

Bangor (Penrhos) 1573: llaw anh., *c.* 1600, gw. *ib.*; Eurys I. Rowlands, 'Llaw Dybiedig Siôn Brwynog', Cylchg LlGC vii (1951–2), 381; Dafydd Wyn Wiliam, *Y Canu Mawl i Deulu Porthamal* (Llangefni, 1993), 8.

Llawysgrifau Ychwanegol yn y Llyfrgell Brydeinig, Llundain

BL Add 10314: Dafydd Jones, Trefriw, ail hanner y 18g., gw. CAMBM 1836, 29; W. Gerallt Harries, 'Un arall o lawysgrifau Dewi Fardd', B xxvi (1974–6), 161–8.

BL Add 12230 [= RWM 52]: Griffith Vaughan, *c.* 1689, gw. RWM ii, 1136–44.

BL Add 14866 [= RWM 29]: David Johns, 1587, gw. *ib.* 1022–38.

BL Add 14874 [= RWM 51]: llaw anh., canol yr 17g., gw. *ib.* 1131–5.

BL Add 14880 [= RWM 36]: llaw anh., ar ôl 1609, gw. CAMBM 1844, 21; RWM ii, 1074–6.

BL Add 14882 [= RWM 31]: Wiliam ap Wiliam ap Robert, Tregarweth, 1591, gw. *ib.* 1048–53.

BL Add 14891: William Rowland, *c.* 1694, gw. CAMBM 1844, 24.

BL Add 14906 [= RWM 45]: William ap William ap Robert, 16g./17g., gw. RWM ii, 1101–4.

BL Add 14965: llaw anh., canol yr 17g., gw. CAMBM 1844, 45–6.

BL Add 14967 [= RWM 23]: llaw anh., yn ystod teyrnasiad Harri VIII (1509–47) ond ar ôl 1527, gw. RWM ii, 996–1014.

BL Add 14969: Thomas Prys, Huw Machno ac eraill, dechrau'r 17g., gw. CAMBM 1844, 48.

BL Add 14971 [= RWM 21]: John Jones, Gellilyfdy, hanner cyntaf yr 17g., gw. RWM ii, 977–86; Rh.F. Roberts, 'Bywyd a gwaith Dr John Davies, Mallwyd' (M.A. Cymru [Bangor], 1950), 342.

BL Add 14975: llaw anh., 16g./17g., gw. CAMBM 1844, 51–2.

BL Add 14978: llaw anh., *c.* 1600, gw. *ib.* 53.

BL Add 31056: llaw anh., ail hanner yr 17g., gw. CAMBM 1876–81, 154.

BL Add 31062: Owen Jones 'Owain Myfyr' a Hugh Maurice, 19g., gw. *ib. l.c.*

BL Add 31083: Owen Jones 'Owain Myfyr' a Hugh Maurice, 18g./19g., gw. *ib. l.c.*

Llawysgrifau yng nghasgliad Llyfrgell Bodley, Rhydychen
Bodley Welsh e 8: llaw anh., ail hanner yr 17g., gw. *ib. l.c.*

Bodley Welsh f 2: llaw anh., ail hanner yr 16g., gw. *ib.* vi, 53; Garfield H. Hughes, *Iaco ap Dewi 1648–1722* (Caerdydd, 1953), 48.

Bodley Welsh f 4: Benjamin Simon, *c.* 1760, gw. SCWMBLO vi, 54.

Llawysgrifau yng nghasgliad Brogyntyn yn Llyfrgell Genedlaethol Cymru, Aberystwyth
Brog (y gyfres gyntaf) 1: Harri ap Llywelyn ap Siôn ac eraill, canol yr 16g., gw. 'Catalogue of Brogyntyn Manuscripts and Documents', i (cyfrol anghyhoeddedig, Llyfrgell Genedlaethol Cymru, 1937), 1–2; E.D. Jones, 'The Brogyntyn Welsh Manuscripts', Cylchg LlGC vi (1949–50), 309.

Brog (y gyfres gyntaf) 2: Wmffre Dafis, 1599, gw. 'Catalogue of Brogyntyn Manuscripts and Documents' (cyfrol anghyhoeddedig, Llyfrgell Genedlaethol Cymru, 1937), i, 3–5; E.D. Jones, 'The Brogyntyn Welsh Manuscripts', Cylchg LlGC v (1947–8), 234–6.

Llawysgrifau yn Llyfrgell Ganolog Caerdydd

Card 1.19: Lady Elizabeth Phillipps, 1850, gw. G.C.G. Thomas & D. Huws, 'Summary of the Manuscripts … commonly referred to as the "Cardiff MSS" ' (Aberystwyth, 1994), 2–3.

Card 1.550: llaw debyg i David Ellis, ail hanner y 18g., gw. G.C.G. Thomas & D. Huws, *op.cit.* 57.

Card 2.4 [= RWM 11]: llaw anh., diwedd yr 16g., gw. RWM ii, 138–45.

Card 2.114 [= RWM 7] 'Llyfr Bicar Wocking': llaw anh., 1564–6, gw. *ib.* 110–28.

Card 2.202 [= RWM 66]: John Davies, 1690, gw. *ib.* 289–93.

Card 2.616: llaw anh., ar ôl 1618, gw. G.C.G. Thomas & D. Huws, *op.cit.* 142.

Card 2.617 [= Hafod 3]: Huw Machno ac eraill, *c.* 1620–25, gw. RWM ii, 302–6; G.C.G. Thomas & D. Huws, *op.cit.* 142.

Card 2.619 [= Hafod 5]: llaw anh., 1586, gw. RWM ii, 306; G.C.G. Thomas & D. Huws, *op.cit.* 142.

Card 2.630 [= Hafod 20]: Llywelyn Siôn, 16g./17g., gw. RWM ii, 322; G.C.G. Thomas & D. Huws, *op.cit.* 142.

Card 3.2 [= RWM 27]: llaw anh., 17g./18g., gw. RWM ii, 224–9; G.C.G. Thomas & D. Huws, *op.cit.* 222.

Card 3.4 [= RWM 5]: Elis Gruffydd, 1527, gw. RWM ii, 93–6.

Card 3.68: Robert Thomas, ?Carneddi, Beddgelert, *c.* 1735, gw. G.C.G. Thomas & D. Huws, *op.cit.* 230.

Card 4.110 [= RWM 47]: David Ellis, 1771–95, gw. RWM ii, 239–43; G.C.G. Thomas & D. Huws, *op.cit.* 328.

Card 4.156 [= RWM 64]: Margaret Davies, 1736–7, gw. RWM ii, 272–85.

Card 5.44: Llywelyn Siôn, 1613, gw. G.C.G. Thomas & D. Huws, *op.cit.* 440.

Card 5.167 [= Thelwall]: cylch Richard Longford, *c.* 1565–72, gw. BaTh 303, 311–12.

Llawysgrif yng nghasgliad Cwrtmawr yn Llyfrgell Genedlaethol Cymru, Aberystwyth

CM 12: David Ellis, Cricieth, 1794, gw. RWM ii, 900–3; B.G. Owens & R.W. McDonald, 'A Catalogue of the Cwrtmawr Manuscripts' i (cyfrol anghyhoeddedig, Llyfrgell Genedlaethol Cymru, Aberystwyth, 1980), 14–15.

CM 40: Robert Williams, Aber-erch, 'Robin Llys Padrig', nid cyn 1804, gw. RWM ii, 935; B.G. Owens & R.W. McDonald, *op.cit.* 45–6.

CM 109: Charles Saunderson ('Siarl Wyn o Benllyn'), ?1810–32; B.G. Owens & R.W. McDonald, *op.cit.* 140.

CM 125: Hugh Jones, Tal-y-llyn, dechreuwyd 1730, gw. B.G. Owens & R.W. McDonald, *op.cit.* 159–60.

CM 200: Lewis Morris, 1724–9, gw. B.G. Owens & R.W. McDonald, *op.cit.* 236–7.

Llawysgrif yng nghasgliad J. Gwyneddon Davies ym Mhrifysgol Cymru, Bangor
Gwyn 1: Wmffre Dafis, *c.* 1600, gw. GSCMB 30.

Llawysgrifau yng nghasgliad Coleg Iesu, Rhydychen
J 101 [= RWM 17]: llaw anh., *c.* 1630, gw. RWM ii, 68–86; 'Schedule of Bodewryd Manuscripts and Documents' (cyfrol anghyhoeddedig, Llyfrgell Genedlaethol Cymru, Aberystwyth, 1932), l; E.D. Jones, 'The Brogyntyn Welsh Manuscripts', Cylchg LlGC v (1947–8), 234–6, plât rhif 32; M.P. Bryant-Quinn, ' "Enaid y Gwir Oleuni": y Grog yn Aberhonddu', *Dwned*, ii (1996), 57–8.

J 138 [= RWM 16]: Robert Davies, Gwysanau, 1626, gw. RWM ii, 64–8.

Llawysgrifau yng nghasgliad Llyfrgell Genedlaethol Cymru, Aberystwyth
J.R. Hughes 5–6: John Evans, Caira, 1793; gw. Rh.F. Roberts, 'A Schedule of J.R. Hughes Manuscripts and Papers', i (cyfrol anghyhoeddedig, Llyfrgell Genedlaethol Cymru, Aberystwyth, 1963), 1–2.

LlGC 279B: llaw anh., ail hanner yr 17g., gw. NLWCM 194; *The Cefn Coch Mss.*, ed. J. Fisher (Liverpool, 1899), xiii–xiv.

LlGC 428C: Howel W. Lloyd, canol y 19g., gw. NLWCM 299–302.

LlGC 552B: llaw anh., hanner cyntaf yr 17g., gw. HMNLW i, 33.

LlGC 566B: Rowland Lewis, hanner cyntaf yr 17g. (ar ôl 1623), gw. *ib.* 35.

LlGC 643B: llaw anh., hanner cyntaf yr 17g., gw. GDG cxlii–iv; HMNLW i, 43.

LlGC 644B: llaw anh., canol yr 17g., gw. GDG cxlii–iv; HMNLW i, 44.

LlGC 695E: llaw anh., canol yr 17g., gw. *ib.* 47.

LlGC 719B: Rowland Lewis, 1643–4, gw. *ib.* 52.

LlGC 970E [= Merthyr Tudful]: Llywelyn Siôn, 1613, gw. RWM ii, 372–94; HMNLW i, 77; D.H. Evans, 'Ieuan Du'r Bilwg (*fl. c.* 1471)', B xxxiii (1986), 106.

LlGC 1024D: llaw anh., ail hanner y 18g. (ar ôl 1765), gw. HMNLW i, 82.

LlGC 1553A: Thomas Evans, Hendreforfudd, 1604–24, gw. *ib.* 128–9; CLC² 520.

LlGC 1559B: Wiliam Bodwrda, canol yr 17g., gw. HMNLW i, 130; Dafydd Ifans, 'Bywyd a Gwaith Wiliam Bodwrda (1593–1660) o Aberdaron' (M.A. Cymru [Aberystwyth], 1974), 579–601.

LlGC 1560C: llaw anh., 16g./17g., gw. HMNLW i, 130.

LlGC 2691D: 'Llyfr Pant Phillip': William Phylip, canol yr 17g., gw. *ib.* 232–3.

LlGC 3046D [= Mos 143]: llaw anh., ail hanner yr 16g., gw. RWM i, 124–31.

LlGC 3047C [= Mos 144]: William Phylip, ail chwarter yr 17g., gw. *ib.* 131–51.

LlGC 3050D [= Mos 147]: Edward Kyffin, *c.* 1577, gw. *ib.* 180–96.

LlGC 3056D [= Mos 160]: Wmffre Dafis *c.* 1600, gw. *ib.* 224–42; E.D. Jones, 'The Brogyntyn Welsh Manuscripts', Cylchg LlGC v (1947–8), 234; D. Huws 'The Transmission of a Welsh Classic', *Recognitions: Essays Presented to Edmund Fryde*, ed. C.R. Richmond and I. Harvey (Aberystwyth, 1996), 194.

LlGC 3057D [= Mos 161]: llaw anh., *c.* 1558–63, gw. RWM i, 242–55.

LlGC 3487E: llaw anh., diwedd y 18g., gw. HMNLW i, 291.

LlGC 5265B: llaw anh., 1579, gw. *ib.* ii, 81.

LlGC 5269B: un o gynorthwywyr Dr John Davies, Mallwyd, 1610–20, gw. *ib.* 82.

LlGC 5272C: llaw anh., diwedd yr 16g./dechrau'r 17g., gw. *ib.* 83.

LlGC 5283B: llaw anh., hanner cyntaf yr 17g., gw. *ib.* 85.

LlGC 5474A [= Aberdâr 1]: Benjamin Simon, Abergwili, 1745–51, gw. RWM ii, 395–408; HMNLW ii, 104; GP xv.

LlGC 5475A [= Aberdâr 2]: Benjamin Simon, Abergwili, 1754, gw. RWM ii, 395–408; HMNLW ii, 104.

LlGC 6209E: William Jones, cynorthwyydd Edward Lhuyd, 17g./18g., gw. HMNLW ii, 158–9; Garfield H. Hughes, *Iaco ab Dewi 1648–1722* (Caerdydd, 1953), 32–3.

LlGC 6511B: 'Llyfr Llywelyn Siôn': 16g./17g., gw. HMNLW ii, 188.

LlGC 6681B: John Jones, Gellilyfdy, hanner cyntaf yr 17g., gw. *ib.* 204–5.

LlGC 6706B: llaw anh., dechrau'r 17g., gw. *ib.* 208.

LlGC 7191B: ?Dafydd Vaughan, yn ddiweddar yn yr 17g., gw. *ib.* 245.

LlGC 8497B: Thomas Wiliems, *c.* 1570–90, gw. *ib.* iii, 54.

LlGC 9048E [= copi ffotostat o Rydychen, Coleg Balliol 353]: Syr Siôn Prys, ail chwarter yr 16g., gw. GP cx; HMNLW iii, 106; E.D. Jones, 'Llyfr Amrywiaeth Syr Siôn Prys', *Brycheiniog*, viii (1962), 97–104; R.A.B. Mynors, *Catalogue of the Manuscripts of Balliol College Oxford* (Oxford, 1963), 349–51.

LlGC 9166B: llaw anh., canol yr 17g., gw. HMNLW iii, 121.

LlGC 11816B: llaw anh., 17g., gw. *ib.* iv, 70.

LlGC 13061–2B: Thomas ab Ieuan, Tre'r Bryn, 1675–1700, gw. *ib.* 353–4.

LlGC 13071B: llaw anh., hanner cyntaf yr 17g., gw. *ib.* 358–9.

LlGC 13081B: Owen John, hanner cyntaf yr 17g., gw. *ib.* 363–4; TLlM 44.

LlGC 16129D [= copi ffotostat o Harvard MS. Welsh 8]: llaw anh., canol yr 17g., gw. 'NLW Accessions 16049–18942' (cyfrol anghyhoeddedig, Llyfrgell Genedlaethol Cymru, Aberystwyth), dan rif y llawysgrif.

LlGC 16964A: Thomas ap Llywelyn ab Ithel, ail hanner yr 16g., gw. 'Schedule of Manuscripts, Letters and Manorial Letters from the Library of the late Major Albert Addams-Williams, Llangibby Castle, Monmouthshire' (cyfrol anghyhoeddedig, Llyfrgell Genedlaethol Cymru, Aberystwyth, 1939), 2–3.

LlGC 17113E [= Gwysanau 24]: amryw lawiau, 16g., gw. H.D. Emanuel, 'The Gwysaney Manuscripts', Cylchg LlGC vii (1952), 339; 'Catalogue of the Gwysaney MSS' (cyfrol anghyhoeddedig, Llyfrgell Genedlaethol Cymru, Aberystwyth, 1953, 29–31.

LlGC 17114B [= Gwysanau 25] llaw anh., *c.* 1560, gw. H.D. Emanuel, 'The Gwysaney Manuscripts', Cylchg LlGC vii (1952), 339; 'Catalogue of the Gwysaney MSS' (cyfrol anghyhoeddedig, Llyfrgell Genedlaethol Cymru, Aberystwyth, 1953), 31–45; E. Bachellery, Études v (1950–1), 116–18; GO 21–2 (er iddo gamsynied am y dyddiad); BaTh 306.

LlGC 21248D: llaw anh., hanner cyntaf yr 17g., gw. 'Catalogue of Mostyn MSS purchased in 1974' (cyfrol anghyhoeddedig, Llyfrgell Genedlaethol Cymru, Aberystwyth, 1975), 24–65.

LlGC 21290E [= Iolo Aneurin Williams 4]: Llywelyn Siôn, 16g./17g., gw. Rh.F. Roberts, 'A List of Manuscripts from the Collection of Iolo Morganwg among the Family Papers Presented by Mr Iolo Aneurin Williams and Miss H. Ursula Williams, 1953–4' (cyfrol anghyhoeddedig yn Llyfrgell Genedlaethol Cymru, Aberystwyth, 1978), 3–4.

LlGC 21293B [= Iolo Aneurin Williams 7]: Jenkin Richard, 1640–60, gw. 'NLW Accessions 20001–21700' (cyfrol anghyhoeddedig, Llyfrgell Genedlaethol Cymru, Aberystwyth), dan rif y llawysgrif.

LlGC 21309D [= Iolo Aneurin Williams 22]: llaw anh., ail hanner y 18g., gw. Rh.F. Roberts, 'A List of Manuscripts from the Collection of Iolo

Morganwg among the Family Papers Presented by Mr Iolo Aneurin Williams and Miss H. Ursula Williams, 1953–4' (cyfrol anghyhoedd-edig yn Llyfrgell Genedlaethol Cymru, Aberystwyth, 1978), 18.

LlGC 21582E: llaw anh., canol yr 17g., gw. Dafydd Ifans, 'Llawysgrif Barddoniaeth Teulu Mostyn Talacre', Cylchg LlGC xx (1977–8), 207–8.

LlGC 22832C: Peter Bailey Williams, Llanrug, 1797–1809 (atodiad i'w gopi o *Gorchestion Beirdd Cymru*).

LlGC Mân Adnau 1206B [= Tanybwlch 1]: llaw anh., *c.* 1700, gw. 'Schedule of the Contents of a Manuscript Volume of Welsh Poetry known as the Tanybwlch Manuscript' (cyfrol anghyhoeddedig, Llyfr-gell Genedlaethol Cymru, 1932), 1–42.

Llawysgrifau yng nghasgliad Llansteffan yn Llyfrgell Genedlaethol Cymru, Aberystwyth

Llst 6: yn fuan ar ôl 1520, gw. RWM ii, 428–33, *Llanstephan MS. 6*, ed. E. Stanton Roberts (Cardiff, 1916), iii–v; M.P. Bryant-Quinn, *art.cit.* 53.

Llst 38: George William Griffith, 1613–42, gw. RWM ii, 492–6.

Llst 47: Llywelyn Siôn, 16g./17g., gw. *ib.* 516–23.

Llst 48: Llywelyn Siôn, 16g./17g., gw. T. Oswald Phillips, 'Bywyd a Gwaith Meurig Dafydd (Llanisien) a Llywelyn Siôn (Llangewydd)' (B.Litt. Oxford, 1958), 157–60.

Llst 50: llaw anh., cyn 1664, gw. RWM ii, 395–408.

Llst 53: Siâms Dwnn, *c.* 1647, gw. *ib.* 534–45.

Llst 54: copïydd Moses Williams, dechrau'r 18g., gw. *ib.* 545–9.

Llst 55: Siôn Dafydd Rhys, 1579, gw. *ib.* 549–53.

Llst 117: Ieuan ap Wiliam ap Dafydd, 1544–52, gw. *ib.* 568–79.

Llst 118: Wmffre Dafis (*ob.* 1635), *c.* 1600–20, gw. *ib.* 579–92; E.D. Jones, 'The Brogyntyn Welsh Manuscripts', Cylchg LlGC v (1947–8), 234.

Llst 122: Wiliam Bodwrda, *c.* 1648, gw. RWM ii, 609–20; Dafydd Ifans, 'Bywyd a Gwaith Wiliam Bodwrda (1593–1660) o Aberdaron' (M.A. Cymru [Aberystwyth], 1974), 384–98.

Llst 123: Wiliam Bodwrda, ar ôl 1643, gw. RWM ii, 620–34; Dafydd Ifans, *op.cit.* 354.

Llst 133: Samuel Williams ac Iago ap Dewi, yn gynnar yn y 18g., gw. RWM ii, 664–94; Garfield H. Hughes, *op.cit.* 37–40.

Llst 134: Llywelyn Siôn, *c.* 1609–10, gw. RWM ii, 695–712; D.H. Evans, 'Ieuan Du'r Bilwg (*fl. c.* 1471)', B xxxiii (1986), 106; CLC² 478–9.

Llst 135: *c.* 1600, gw. RWM ii, 712–15.

Llst 155: llaw anh., *c*. 1575–1600, gw. *ib*. 728–32.

Llst 156: llaw anh., 1630–68, gw. *ib*. 732–8.

Llawysgrifau yng nghasgliad Peniarth yn Llyfrgell Genedlaethol Cymru, Aberystwyth

Pen 55: llaw anh., *c*. 1500; gw. RWM i, 421.

Pen 66: llaw anh., diwedd yr 16g., gw. *ib*. 456–60.

Pen 99: John Davies, Mallwyd, *c*. 1610–20 a William Salesbury, ail hanner yr 16g., *ib*. 613–24.

Pen 112: John Jones, Gellilyfdy, cyn 1610, gw. *ib*. 671–86; N. Lloyd, 'A History of Welsh Scholarship in the First Half of the Seventeenth Century, with Special Reference to the Writings of John Jones, Gellilyfdy' (D.Phil. Oxford, 1970), 28–33.

Pen 152: Robert Vaughan, canol yr 17g., gw. RWM i, 927–37.

Pen 159: Rhisiart ap Siôn o Ysgorlegan, 1578–9, gw. *ib*. 946.

Pen 184: llaw anh., hanner cyntaf yr 17g., gw. *ib*. 1009–11.

Pen 221: John Jones, Gellilyfdy, ar ôl 1620, gw. *ib*. 1045; Nesta Lloyd, *op.cit*. 26–7; M.T. Burdett-Jones, 'Trydydd Llyfr Cywyddau John Jones Gellilyfdy', YB xvi (1990), 127–40.

Llawysgrif yng nghasgliad Stowe yn y Llyfrgell Brydeinig, Llundain

Stowe 959 [= RWM 48]: llaw anh., 16g./17g., gw. RWM ii, 1110–26; GLGC xxxii.

Llawysgrif yng nghasgliad Wynnstay yn Llyfrgell Genedlaethol Cymru, Aberystwyth

Wy 1: Thomas Wiliems, *c*. 1570–90, gw. 'Schedule of the Wynnstay Manuscripts and Documents' (cyfrol anghyhoeddedig, Llyfrgell Genedlaethol Cymru, Aberystwyth, 1934–40), 1–2.

Mynegai i'r llinellau cyntaf

Mynegai i'r noddwyr a'r gwrthrychau